フランス都市文化政策の展開

市民と地域の文化による発展

長嶋由紀子 著

L'évolution historique des politiques culturelles des villes en France

Enjeux citoyens et territoriaux

Yukiko Nagashima

美学出版

フランス都市文化政策の展開

市民と地域の文化による発展

まえがき

本研究は、二〇世紀後半のフランス地方都市における文化政策の展開を、それがどのような社会の実現を目指して、誰によっていかに切り開かれてきたのか、という関心を掘り下げながら明らかにすることを課題としている。

日本における都市文化政策への関心は、「創造都市論」が脚光を浴びた二〇〇〇年代前半に飛躍的に高まった。以後はフランスに関しても、文化省の政策よりもむしろ地方都市自治体の文化政策が注目された傾向がある。大西洋に近い北西部のナントをはじめ、二〇〇四年に欧州文化首都を経験した北部のリール、二〇一三年の欧州文化首都南仏マルセイユなど、活気あふれる各地の様子が伝えられ、産業構造の変化による地域経済の深刻な衰退から、積極的な芸術文化政策を主軸とする都市戦略で再生を果たした事例として参照された。だが、自治体予算総額の一割以上を占める多額の文化支出が何故行なわれるようになったのか、公共空間に大胆に芸術創造を位置づけて都市の様相を変化させる施策はどのような思想から生まれたのか、また、こうした自治体の政策がどのような制度に支えられて成立し、どのような実施体制で行われているのか、といった諸点にまで踏みこんだ研究は、これまでに行われていない。本書は、こうした問いに具体的に応えようとする。

本書のもうひとつの企図は、文化政策を動機づけるパラダイムそのものを再考することにある。フランスの文化政策は、日本の文化政策の歴史のなかで、一九八〇年代半ばからたびたび参照されてきた。だが、光をあてられたのは、ある時期の所与の関心の範囲に限定された側面ではなかっただろうか。また、経済大国から文化大国へという言葉が掲げられた八〇年代後半の好況期にはミッテラン政権下で拡大した国の芸術支援がクローズアップされ、二一世紀には地域経済再生に資する都市文化政策が注目されるというように、スポットが当たる部分は、国内の経済状況にも影響を受けている。

これに対して本研究は、フランスの都市文化政策を支えた政策理念の変遷を追うという課題設定によって、長い時間軸と広い視野を意識的に確保した。日本で短期的に求められる情報を必要に応じて取捨選択する立場からは離れて、あくまでもフランスの現代史と同国内の議論に寄り添いながら、都市の文化政策に関わる諸要因を広範かつ複合的に視野に入れて検証を進めていく。

本研究では、都市とはさまざまな人がともに生きる社会であるという理解に基づいて各事例都市に眼を向けている。社会を構成する人の主観や価値観は、当然ながら一様ではない。そして芸術や文化というテーマは、一人一人が大事にしている価値と分かち難く結びついているから、個人をとりまく地域の芸術文化環境を変化させる公共政策は、あらゆる人に関わっているといっても過言ではないだろう。

日本でもフランスでも、地方都市の地域社会は、個人や団体の間の顔が見える関係性をベースに成り立っている。そしてフランスの場合は、日本のような自治体合併があまり行われておらず、アソシアシオン（非営利協会）の活動が活発で一般の人にも身近であるという条件もあり、そうした関係性が外部からも比較的観察しやすい。本書には、首長、議員、文化機関の専門職、芸術家、文化省官僚、市民団体、そして市民としての個人など、さまざまな立場で行動するアクターが登場するが、地域レベルの文化政策は多様な主体間の議論と行為によって実現される、というのが筆者の基本的な見方である。他国の歴史のなかで同じ立場の人間はどのように動いたのか、またその相互作用のメカニズムを描くことで、日本の地域文化政策への示唆が導かれるのではないかという関心から、地方都市内部の社会構造に踏み込んで、ミクロな眼で歴史を論じる構成をとった。

本書は、フランス都市文化政策の歴史的展開の検証を通して、その重層的な動機を解明し、日本の文化政策を考えるうえでの参照軸を得ることを期している。

フランス都市文化政策の展開 市民と地域の文化による発展 ◎目 次

［凡例］

・人名は初出にカタカナと原語のフルネームを併記し、その後はカタカナで姓のみを表記する。また、必要に応じて初出に生没年および在任期間を付記する。所属、役職等は当時のものを記載する。

・地名は、初出の個所にその原語表記を示し、その後はカタカナで表記する。

・団体名、機関名は初出に日本語訳と原語のフルネームを併記し、その後は日本語訳で表記する。略称で通称されている場合は、略称を用いることがある。

・文化省の正式名称には変遷があるが、本文中では「文化省」で統一する。詳しくは序章註（3）を参照。

・行政文書は、註において以下のように識別する。

文化省文書課（Service des archives）保管文書［SA文書］

文化省地域事業部（Département de l'action territoriale）保管文書［DAT文書］

文化省歴史委員会（Comité d'histoire）保管文書［CH文書］

元文化省文化的発展局長ドミニク・ヴァロン氏個人保管文書［DW文書］

リール市役所公文書課（Service des archives）保管文書［LA文書］

マルセイユ市公文書館（Archives municipales）保管文書［MA文書］

・フランス本土の地域圏の数は、二〇一六年一月一日より二二から一三に再編された。これに伴い一部の地域圏名が変更されたが、本文中では言及する当時の名称を使用する。

・フランス語および英語の文献資料の翻訳は、とくに断りがない限り筆者によるものである。翻訳者による補足は［　］内に示す。

序　章

序章

私たちは、それぞれの精神的な営為として、芸術や文化と自覚的かつ選択的に向き合っている。だが、日常の暮らしのなかにある芸術や文化との出会い、そこでの思いがけない感動や気づきを通して内的なあり方を変え、新たな人間関係を築くこともある。

複数の都市で暮らした経験がある人は、身近な生活圏で芸術に触れる機会や、文化の多様なあり方を意識する機会が、まちごとに異なると実感することがあるだろう。その差異は、都市の歴史や規模に由来する一方、自治体の方針や市民社会の活動によってもつくられている。

文化政策とは、社会に共有される公共的課題の解決のために文化の領域で行われる施策である。地域や都市に芸術を位置づけ、人びとの文化的実践を振興する公共政策は、各地固有の文脈と問題意識に応じて策定される自由度の高い領域にある。同時に、そこに暮らすすべての人の生き方に影響を与える可能性をもつ政策でもある。

1　研究目的と問題意識

(1) 研究目的

本研究は、二〇世紀後半のフランス地方都市における文化政策の展開を明らかにすることを目的としている。自治体文化政策の実践を支える国の制度が構築された経緯をたどり、成立後の制度がいかに活用されたかを検証する。この作業を通して、中央政府、地方自治体、市民社会の関係性を構造として把握する。また、そこではどのような政策理念が、異なる主体の間に立場を超えた協働を導く方向性を示してきたのかを明らかにしたい。

おもな検討対象は、日本の市町村に相当する基礎自治体の文化政策だが、その実際の担い手は自治体行政には限定されない。ローカルな文化政策の策定実践は、市民社会や中央政府をはじめ、さまざまな主体間の協力に支えられている。本論が「自治体文化政策」ではなく「都市文化政策」を標題としたのは、この前提に立つためである。本文中では、自治体政府が策定実施する政策を限定的に示す場合に限り、「自治体文化政策」と記して区別する。

（2）問題意識

本研究のテーマは、日本の状況への以下のような問題意識に基づいて、比較研究の視野から設定された。

第一の問題意識は、日本の自治体文化政策の基本理念の不明確さと、その背景にみえる国と自治体の歴史的な関係性に向けられている。先行研究は、戦後日本の自治体文化施策が、政策議論を尽くさずに展開された経緯を明らかにしてきた(1)。まず先進的な自治体は、一九七〇年代前半から文化に着目し、市民との協働を重視した創造的なまちづくりに取り組んだが、その主要な動機は「国からの自立」にあったとされる。機関委任事務によって自律的な政策展開を制限された自治体が、文化財行政を除いては法制度が不在であるがゆえに国からの指導管理を受けることがない、希有な「領域」である芸術文化の振興に目を向けた経緯が指摘される。また、八〇年代以後はさらに多くの自治体が、地域振興のためのさまざまな国の助成を獲得することによって、文化ホールを建設した。財政的好機をとらえて文化施設の建設に着手した自治体は、おそらくは多くの場合、出発点でその目的を熟考する間もなく、地域の文化環境を長期的に左右する施策展開に乗り出したのではなかっただろうか。

一方、二〇〇一年に成立した文化芸術振興基本法は、国の文化振興の基本理念を明文化し、地方自治体はこれに則して「国との連携を図りつつ、自主的かつ主体的に、その地域の特性に応じた施策を策定し、及び実施する責務を有する。」（第四条）と定めた。だが、同法の成立過程には、時間的に先行して蓄積されていた自治体文化行政の経験は反映されておらず、同法の制定によって国と自治体の連携を支える制度が新設された訳でもない。同法の成立以後、文化芸術振興条例や計画を定める自治体の数は飛躍的に増えたが、その基本方針をめぐって各地で行われた議論では、芸術や文化の振興を通じてどのような地域社会の未来を実現するのか、という根本があらためて問われることになった。

さらに二〇一七年六月の法改正で名称が変更された「文化芸術基本法」は、文化芸術の振興に留まらず、文化芸術に「関する」施策が、観光、まちづくり、国際交流、福祉、教育、産業その他の関連分野における施策との有機的な連携によって行われるべきことを新たな基本理念として示した（第二条十項）。同法は、国が「文化芸術推進基本計画」を定め、これによって文化芸術に関する施策を「総合的かつ計画的に」推進すると定めたが、地方自治体に対しては、これを「参酌して、その地方の実情に即した」「地方文化芸術推進基本計画」を定める努力を求めている（第七条）。この規定が今後の文化政策における国と自治体の連携にどのような影響をもたらすのか、現時点では未知数だが、少なくとも自治体に「参酌」を求める文言には、両者間の双方向的な議論の可能性があまり見出せない。

他方のフランスに目を向けると、国の文化政策の方針は、議会を通過した法律によって明確に定められていた訳ではない(2)。文化省のミッションは、一九五九年の省創設時に、大統領または首相の行政行為である政令《デクレ》によって定められたが、その内容は政権交代を経て書き換えられたこともある(3)。そして政府方針が変化した背景には、文化問題をめぐる各時代の議論があった。フランスでは地域規模の文化政策に関しても、国と自治体が社会的背景や思想の潮流を反映した議論を交わし、協力と対立を重ねてきている。これは、同時代の日本とは対照的な現代史だと言えるだろう。本論では、フランスにおける国と自治体の間で行われてきた協議に注目し、その議論の蓄積を紐解くことによって、どのような政策理念が、地方都市の文化政策を支えてきたのかを示すことを第一の課題とする。

本研究の第二の問題意識は、日本国内で観察される行政と市民社会の関係性に向けられている。これは、個人やＮＰＯ等の民間主体が展開する活動こそが、自治体文化政策を構成するもっとも本質的な要素として、日本においてもより明確に位置づけられるべきではないか、という問題関心である。

前述の文化芸術基本法は、文化芸術団体の役割（第五条の二）および「国、独立行政法人、地方公共団体、文化芸術団体、民間事業者その他の関係者」相互の連携及び協働（第五条の三）に関する条文を新設した。つまり、文化政策の実践における関係者相互の連携と協働は、国内では二〇〇〇年代以降にその重要度が認識された論点だと言える。だが「公民連携」や「市民協働」といったスローガンの下には、ニューパブリックマネジメント以後の世界的な潮流に連なる行政サーヴィスの民間への業務委託や、それによるコスト削減を期待する例がないとは言えない。それに対して本論が、フランス地方都市のローカルな文化政策の担い手に注目して論じようとするのは、市民の自発性と創造性に基づいた自治が、文化政策を通していかに可能かという点である。

日本で二〇〇〇年に施行された地方分権一括法は、機関委任事務を廃した。国と自治体の関係性は、法の上では上下・主従から対等・協力へと改められたのであり、この歴史的変化は、みずからの責任と自己決定に基づいて地域の課題に対応する自覚のいっそうの高まりを多くの自治体にもたらした。自治体運営の基本理念や仕組みを再確認する動きが各地で進行し、「自治体の憲法」と喩えられる「自治基本条例」や「まちづくり条例」の制定も続いたが、このなかで「市民参加」と「協働」を、自治体行政のキーワードとして再認識した地域も多い(4)。そこで希求されるのは、地域運営を住民の意志に基づいてみずからの手で行う「自治」と「自立的なまちづくり」の実現である。

さらに近年では、地方自治の展望を示す標語として「ガヴァメントからガヴァナンスへ」が掲げられるようにもなった。ガヴァメントとガヴァナンスは、いずれも「舵」を意味するラテン語 gubernum を語源にもつ統治の概念だが、「共治」とも訳されるガヴァナンスは、さまざまな主体が対等な立場で協働しながら調整や合意形成を行うあり方を示し、権限の階層性と合法的な強制力を前提とするガヴァメントとは区別されて用いられる。本論でガヴァナンスに言及する場合は、つねに「共治」の意味で用いる(5)。

今日の日本では、このように、地域や都市の未来をつくるのは、首長や議会、行政だけではないという認識が高まりつつある。市民のだれもが、ともに乗り組む船の進路を決める「主体」であることに、地域社会運営上の意識が向かっているのである。しかしながら、自治体文化政策の現状については、市民や非営利活動団体などと対等な立場で文化振興を担うあり方が、行政側で広く共有されているとは言えない実態も指摘されている(6)。自治体行政は、文化の領域においても、共治の多様なアクターをより明確に認識する必要があろう。ローカルな文化政策の実践の場では、行政と市民社会が互いに協働のパートナーとして認めあいながら、ともにまちをつくる協同関係を、いかに構築するかが問われている。

そしてここで注目したいのは、フランスでの議論が、自治体の文化政策を「地域の文化ガヴァナンス」におけるリーダーシップの発露として認識している点である。ギィ・サエズ(Guy Saez)の二〇〇五年の論考によれば、地域の文化ガヴァナンスは、以下の類型で整理される、さまざまなアクターの関与によって成り立っている(7)。

一　自治体政府と議員
二　中央政府の関与者
三　芸術家や地域文化機関職員などの専門家
四　アマチュア
五　近隣の他自治体などの協力者
六　企業
七　コンサルタント

このなかで自治体政府は、契約締結などの手段を用いながら、地域内外のアクターとの協力関係を複層的に構築維持する調整者の役割を果たす、とサエズは説明している。自治体は、地域内外のアクターとの間にネットワークを構築することで施策に必要な財源を確保する。また、立場を超えて共有される方向性を実現するための舵取り役を担うことによって、文化政策を行っている。

こうした政策実践の社会構造は、どのような歴史を経て成立し、いかなる制度によって支えられているのだろうか。本論は、フランスの都市文化政策が「共治」の空間として形成されたプロセスの解明を、第二の課題とする。

第一の課題である政策理念の明確化は、共治の成立と密接に関係している。レイモン・ウェバー（Raymond Weber）は、文化ガヴァナンスの概念を解説するうえで、ガヴァナンスとは個人および組織間の相互作用的な調整システムであると論じた。つまり、多数決によって成立する法律や慣習法《コモン・ロー》としての判例など、外部の体系に依拠するのではなく、当事者間の永続的な話し合いを通じてつくられる基準や行動規範に従って秩序を形成する実践がガヴァナンスである、という整理である[8]。したがって、アクター間に理念的なコンセンサスがあることは、共治を成立させる基本条件のひとつだと考えられる[9]。

2　研究課題

本論では、二〇世紀後半のフランス都市文化政策の歴史的展開を、文化をめぐる共治の成立と実践のプロセスとして検討し、とくにその担い手と協働を導いた理念という二つの側面に注目して分析を進める。そこで注目するのが、フランスの都市文化政策の展開を支えた「文化的発展（développement culturel）」という考え方である。

一九八二年にフランスが地方分権化を選択してから約二〇年後、二一世紀初頭に出版された自治体幹部職員向け文化政策ハンドブックの序文には、次のような記述があった[10]。

> 文化的発展は、自治体がほぼ主導的に支えるものとなった。したがって政治的な意志が不足する場合や、長期的に取り組まれない場合、あるいは政治体制の変化によって安定性を欠くことがある。［中略］
> こうした状況は、文化が、いまだに個人や集団の発展の付属物とみられることによって増幅されている。そのために信頼性が不足し、文化に関わる意思決定者は、発展を推進する機関に対して、その意志を十分に反映させ

られないのである。〔中略〕

文化セクターは、過去三〇年間に数多くの雇用を生み出した。いまや自治体だけでも一〇万人近い文化の専門職を雇用している。しかしこの数字は、事業企画と組織運営の面からみれば十分ではない。とくに自治体間協力広域行政や欧州プログラム、そして文化遺産活用との関連のなかで、地域の文化的発展（développement culturel local）を担うゼネラリストが不足している。〔中略〕

本書は、発展を希求し、教養的な先入観の限界を超えようとするすべての人に向けられる。

このテキストでは、「地域の文化的発展」を求める裏側で、「文化は個人や集団の発展を支える」という考え方が、政策根拠として説得力を欠くとみなされている。文化セクターが多くの雇用を抱える産業となった二一世紀初頭に、自治体行政の担当者は、既存の制度をフル活用して公民連携を実現し、地域発展に資する文化施策を行うよう求められていた[11]。では、自治体行政の文化政策担当者を縛り、「地域の文化的発展」を減速する、旧来の「教養的な先入観」とされたのは、どのような考え方なのか。

フランス文化省は、二〇一一年以前の公式ウェブサイト上で、文化的発展（développement culturel）を次のように定義していた[12]。ここでは、一九八〇年代以後に拡大した国と自治体の協力の原点には、七〇年代初頭に明確化された政策概念があると説明されている。

文化的発展は、一九七〇年代初頭に、人々の生活の中心に文化をおく政策を名付ける概念として、また文化への権利の行使を国家が各人に保障する義務に対応する概念として現れた。〔中略〕

一九八〇年代以降、文化的発展は文化省の政策全体を基礎づけており、省の原則をつねに支えている。その原則とは、芸術と文化のあらゆる分野を考慮すること、他省と協力しながら国の施策の全領域において文化を考慮

することと、そして自治体との協力によって地域に根付いた施策を行うことである。(13)

右の説明からは、七〇年代初頭の「文化的発展」とは、各人の文化的権利を実現する政策概念であったこと、またそれによって、文化による個人の発展や、「人々の生活」としてのコミュニティの発展を目的としたことが理解できる。以上のような「文化的発展」と「地域の文化的発展」の間の隔たりは、いかにして生じたのだろうか。本論では、両者を結ぶ時間軸に沿って、政策実践に関わった者たちの議論を紐解いていく。

3 研究対象について

(1) 地方行政の基本構造、自治体による文化支出の規模

フランスの地方行政組織は、「地域圏(régions)」、「県(départements)」、「コミューン(communes)」の三層からなり、各レベルの自治体議会の議員は、住民の直接選挙で選出される。日本の市町村に相当する基礎自治体コミューンの数は、約三万六千であり、全般的に小規模で、フランス本土のコミューンの約半数は、人口五〇〇人未満である。二〇一六年一月一日現在の統計によれば、人口二〇万人以上のコミューンは、全国でわずかに一一自治体を数えるのみだった。

フランスのコミューン数は、度重なる広域化の試みにも拘わらず、さほど大きく変化していない(14)。この点は、大規模な市町村合併が繰り返された日本と対照的である。ただし、自治の基本単位であるコミューンが小規模なまま存続する一方で、「コミューン間協力公設法人」が、各自治体の独立した決定権を保ちながら公共サーヴィス提供を効率化する広域行政制度として発達してきた。したがって、現在のフランスの自治体行政は、実質的には四層構造であり、ここに国とときにEUが関わる場合、最大で六層にわたる行政構造が存在している。なお本書では、コミューンを便宜上「市」と記すことにする。

二〇一〇年時点における自治体による文化支出の総額は、文化省の調査によれば、同省予算総額の約二倍であった。

人口一万人を超えるコミューンの文化支出平均は、対総予算で八・二パーセント、住民一人当たりの支出平均は一五二ユーロであり、人口一〇万人超のコミューンに限れば、それぞれ平均で九・六パーセント、一八一ユーロが文化に支出された実態が確認されている(15)。

(2)アソシアシオン

市民社会の活動を都市文化政策の重要要素ととらえる本論は、しばしばアソシアシオン(association)に言及する。アソシアシオンは、市民の積極的な社会参加の実現手段として作り出された。一九〇一年七月一日法第一条によって、「恒常的な形態で二人以上の者が、利益の分配以外の目的のためにその有する知識と活動を共同のものとする合意」と定義されている(16)。「結社の自由」は、一七八九年のフランス革命から一〇〇年あまりを経てようやく制度化された。「非営利協会」あるいは「社団」と訳されることもあるが、本論では「アソシアシオン」で統一する。

アソシアシオンは、運営定款を添えて、所在地の県庁(préfecture)に設立登記の届出をすれば法人格を取得できる。手続きは簡易で、目的にかなう定款作成のためのアドヴァイスが用意されていることも多い。アソシアシオンは、フランス人にとって身近な存在である。スポーツ・青少年・市民活動省が発表した二〇一二年の統計によれば、約一三〇万のアソシアシオンが国内で活動していた(17)。また、約二三〇〇万人が何らかのアソシアシオンに参加しており、これは一八歳以上の成人人口の四五パーセントに相当する。このうち一団体に加盟する者は六〇パーセント、二団体が二三パーセント、三団体以上は一七パーセントだった。そして約一八〇万人が、パートタイムまたは常勤で、アソシアシオンに雇用されており、給与所得者全体の約八パーセントに相当する。

(3)都市文化政策略史

本論は、二〇世紀後半のフランス都市文化政策の歴史を、大きく以下の五つの時期に区分してとらえている(18)。

① 市民社会の戦後再生 ——解放期から第四共和政期（一九四四—五八）

王政期に起源をもつ卓越した芸術文化施設がパリに集中するフランスでは、首都とそれ以外の地方の文化的環境に格差がみられる。しかし、フランス革命以後に国民国家が成立する過程で、多くの地方都市の自治体は一九世紀から、図書館、ミュージアム、劇場、音楽学校《コンセルヴァトワール》を設置運営し、芸術文化への助成も行ってきた。劇場等の芸術施設は、地方都市における有産階級市民や知識人の社交の場であり、またその建築は、都市のシンボルとしての重要性をもつことが多かった。一方で、労働組合や民衆教育のアソシアシオンは、社会階層を超えた文化享受の共有を求める運動を展開したが、彼らの要求は、一九三六年に成立した人民戦線期に、一定程度の実現をみている。

第二次世界大戦後、民衆教育の活動家《ミリタン》たちは、解放《リベラシオン》とほぼ同時に運動の戦後再生に取り組み、文化政策や芸術教育の提案を行ったが、自治体や国の政策として直ちに実現されるには至らなかった。

演劇分野では、民衆演劇の演出家たちが、戦前戦中から地方各地に拠点を設け、民衆教育運動とも結びつきながら活動を展開していた。第四共和政期の国民教育省は、各地の演劇人と自治体に働きかけて、「国立演劇センター（**Centres dramatiques nationaux** 以下CDNと略記）」を創設している。国と自治体の助成を合わせて、地域に根付いたプロフェッショナルな演劇創造活動を支え、地方都市の住民が地元で継続的に高水準の芸術作品を享受できるようにする制度は、国の「演劇の地方分散化」政策によって誕生した。そしてこれは、当該地域の自治体の合意と協力が得られてはじめて実現する政策であった。

② 文化省設立と自治体文化政策の創成期（一九五九—六八）

シャルル・ド・ゴール大統領（Charles de Gaulle 一八九〇—一九七〇、一九五九—六九在任）のもとで第五共和政が開始されると、一九五九年に文化省が創設され、国家による本格的な文化政策が始まった。文化省は、国民教育省から分離独立する形で設立されたため、中央政府において、芸術と文化に関わる問題は、教育問題と区別して扱われることになった。一方、文化省創設後、文化に関する国の施策は、基幹産業の再建と近代化を主目的とする「国家計画（Plan）」の枠組みでも扱われるようになる。「第四次国家計画」（一九六二―六五）では、「文化の保護・創造・普及」が目標とされ、文化施設の全国的配置が実行された。

初代文化大臣アンドレ・マルロー（André Malraux 一九〇一―七六、一九五九―六九在任）は、すべての人の優れた芸術への接近を実現する、「文化の民主化（démocratisation de la culture）」を重視した。「文化の家（Maisons de la culture）」は、文化の民主化の中核的拠点として、一九六一年以後フランス各地に設けられた地域文化機関である。地方都市とその周辺部の住民が、多様な分野の優れた芸術に出会う場であり、また、同時代の芸術創造を国と自治体が支える場でもあった。

六〇年代には、文化の民主化が推進された一方、高度経済成長に伴う社会変容のなかで、各地固有の現実を反映しながら文化の問題を領域横断的に考える動きも起こった。この頃、一部の自治体政府は、文化担当副市長職を設けており、地域固有の課題に対応する総合的な文化政策が、自治体のレベルで徐々に検討されるようになった。

③ 革新自治体文化政策の拡大（一九六八―八一）

「文化的発展（développement culturel）」が、一九七〇年代初頭に国の文化政策の基本方針とされたことで、文化問題を生活の質や都市環境の改善と結びつけて扱い、個人の多様な文化的実践を振興する政策アプローチの制度化が始まった。「第六次国家計画」（一九七一―七五）は、地域の文化環境をつくる総合的な政策を実施する主体として、自治体の役割を重視した。この方針のなかで、七五年に初めて「文化憲章（chartes culturelles）」が成立している。文化政策における国家と自治体の協力を契約化した初の制度だったが、計二七件が署名されたに過ぎず、その影響は全体としては限定的に留まった。そして石油危機後のジスカール＝デスタン政権期に、中央政府が地方で行う施策は縮小し、首都に存在する卓越した文化機関の運営と文化遺産政策が重視された。この頃、文化予算の対国家予算比率は、史上最低の〇・四八パーセントにまで低下している。

一方、七〇年代の地方政治では、革新自治体が各地で台頭し、その隆盛は七七年の統一地方選挙で頂点を迎えた。六八年「五月革命」以後の左派自治体は、文化政策を重視するようになり、文化省が七八年に初めて実施した自治体文化支出調査によれば、一八の自治体で、文化予算は総予算比の一〇パーセントを超えていた(19)。地方での左翼伸張に支えられて八一年五月の大統領選に向かった社会党内では、文化政策をめぐる議論が活発化した。

④第一次地方分権化における文化の制度設計（一九八一—八六）

ミッテラン政権は、文化政策を重点化した。文化省の予算はほぼ倍増し、文化大臣ジャック・ラング（Jack Lang 一九三九—）の在任中（一九八一—八六および八八—九三）に、対国家予算比で一パーセントに達している。国の文化政策が振興する芸術文化の領域は拡大し、ポピュラー文化や生活文化、写真、ファッション、ロック音楽、サーカスや大道芸、漫画などにまで及ぶようになった。加えて、芸術教育が強化されたほか、文化産業への政策的な関与も増加した。

地方分権化改革は同政権下で開始されたが、その主眼は、権限と財源をセットにして、国から一定レベルの自治体に限定的に移行する点にあった。しかし、文化分野の自治体権限のほとんどは、どのレベルの自治体も関与できる自由裁量のもとに置かれた。一方で、国と自治体間の契約政策が推進され、一九九一年までに約一二〇〇件の「文化的発展協定（**conventions de développement culturel**）」が成立した。

一九八二年から八六年まで文化省内に設けられた「文化的発展局」は、ミッテラン政権初期の新政策と芸術文化の領域を横断する責務を担った部局である。「文化的発展協定」の初期展開を、自治体への働きかけによって強力にリードした。また、文化省の出先機関である「地域圏文化局（**Directions régionales des affaires culturelles** 以下ＤＲＡＣと略記）」も増強されて、文化省と自治体の交渉調整を担当した。

⑤ 文化政策の都市戦略化（一九八〇年代半ば―二〇世紀末）

国内経済の低迷と雇用状況の悪化の長期化に加えて、一九八〇年代半ばに欧州単一市場の形成が決定され、新時代に向かう都市間競争が激化すると、自治体文化政策は、文化による地域の経済発展を重視するようになった。主要地方都市自治体の首長は、ここで強力な政治的リーダーシップを発揮し、都市戦略の要に文化政策を位置づけた。また自治体政府は、文化問題を担当する行政組織の拡充を急いだ。高度な専門性を獲得した自治体行政は、多様な制度を複合的に駆使しながら、地域発展に資する都市文化政策を実施するようになった。

八〇年代の「契約化政策」の拡大を通して進められた文化の分権化は、こうして着実に進展し、九〇年代末には地方自治体が、地域規模で展開される文化政策の主導権を握るようになった。

以上の流れを踏まえ、本論は、事例とする地方都市で各時期の文化政策に関わった諸要因を広範かつ複合的に視野に入れながら、文化と発展をめぐる議論の展開を明らかにしていく。

4　研究方法

本論は、文献と資料による裏付けを重視する実証的な研究である。まず、フランスでの先行研究が明らかにしている都市文化政策の歴史と制度、各時期の政策の方向性を整理する。そのうえで、具体的な政策実行プロセスを検証し、そこで影響力をもった具体的な担い手に焦点を絞る。彼らの著作や発言の検討を通して、政策構想を裏付けた思想の水脈を遡り、問題意識に迫ることによって、政策理念を深く掘り下げていく。

(1) 国と自治体の協力を支える制度への着目

都市レベルの文化政策実践の実態を具体的に明らかにするために、本論は、文化省と自治体の協力を支えた以下のふたつの制度にとくに着目する。

第一の制度は、かつては「文化行動機関（établissements d'action culturelle 以下ＥＡＣと略記）」という名称で類型化されていた公設民営の文化施設である。本書では、**action culturelle**を「文化行動」と訳す。これは広義には、社会の人々と芸術文化をつなぐ活動全般を示す概念であり、人々の芸術作品への接近を助ける活動や、人々の表現や創造力を引き出す活動などを包含する。

「文化行動機関（ＥＡＣ）」の名称は、一九九一年に廃止された。旧ＥＡＣは、現行の公共劇場制度では「国立舞台（**scène nationale** 以下ＳＮと略記）」と分類されている[20]。このナショナルとは、公共劇場の運営主体を表わす名称ではなく、「芸術文化機関が果たす公共的責務を国家が認証している事実」を示している。したがって「国立」よりも、「国民の」と訳す方がその含意に近い。「ＳＮ」の認証ラベルは、「文化の家」「文化行動センター」「文化的発展センター」の制度統合によって誕生したが、これらはいずれも、演劇、舞踊、音楽、美術、映画などを扱う領域複合型の地域文化機関である。全国七四カ所のＳＮは、その多くが、国と所在地自治体の代表者が理事会における決議権をもつアソシアシオン、あるいは同様に運営されるが組織の公的性格を明確化した「文化協力公設法人（**établissements publics de coopération culturelle** 以下ＥＰＣＣと略記）」の形態をとっている[21]。ＳＮにおける国の財政負担は、全体の二四パーセントに留まり、予算の約五割は自治体による助成である[22]。文化省が一九六〇年代に自治体と協力し、「文化の民主化」の実現手段として各地に創設した「文化の家」は、現在のＳＮの第一世代である【図1】。

旧ＥＡＣは、その出発点では、文化と地域社会を結ぶことを明確に政策目的としていた。またアソシアシオン・ベースの共同管理システムが選択されたのは、地域文化施設の民主的な運営が目指されたからであり、地域で活動する多様なアソシアシオンや労働組合などの代表者、地方議員、そして国の代表者が、協議を通して運営方針をともに決定する「文化の議会」として構想されたといわれる[23]。本研究では、とくに地方分権化以前の国と自治体の関係性をみるうえでの手がかりとして、また文化政策の策定と実践を担った地方都市内の社会構造を描く目的で、ＥＡＣに注目する。具体的には、「文化の家」の設立運営に関わる資料や広報誌の活動記録を検討していく。

第二に、文化省と自治体が結んだ文化政策実施協定を参照する。検討対象は、一九七〇年代後半に成立した「文化憲章」と、八二年の地方分権化以後に文化省と自治体が署名した「文化的発展協定」である。前出のサエズは、後者について、その後の都市文化政策のあり方を規定した「協力という政治的文法」を定着させた「制度遺産」だと説明している(24)。これらの制度は、七〇年代初頭の「文化的発展」の理念から生成されたもので、都市文化政策の総合方針を明確化したうえで、実施事業ごとに、国と自治体の協力内容を明記して予算化することを原則とした。したがって、協定の内容から、成立時の地域の現実を具体的に読み解くことができる。表1に、本論中で検討する憲章と協定を示した。また各協定の内容は、巻末に「別表」としてまとめた。

このほか、都市文化政策の実践を担った実務家への聞き取りを行い、多くの貴重な示唆を受けた。彼らの証言は、事例都市と検討資料の選定にも反映されている。口頭で得た情報を論の展開に反映させる場合は、資料的な裏付けを示して、客観性と再現性を期す。

(2) 事例と検討資料

分析事例としては、以下の都市と地域を選択した。ここで先述の制度がどのように機能したのかを、資料を紐解きながら具体的に明らかにしていく。

第一章と第二章では、地方分権化以前の都市文化政策の例として、フランス南東部の都市グルノーブル(Grenoble)の経験を参照する。一九七五年に「文化憲章」が、そして八二年に「文化的発展協定」が創設された際に、いずれも他地域に先駆けて第一に署名した当時の文化政策先進自治体である。デュブドゥ市政(一九六五―八三)は、市民参加に基づく地域民主主義の実践で知られ、日本でも同時代に紹介されていた。また同市には、六八年二月に「文化の家」が開館している。

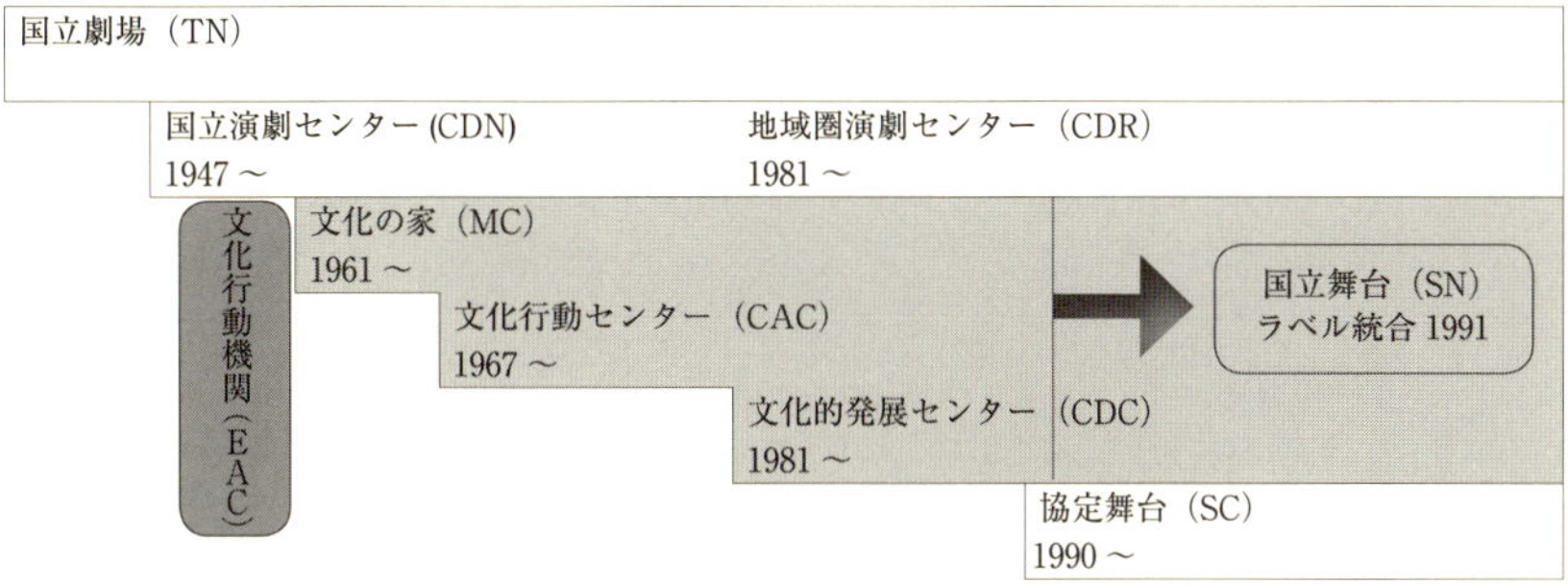

図1　公共劇場の四類型

［出典：筆者作成］

表1　検討する文化的発展協定（文化憲章および名称の異なる協定を含む）

	グルノーブル市	ナント都市圏	リール市と地域圏	マルセイユ市
1975	グルノーブル【別表1】			（マルセイユ）
1982	（グルノーブル）		ノール＝パ・ド・カレ地域圏【別表4】	
1983				マルセイユ【別表6】
1984		サン＝テルブラン【別表2】		
1985		ルゼ【別表2】		
1986		サン＝セバンティアン・シュル・ロワール【別表2】	リール【別表5】	
1987			リール【別表5】	
1988			リール【別表5】	マルセイユ【別表7】
1989				
1990		ナント【別表3】		
1998				マルセイユ【別表8】

注：【　】内は協定内容を整理した別表番号。（　）内は成立への言及に留まる。

［出典：筆者作成］

デュブドゥ市政期の自治体文化政策全般に関する情報は、おもに同市内の「文化政策観測所（Observatoire des politiques culturelles 以下ＯＰＣと略記）」で閲覧した公刊資料に拠る(25)。当時の市政府と文化省調査研究課が実施した調査の成果刊行物、市内ミュージアムの展示カタログ、地元アソシアシオンの発行物、後年開催されたシンポジウムの記録、さらに地域史研究書などを付き合わせて検討した。ＯＰＣの文化政策関連資料コレクションは、七四年にグルノーブル市が設置した「社会文化情報資料センター（ＣＩＤＯＳＣ）」から、発展的に引き継がれたものである。

また、「グルノーブル文化の家」が、六八年夏から定期刊行した広報誌『Rouge et Noir』は、当時の活動と議論を克明に示している。創刊号から八一年秋号までを、フランス国立図書館蔵のオリジナル紙媒体で確認した(26)。

第三章では、第一次地方分権化改革に際して文化省が設計した、自治体文化政策を支える制度にあった企図を検討する。その政治性を顕著に示す事例として、北西部の都市ナント（Nantes）に隣接する三自治体と文化省が結んだ「文化的発展協定」（一九八四、八五、八六年署名）と、ナントが九〇年に署名した協定の成立過程を分析した。日本でよく知られているナント・エロー市政による文化政策の前史にあたるが、これを取り上げる理由はそれだけではない。ミッテラン政権初期の文化省内で、自治体との新たな関係性の構築を担った文化的発展局では、グルノーブル出身者が多く活躍していた。元文化的発展局長へのインタヴューにおいて、当時、ナント周辺自治体との協議を多く行った事実について言及があり、これを受けてペイ・ド・ラ・ロワール（Pays de la Loire）地域圏内で成立した協定関連文書を文化省内で確認した結果、この事例を選択するに至った。

第四章では、第一次地方分権化以後の協定制度の活用実態を検討する。分権化後の都市文化政策の新展開をリードした主体にフォーカスするために、以下のふたつの都市および地域を選択している。第一節では、北部のノール＝パ・ド・カレ（Nord-Pas-de-Calais）地域圏とリール（Lille）市が文化省と結んだ協定をとりあげて、首相時代に「文化は経済発展の手段のひとつだと確信する」と明言したリール市長が牽引した政策実践と周辺の議論を分析する(27)。第二節では、地中海沿岸の大都市マルセイユ（Marseille）が、一九八三年から二〇世紀末までに文化省と署名した三協定を通時的に検討し、市政府の方針と自治体文化行政組織がどのような変化を遂げたかを分析する。マルセイユは、地方分権化後の約一〇年間に、長期市政の終焉と文化行政組織の抜本的な改革を経験した。それを通じて、文化政策の規模を急速に拡大させた自治体である。またリールとマルセイユは、それぞれ二〇〇四年と二〇一三年に「欧州文化首都」を経験したため、文化によって地域経済の再建に成功した例として、日本でも幾度か紹介されている(28)。その自治体文化政策が、歴史的にどのようなプロセスと議論を経ているかを示すことも、この事例を選択した狙いのひとつである。

第三章と第四章では、分権化後の協定制度の運用実態を検証するが、その主要な手がかりとしては、文化省で保管される協定テキストの最終版と交渉過程での資料を用いた。協定に関連する省内通達文書のほか、統計資料、内部評価報告書、関連報道記事のクリッピングなどが含まれている。

また、文化省側の責任者としてこれらの全自治体との交渉に関与し、さらにマルセイユ市政府の文化行政トップを務めた経験もあるドミニク・ヴァロン（Dominique Wallon 一九三九―）氏からは、インタヴュー時に個人保管文書の貸与を受けた。この未公開資料は、同氏が在職中に文化大臣や市長宛に発信した文書の写し、記者発表資料、担当部局の責務を定めた公文書の写し、当時の状況を分析した報告書、さらに後年フランス国内の文化政策史研究者から受けた質問への回答メールの写しなどを含む。

第四章に関しては、リール市役所公文書課とマルセイユ公文書館でも調査を行った。両市の市議会議事録のほか、リールではテーマ別に時系列で収集され、整理保存されていた首長送受信文書の写し、自治体や地元の諸団体が作成した広報資料、展覧会カタログ、そして関連報道記事などを参照することができた。

その他、フランス国立図書館内で検索したデータベース〈Europresse〉の新聞記事、同図書館蔵の各市広報誌なども資料として用いる。また各地域の文脈を知るために、地域史研究や地域政治に関する著作も参照した。そのいずれもが、各時期の自治体政府による文化面の決断に少なからぬ紙幅を割いているのは、自治体文化政策が都市変容に与えた影響が、ほかならぬ地元で認められていることの表れだろう。その他、「国立視聴覚研究所（Institut national de l'audiovisuel

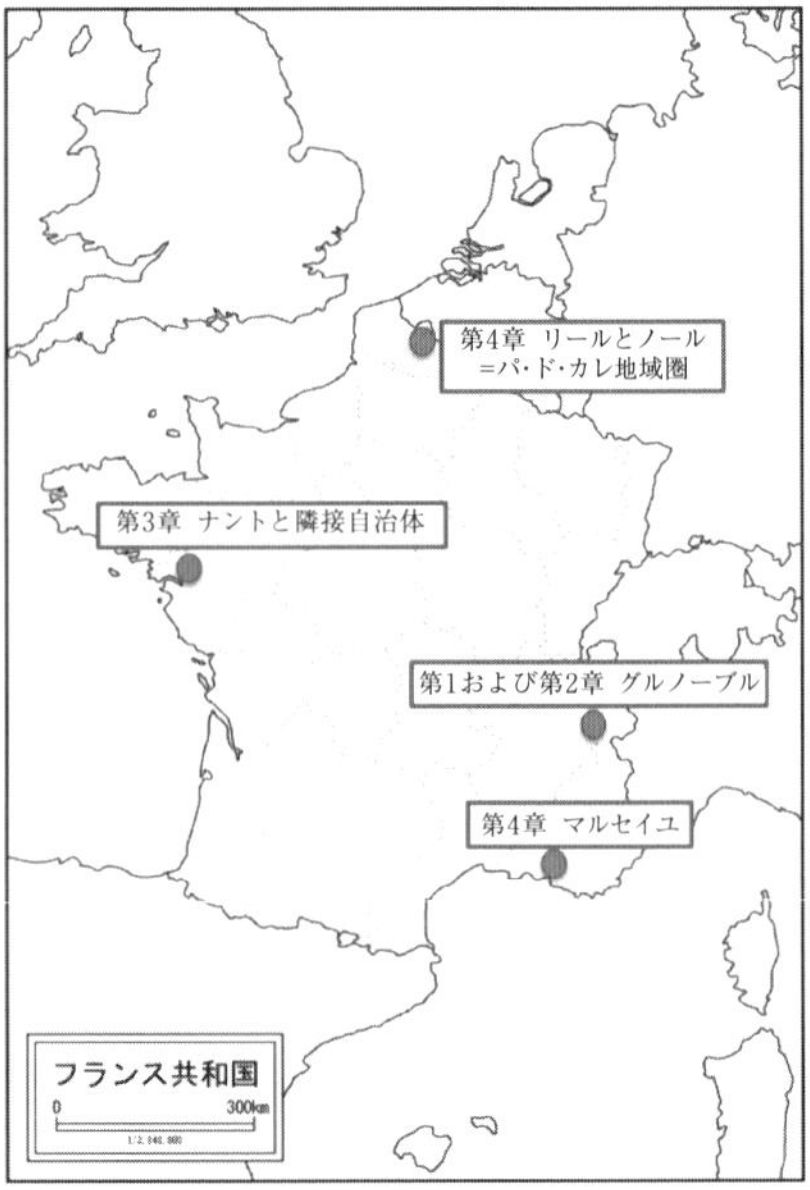

［出典：白地図画像 (http://www.freemap.jp/item/europe/france.html に筆者加筆］

図２　事例都市と地域

以下ＩＮＡと略記）」がインターネット上で公開している報道映像のデジタル・アーカイヴも、必要に応じて参照している[29]。

なお本研究は、二〇世紀後半のフランス地方都市で実践された文化政策は、「文化」と「発展」をどのようにとらえてきたのか、という問いに特化した問題史的なアプローチをとっている。したがって、事例地域の都市文化政策全般を、通時的、網羅的に扱うものではないことをあらかじめ断っておきたい。都市文化政策の理念的枠組みをめぐる論点が示された時期に照準して、実践現場で展開された議論を検討する。

5　論文構成

本論文の構成は、以下のとおりである。

序　章

第一章　自治体文化政策創成期の政策理念と市民社会

第二章　一九七〇年代革新自治体の実践と理論

第三章　第一次地方分権化改革における制度設計

第四章　地方分権化と欧州統合のなかで

終　章　都市文化政策の課題

序章では、フランス都市文化政策略史と先行研究をふまえ、研究課題と方法を示す。

第一章は、第二次世界大戦直後から一九六〇年代半ばを扱う。これは、前述の略史の第一期と第二期に相当する。「文化的発展」が政策理念として生成された過程を、自治体文化政策の創成期を支えた市民社会の側から明らかにする。

第二章の射程は、一九六八年から八一年までであり、略史の第三期に相当する。六八年「五月革命」前後の都市文化政策をめぐる議論を参照し、七〇年代初頭の「文化的発展」の概念を明確化する。続いて七〇年代の革新自治体の文化政策実践を明らかにし、ここから八一年大統領選前夜の社会党内の議論に反映された文化政策理論の骨子を示す。

第三章は、略史の第四期に相当する。ここでは、第一次地方分権化改革において、自治体文化政策を支える国の制度がいかに設計されたかを検討する。文化省と地方自治体の間に新たな関係性が構築された過程を、七〇年代の革新自治体文化政策からの連続性のなかで分析し、これによって制度設計に込められていた企図を明らかにする。

第四章は、第五期に相当する。分権化後の都市文化政策を、二地域で成立した協定から示す。第一節では、国の支援を最大限に活用した公職兼職首長に焦点を当て、欧州統合に向けて新たな都市アイデンティティを構築した政策プロセスを分析する。第二節では、高度な専門性が求められる、複合的な「地域の文化的発展」の実現に向かった自治体文化行政の変容をみる。

終章では、二〇世紀後半のフランス都市文化政策の歴史的展開を振り返り、「文化的発展」の政策理念が設定した課題の変遷を整理する。また、政策対象となる文化概念の定義の諸層を示す。さらにこれを踏まえて、都市文化政策研究が、今後日本で向きあうべき課題を提示する。

6　フランス都市文化政策研究の展開と本研究の特徴

(1) 国内の先行研究

フランスの地方都市の文化政策が日本で注目されたのは、「創造都市論」への関心が高まった二〇〇〇年代以後である。

文化によって都市再生を果たしたとされるフランスの事例に大きな関心が寄せられ、とくにナントをモデルケースとして取り上げるフォーラムが国内で相次いで開催されたほか、二〇〇七年から三年間にわたって横浜市、新潟市、金沢市がフランス七都市と「日仏都市文化対話会議」を開催するなど、実践現場における情報収集と交流が進んだ。ただし、フランスの地域規模の文化政策を対象とする国内の研究は限られており、以下の論考が参照されている。

菅野幸子「甦るナント――都市再生への挑戦」(二〇〇四)は、ナントを、英国の港湾都市グラスゴーを筆頭とする創造都市の系譜に列ねて、文化による都市再生の成功事例として紹介した現地調査報告書である(30)。日本での都市規模の文化政策への関心の高まりにタイムリーに応えて、同時代フランスの状況を具体的に示した同報告は、自治体文化政策の現場に大きなインパクトを与えた。藤井慎太郎「文化政策と地方分権―フランスそしてリール市を例に―」(二〇〇八)は、二〇〇四年に「欧州文化首都」を経験したリール市の文化政策の現状を描き、それを支える行政間協力の制度を概説している(31)。地方分権化によって確立された文化の分権化あるいは分散化の制度と組織を示し、文化省による地方での政策展開と、国と地方自治体の協調体制構築という二側面を簡明に解説した。

これに対して、フランスの国レベルの文化政策には、より早くから国内の関心が向けられていた。最初期の例としては、一九八四年から隔年開催された「日仏文化サミット」が、中央政府の文化政策をめぐる両国の落差を浮き彫りにし、「経済大国」を自負した日本が「文化大国」にはほど遠い状況をクローズアップしている(32)。このときフランス側から発信された情報は、芸術文化振興への機運を高めていた当時の日本に大いに刺激をもたらした(33)。

日本における文化政策研究が九〇年代以降に進展したなかで、フランス中央政府の文化政策を対象とした研究も多く発表されたが、本論は、おもに以下の五点を参照している。小林真理「フランスにおける文化政策と法に関する研究(一)―文化政策における現代的課題―」(一九九五)は、方針と明確さに欠ける日本政府の文化政策への問題意識に基づき、フランスではいかにして文化政策が行われるようになったか、政治権力は文化にいかに影響したか、フランスの文化政策で重視されるのはどのような点か、また文化政策を支える法制度とはどのようなものかを論じており、フランス文化政策の分権化の問題を、国内で初めてとりあげた研究である(34)。久井英輔「一九七〇年代フランスにおける文化政策理念の動向—概観とその政治的・社会的位置—」(一九九九)は、七〇年代に国家レベルで行われた政策提言を検討している(35)。この時期に表出した理念の流れを概観し、政治的・社会的背景を視野にいれて、政策理念が現実にどのようなインパクトを与えたかを論じた。友岡邦之「時代に適応する『国民文化』——一九八〇年代フランスにおける文化政策の大規模化をめぐって」(一九九七)は、八〇年代のフランスで国の文化政策が大規模化した理由を問うた論考で、当時の社会状況への合理的対応としてのナショナル・アイデンティティの維持・再構築であると説明している(36)。また地域レベルの文化政策に関しても、一九七〇年代の革新自治体における多様な文化への支援の萌芽に言及している。同じく、友岡邦之「再考の時期にきたフランスの文化政策」(二〇〇〇)は、八〇年代末以後に英語圏で刊行された研究成果に拠って、国家と自治体による文化支援のあり方を考察しており、フランスの国家主導的な芸術支援政策のあり方と、社会党政権下で実現した文化政策の地方分権化をとりあげた(37)。藤井慎太郎「芸術、文化、民主主義——文化的平等とフランスの舞台芸術政策」(二〇〇七)は、絶対王政時代から現在までの国の舞台芸術政策の展開を通時的に考察し、その到達点と限界を分析した論文である(38)。歴史的経緯に関しては、文化政策の概念が、民主主義の平等性の要請に基づいて第三・第四共和政期に国民国家の枠組みのなかで構想されて浸透、定着し、第五共和政下での文化省誕生に至ったプロセスが説明されている。

文化政策に特化したこれらの研究以外に、国内での重要な先行研究としては、現代フランスの文化問題をほぼ同時代にとらえてきた社会学研究や、政治制度と歴史、さらに市民の政治参加を分析した政治学研究のなかに、本研究ときわめて関連の深い大きな蓄積を見出すことができる。本論では、これらのフランス研究の豊かな成果を参照して、都市文化政策の課題意識を生んだ社会背景や、展開に影響を与えた政治メカニズム全般への理解を補いながら議論を進めていく。

(2) フランスにおける都市文化政策研究

フランス国内では、都市および地域レベルの文化政策を扱う多くの研究が刊行されている。都市文化政策全般を扱い、かつ通史的アプローチをもつ主要な成果としては、以下を参考にした。ピエール・ムリニエ(Pierre Moulinier)『フランスの公共文化政策』(一九九九)は、文化政策を支える制度構造を俯瞰した基本文献である(39)。二〇世紀末時点の文化の公共政策の目的、手段、結果の全体像を描き、地方自治体を文化省と並ぶ文化政策の主要な実行主体として示した。公共団体間協力のための財政的枠組みや、文化機関運営のしくみなど、都市/地域文化政策を支える基本制度が明快に整理され、協定政策についても網羅的な解説が加えられている。ギィ・サエズ編『文化の制度と文化的生活』(二〇〇五、第二版二〇〇七)は、二〇名余りの文化政策研究者および実践者の執筆による文化政策概説書である(40)。自治体文化政策の実施構造と課題を論じた第二部では、編者のサエズが地域規模の文化ガヴァナンスと主体の問題を論じて、都市文化政策の歴史と課題を概観している(41)。本研究は、この分析枠組みを援用する。エマニュエル・ド・ワレスキエル(Emmanuel de Waresquiel)編『一九五九年以後のフランス文化政策辞典——フランス的例外』は、研究者、学芸員、文化施設職員、文化省職員、ジャーナリストなど約一〇〇名が執筆参加したプロジェクトで、二〇〇一年に出版された(42)。国の文化政策に関する三二〇のキー・タームが設定され、専門あるいは関心の近い執筆者が各テーマを論じているが、都市文化政策に関わる事項も多く含まれる。

フランスにおける文化政策の歴史的検証は、九〇年代以後さかんに行われるようになった。ここで重要な役割を果たしているのが、「文化省歴史委員会(Comité d'histoire du ministère de la Culture)」である。文化省の歴史に関わる資料の収集保存と調査研究を支援する組織として九三年に創設された。歴史委員会は、大学に所属する研究者らの協力を得て、各時代の文化関連政令集、社会的影響力をもった発言や論考の選集、あるいは会議録等の各種史料を編纂・出版している。また多様な切り口から文化省の歴史を検証する共同研究プロジェクトやシンポジウムを企画し、その成果を続々と刊行している。

歴史委員会の設置運営を中心的に担ってきたのは、六三年に設立された「文化省調査研究課（Service des études et recherches）」の出身者である。彼らは文化省在職中から個人名で活動しており、退職後も多くの著作を発表している。また文化省歴史委員会のメンバーは、フランスの都市文化政策の展開を担った主体でもある。それゆえに省内外の文化政策実践者との人脈を有し、歴史検証に当事者の証言を直接取り込む研究プロジェクトを多く企画している。

同委員会が手がけた通時的な都市文化政策史研究の成果としては、フィリップ・ポワリエおよびジャン＝ピエール・リウ（Philippe Poirrier, Jean-Pierre Rioux）編『文化問題と地域　一九五九—九九』（二〇〇〇）があるが、これは文化政策の地方分権化、非集中化、文化省と自治体の関係を主題とした会議の成果である(43)。二〇〇五年には、同じテーマにより複眼的な検討が加えられて、フィリップ・ポワリエおよびルネ・リザルド（Philippe Poirrier, René Rizzardo）編『共有された願い？　文化省と地方自治体の協同　一九五九—二〇〇九』（二〇〇九）が出版された(44)。

編者のポワリエは、国と自治体の文化政策史全般を先駆的に論じてきた現代史研究者であり、本論ではその著作をしばしば参照する。都市文化政策の通史的研究としては、『一九六〇年代以後の自治体文化政策——時代区分の試み』（一九九四）や、『現代フランス文化政策史』（一九九六）がある(45)。

最後に、だがもっとも本研究にテーマが近い重要な先行研究として、フランソワーズ・タリアノ＝デ・ガレ（Françoise Taliano-Des Garets）『地方主要都市と文化　一九四五—二〇〇〇』（二〇〇七）を挙げる(46)。フランス国内でもはじめて複数の地方都市の二〇世紀後半の文化政策を扱った歴史研究として、文化省歴史委員会から刊行された。ボルドー（Bordeaux）、リール、マルセイユ、ストラスブール（Strasbourg）、トゥールーズ（Toulouse）の六都市比較から、第四共和政以後の文化政策をめぐる国と自治体の関係性を検証している。この研究は、中央政府が示した政策方針は、地方都市の現場においていかに実現されたかという視点から、国が提示する好機を選択的にとらえてきた各都市の主体性と自立の程度を明らかにした。文化省が自治体に対して指導的役割を果たすことがフランス国内でも自明視されていたなかで、既成観念を相対化した研究として知られる。

（3）本研究の特徴

本研究は、日本における文化政策研究としては初めて、フランス都市文化政策の歴史的過程を検討の中心に置く。フランス国内の豊富な先行研究を踏まえて歴史的展開を明らかにし、そのうえで一時資料を用いて具体事例のプロセス分析に踏み込む。それによって、都市文化政策の実践を支える共治の社会構造を描く点に、本論のもっとも大きな特徴がある。

以下では、文化によって地域あるいは社会全般を変革しようとしたのは誰だったのか、という主体の問題に焦点をあてる。担い手の行動と発言を追い、思想の水脈を遡ることによって、都市文化政策を成立させてきた理念を深く掘り下げていきたい。

註

（1）日本の自治体文化政策の歴史的経緯については、小林真理『文化権の確立に向けて――文化振興法の国際比較と日本の現実』勁草書房、二〇〇四年、四―八頁を参照されたい。

（2）本論の検討の射程では、一九九八年に、当時のカトリーヌ・トロートマン文化大臣が「舞台芸術の公共サーヴィス憲章（Catherine Trautmann, La charte des missions de service public pour le spectacle）」で行政による文化振興の根拠を示している。それによれば、文化省の責務に関するデクレ以外に、全フランス人民の平等な文化への接近の保障を国家に義務づけた一九四六年以来の共和国憲法前文、欧州連合条約（マーストリヒト条約）の第三条および第一二八条、そして自治体の文化権限に制限を設けていない地方分権化関連法（一九八二年、八三年制定）が法的根拠を示していた。後にフランス政府は、二〇一六年七月に「創造の自由、建築、文化遺産に関する法律」を成立させて、一一九条に及ぶ条文で国の文化政策の原則を明文化した。

（3）「文化省」の正式名称には左記の変遷があるが、本文中では「文化省」で統一する。

一九五九年　ministère des Affaires culturelles（文化問題省）

一九七〇年　ministère des Affaires culturelles et de l'Environnement（文化問題環境省）

一九七四年　secrétariat d'Etat à la culture（文化庁）

一九七七年　ministère de la Culture et de l'Environnement（文化問題環境省）
一九七八年　ministère de la Culture et de la Communication（文化通信省）
一九八一年　ministère de la Culture（文化省）
一九八六年　ministère de la Culture et de la Communication（文化通信省）
一九八八年　ministère de la Culture, de la Communication, des Grands travaux et du Bicentenaire（文化、通信、グラン・トラヴォー、革命二〇〇年祭省）
一九九一年　ministère de la Culture et de la Communication（文化通信省）
一九九二年　ministère de l'Education nationale et de la Culture（国民教育文化省）
一九九三年　ministère de la Culture et de la Francophonie（文化フランス語圏省）
一九九五年　ministère de la Culture（文化省）
一九九七年　ministère de la Culture et de la Communication（文化通信省）

（4）牛山久仁彦監修、大和市企画部編著『ドキュメント・市民がつくったまちの憲法～大和市自治基本条例ができるまで～』ぎょうせい、二〇〇五年。

（5）宮島喬編『岩波小辞典　社会学』岩波書店、二〇〇三年、三三頁。「ガヴァナンス」の項を参照。

（6）小林真理「自治体文化行政と行政改革 理念と現実の乖離」小林真理編『行政改革と文化創造のイニシアティヴ——新しい共創の模索』美学出版、二〇一三年。

（7）Guy Saez, "Gouvernance culturelle territoriale : les acteurs", dans Guy Saez (dir.), *Institutions et vie culturelle*, La Documentation française, 2007, p. 39–43.

（8）Raymond Weber, « *Quelle gouvernance pour la culture et le secteur culturel?* », working document for the Euro-American Campus on Cultural Cooperation, Las Palmas de Gran Canaria, 30 November–3 December 2010.

（9）共治の原初的なイメージとして、ウェバーは、一四世紀の都市国家シエナで活動した画家アンブロージョ・ロレンツェティの「善政の寓意」を示している。このフレスコ画では、二四人のシエナ市民が、「正義」の下にいる和合の女神（コンコルド）から「調和」を象徴する縄（コルド）を受け取り、連なってこれをともに持ちながら、老人の姿で表された共同体とその公益へ受け渡している。共同体の象徴である老人は、「勇気」「慎重」「節制」「公正」「寛容」を表す人物に取り囲まれている。さまざまな立場の市民は、各自が内面化しているこれらの価値の実現に向かって協働する、という図式である。

（10）Jean-Christophe Blaize, Gérard Poteau, *Le développement culturel local*, Éditions de La Lettre du cadre territorial, 2003, p. 2.

（11）この序文に続く本編では、文化行政担当者の基礎知識として、（一）政策実施のパートナーとなる国、自治体、欧州連合の文化政策概要、（二）分野別政策概要：文化遺産、図書館とマルチメディア、音楽、舞踊、映画、演劇、サーカスと大道芸、造形美術、ミュージアム、（三）参考文献および情報源となる団体一覧、が示されている。

（12）サルコジ政権期の「公共政策の包括的見直し（révision générale des politiques publiques, RGPP）」の一環として大幅な組織改編を行った文化省は、二〇一一年に公式ウェブサイトを全面更新し、URLを移転した。一方、引用文を掲示する二〇〇九年制作のウェブサイトも、二〇一七年一二月現在では旧URLで引き続き公開されていた。なお、現公式サイトの développement culturel のページは、「文化と医療」「文化と司法」「連帯」「都市政策」「民衆教育」「共生」「文化-農業」のテーマ別に、省間連携や民間団体への委託を通して実施される事業を説明し、人々の文化的生活への参加を推進する文化省の施策を示している。

（13）<http://www2.culture.gouv.fr/culture/politique-culturelle/accueil.htm>（二〇一八年五月八日最終参照）より抜粋、翻訳した。

（14）一九四六年時点で三七九八三存在したコミューンの総数は、二〇一六年一月現在で三五八六八であった。

（15）Ministère de la Culture et de la Communication, *Les dépenses culturelles des collectivités territoriales en 2010*, mars 2014.

（16）大村敦志『フランスの社交と法』有斐閣、二〇〇二年、一八八頁の翻訳による。アソシアシオンの歴史と法に関して、詳しくは同書を参照されたい。

（17）Le ministère des Sports, de la Jeunesse, de l'Education populaire et de la vie associative, *Chiffres clés: le secteur associatif*, <http://www.associations.gouv.fr/IMG/pdf/27 Juin_ChiffresCles.pdf>（二〇一六年一二月二二日ダウンロード）

（18）この項は、（財）自治体国際化協会パリ事務所「CLAIR REPORT No.360 フランスの文化政策」二〇一一年三月、第二章「分権化をめぐるフランス文化政策史概観」のために執筆した稿に基づいて大幅に書き改めた。同報告書は、現在インターネット上で公開されており、筆者は第二章から第五章の執筆を分担した。<http://www.clair.or.jp/j/forum/c_report/pdf/360.pdf>

（19）文化省の第二回自治体文化支出実態調査は、一九八五年に行われた。以後現在まで、五年ごとに実施されている。

（20）フランスの公共劇場制度は、国立劇場（Théâtres nationaux）、国立演劇センター（CDN）と地域圏演劇センター（Centres dramatiques régionaux, CDR）、国立舞台（SN）、協定舞台（Scènes conventionnées, SC）の四系統で構成され、各固有の成立経緯がある。national と冠される制度のうち、日本的な意味での「国立」に相当するのは、国家予算を主財源として運営される公設法人「国立劇場」のみである。

（21）詳しくは、長嶋由紀子「フランス文化政策分権化の進行と『協力』の制度化―地域文化施設運営の問題を中心に―」『演劇映像学

二〇〇九 第二集』早稲田大学演劇博物館グローバルCOEプログラム「演劇映像の国際的教育研究拠点」、二〇一〇年三月を参照されたい。

（22）Ministère de la Culture et de la Communication, *Chiffres clés 2013 Statistiques de la culture*, p. 100.

（23）Guy Saez, Démocratisation, dans Emmanuel de Waresquiel (dir.), *Dictionnaire des politiques culturelles en France depuis 1959: une exception française*, Larousse : CNRS Editions, 2001, p. 201–205.

（24）Guy Saez (dir.), *op. cit.*, p. 41.

（25）OPCは、「文化の地方分権化を国が支援するための組織」として一九八九年三月に設立された。

（26）この広報誌は後に電子化され、グルノーブル文化の家MC2デジタル・アーカイヴとして、現在はインターネット上でも公開されている。<http://webmuseo.com/ws/mc2/app/report/index.html>（二〇一八年五月八日最終閲覧）

（27）ノール＝パ・ド・カレ地域圏は、二〇一六年一月一日、ピカルディ地域圏との統合によりオー・ド・フランス地域圏として再編された。圏都はリールである。

（28）たとえば、藤井慎太郎「文化政策と地方分権―フランスそしてリール市を例に―」『演劇映像学二〇〇七 第一集』早稲田大学演劇博物館グローバルCOEプログラム「演劇映像の国際的教育研究拠点」、二〇〇八年三月。創造都市論の文脈で扱われることが多いマルセイユでは、とくに産業跡地を利用したアート・センター「フリッシュ・ラ・ベル・ド・メ」が注目された。吉本光宏監修・国際交流基金編『アート戦略都市――EU・日本のクリエイティブシティ』鹿島出版会、二〇〇六年。

（29）<https: //www.ina.fr>（二〇一八年五月八日最終閲覧）

（30）菅野幸子「甦るナント――都市再生への挑戦」『調査報告書　文化による都市の再生～欧州の事例から』国際交流基金企画部、二〇〇四年。

（31）藤井慎太郎、前掲論文、および「フランスの文化政策」『地域創造』第二二号、二〇〇七年一〇月。

（32）『文化の将来――日仏文化サミット』朝日新聞社、一九八四年。フランス文化省と朝日新聞社の共催で開催された。

（33）たとえば一九八八年に開催された第三回「文化と企業」では、保革共存政権期の文化省が重視した企業メセナの考え方が紹介されて、これを直接の契機として社団法人企業メセナ協議会が設立された。

（34）小林真理「フランスにおける文化政策と法に関する研究（一）―文化政策における現代的課題―」『人間科学研究』第八巻第一号、早稲田大学人間科学学術院、一九九五年、一〇七―一一九頁。

（35）久井英輔「一九七〇年代フランスにおける文化政策理念の動向――概観とその政治的・社会的位置―」『生涯学習・社会教育学研究』第二四号、東京大学大学院教育学研究科生涯教育計画講座社会教育学研究室紀要編集委員会、一九九九年。

(36) 友岡邦之「時代に適応する『国民文化』——一九八〇年代フランスにおける文化政策の大規模化をめぐって」『ソシオロゴス』二一号、ソシオロゴス編集委員会、一九九七年、一三一二七頁。
(37) 友岡邦之「再考の時期にきたフランスの文化政策」『地域創造』第九号、二〇〇〇年一〇月。
(38) 藤井慎太郎「芸術、文化、民主主義——文化的平等とフランスの舞台芸術政策」『演劇研究センター紀要』Ⅷ号、早稲田大学21世紀COEプログラム〈演劇の総合的研究と演劇学の確立〉、二〇〇七年。
(39) Pierre Moulinier, *Les politiques publiques de la culture en France*, PUF, coll. “Que Sais-je ? ”, 1999.
(40) Guy Saez (dir.), *op. cit.*
(41) Guy Saez, “Gouvernance culturelle territoriale: les acteurs”“ La politique culturelle des villes”, dans *ibid.*, p. 39–49.
(42) Emmanuel de Waresquiel (dir.), *op. cit.*
(43) Philippe Poirrier et Jean-Pierre Rioux (dir.), *Affaires culturelles et territoires (1959–1999)*, La Documentation française, 2000.
(44) Philippe Poirrier, René Rizzardo (dir.), *Une ambition partagée? La coopération entre le ministère de la Culture et les collectivités territoriales (1959-2009)*, La Documentation française, 2009.
(45) Philippe Poirrier, Les politiques culturelles municipales des années soixante à nos jours Essai de périodisation, *Bulletin des Bibliothéques de France* t. 39, n°5, 1994.
Philippe Poirrier, *Histoire des politiques culturelles de la France contemporaine*, Bibliest, 1996.
(46) Françoise Taliano-Des Garets, *Les métropoles régionales et la culture: 1945–2000*, La Documentation française, 2007.

第一章

自治体文化政策創成期の政策理念と市民社会

第一章　自治体文化政策創成期の政策理念と市民社会

人々の生活の中心に文化を位置づける「文化的発展」の政策理念は、第二次世界大戦後のフランスで、どのような理由から求められたのだろうか。本章では、自治体が文化政策に本格的に着手する以前から、都市の文化的環境づくりに取り組んでいた市民社会の活動に着目して、彼らが想定していた都市文化政策の課題を明らかにする。一地方都市の戦後史と、一九六〇年代の中央政府レベルの政策議論の照合から、都市文化政策を希求した市民社会の行動と動機を示したい。

以下では、フランス南東部の都市グルノーブルで自治体文化政策が開始された経緯を、検討の中心に置く。同市デュブドゥ市政（一九六五―八三）は、文化政策に関する当時の先進自治体である。同市政の初期の文化政策が、どのような地域の歴史から出現し、六〇年代の全国規模の動きにいかに接続していたかをみる。

グルノーブルは、フランス南東部のアルプス山麓に位置するイゼール県の県庁所在地である。面積一八・一平方キロメートル、人口一六万七七九人の同市は、周辺四八自治体とともに五四五・五七平方キロメートルに広がる四四万人規模の都市圏を形成している(1)。グルノーブル大学、グルノーブル理工科学校（INPG）、国立情報学研究所（INRIA）、原子力庁（CEA）など、高等教育研究機関の集積によって、国際的にも知られる地域である。

近代のグルノーブルは、アルプス山系の豊富な水力による発電事業を中心に、アルミニウム、セメント製造、製紙、金属などの製造業の発達とともにあった。産業構造と人口構成は二大戦間期に変動したが、一九二〇―三〇年代には、製造業と水力発電の需要拡大を背景として、欧州近隣諸国から多くの移民を迎えた。同時期に、周辺の農村部から都市内への人口移動も進んだため、公共住宅建設、緑地整備、学校増設等が行われて都市の規模が拡大した(2)。文化面では、グルノーブル市立美術館学芸員、通称アンドリ＝ファルシ（Andry-Farcy）が、一九一九年から約三〇年間にわたって同時代作品の収集に努めた結果、充実した近代絵画コレクションが形成されている(3)。

同地の産業は、第二次世界大戦後は、機械・電気・化学分野で伸張した。とくに五〇年代後半以後は、原子力、電子工学、サイバネティクス等の研究拠点が開設され、先端技術を牽引する地方としての地位を確立している。

本章の検討の中心である六〇年代は、全国的な高度経済成長期にあたる。グルノーブルは、この頃すでに、製造業から第三次産業への移行を開始していた。また六八年二月の第一〇回冬季オリンピックの開催地でもあり、「変動の都市」と呼ばれる活気に満ちてもいた。五四年から六二年の成長率は三六・八パーセントであり、人口一〇万人以上の国内都市中の最高値を記録している。五四から六八年には、年平均四・一パーセントのペースで人口が増加した(4)。都市部からの高学歴層の転入が目立った一方で、欧州諸国および脱植民地化した北アフリカからの移民も多かった。六二年の統計によれば、市の人口に対して、市内で出生した住民が二六パーセント、市内に親が居住する住民が一五パーセントだったのに対し、転入によって新たにグルノーブルの住民となった者が過半数であった(5)。

第一節　地域市民社会と自治体政府

現在同市内にある「グルノーブル文化の家（Maison de la culture de Grenoble）」は、フランスの公共劇場制度のなかで、国立舞台（ＳＮ）として文化省の認証を受けている。21世紀初頭の大規模改修後はＭＣ2と通称される同館は、大中小のホールを備える都市圏最大の文化施設であり、アルプス国立演劇センター（ＣＤＮ）とグルノーブル国立振付センター（Centre chorégraphique national　以下ＣＣＮと略記）が本拠を置く、国内有数の舞台芸術創造拠点でもある(6)。この文化の家は、文化省と地元自治体の協力によって、一九六八年二月に開館した。二〇〇七年に文化協力公設法人（ＥＰＣＣ）に改組されたが、それまでは、アソシアシオン組織が運営を担ってきた。

これとは別に、同市の歴史をさらに遡ると、一九四五年に活動を開始し、自治体政府との対立を経て解散したもうひとつの文化の家があったことが知られる。解放《リベラシオン》後に約三年間存在したグルノーブル文化の家と、一九六八年から現在に至る「グルノーブル文化の家」は、地域市民社会によって実現された成立プロセスに共通性がある。

本節では、ふたつの文化の家をめぐる、地域市民社会、市政府そして中央政府の関係性をとらえる。約二〇年を隔てて、ふたつの文化の家の設立運営を支えた市民も多く、文化政策をめぐる地域の文脈としても重要である。

両者の比較はまた、文化省が六〇年代に制度設計した「文化の家」の原質を知るうえでも有効である(7)。というのもフランスの「文化の家」は、初代文化大臣マルローが構想した国の文化政策として一般に知られるが、文化の家の名称をもつ組織は、それ以前にもいくつか存在しているからだ。最初の事例は、シュルレアリズムの詩人ルイ・アラゴン(Louis Aragon 一八九七—一九八二)らの主導により、一九三五年のパリで発足したことが知られている(8)。作家アンドレ・マルローも、当時は「革命的作家芸術家協会(Association des écrivains et artistes révolutionnaires 以下AEARと略記)」のメンバーとしてその運営に関わっていたから、六〇年代に文化省が制度構築をリードした地域文化機関の活動の原型は、人民戦線期に求めることができるだろう。文化省が各地で設立をすすめた「文化の家」は、先行したさまざまな発意と試行錯誤のうえに実現された制度であり、四五年設立のグルノーブル文化の家は、第二次世界大戦後の主要な先例のひとつとみることができる。

本節では、その組織と地域社会における位置づけを示し、六〇年代の「文化の家」との対比を通して、解放期の地方都市にみられた市民社会の活力を素描したい。

1　グルノーブル文化の家(一九四五—四八)

一九四五年、市内(rue Général Marchand)に設けられたグルノーブル文化の家(Maison de la Culture de Grenoble)は、図書館、講演会、討論会、映画上映、展覧会などを企画運営した文化機関である(9)。民衆教育団体「人民と文化(Peuple et

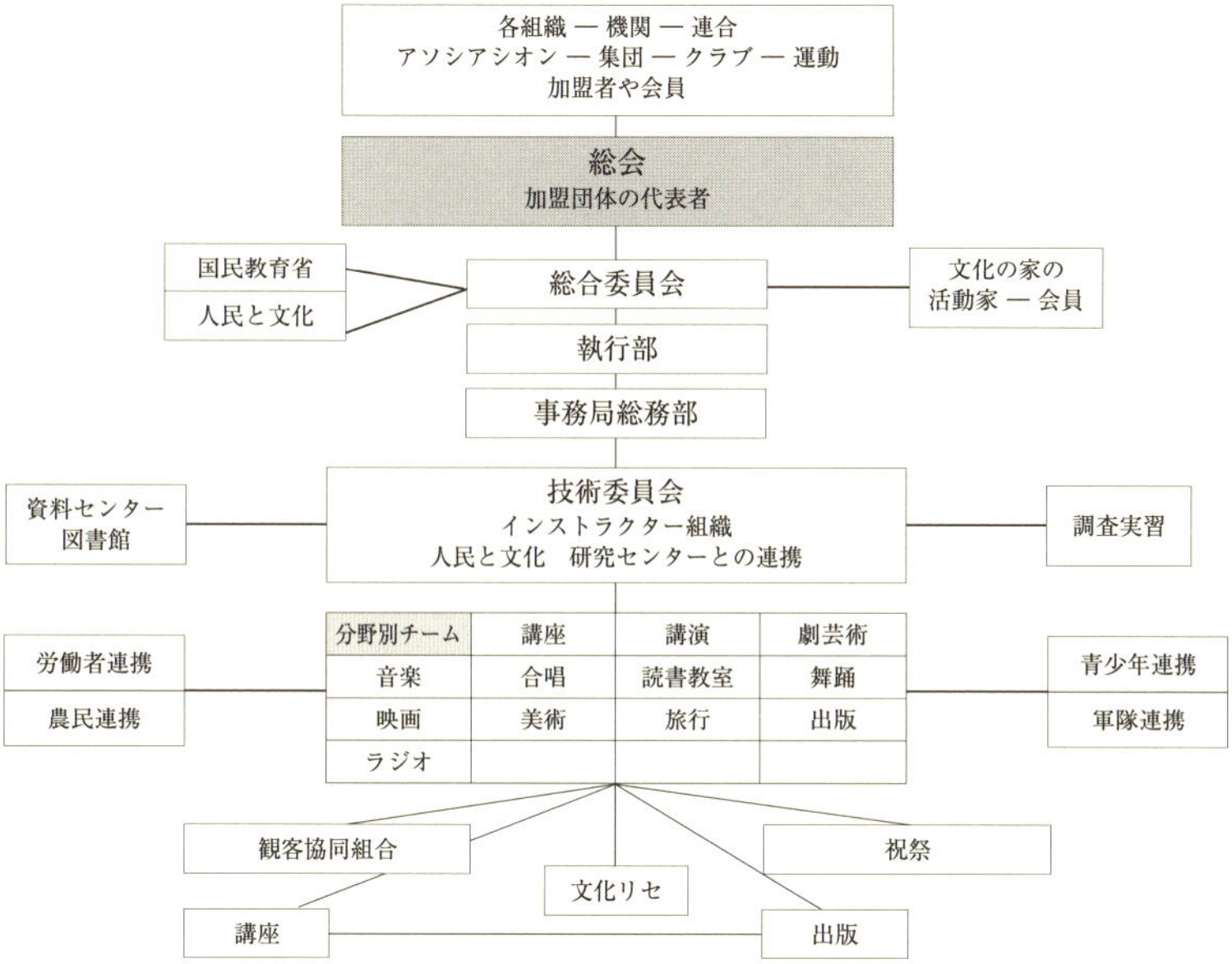

［出典：Guy Saez, *L'Etat, la ville, la culture*, p. 298 より筆者作成］

図 3　1945 年設立グルノーブル文化の家の組織

Culture 以下ＰＥＣと略記）」創設メンバーらの構想から生まれたアソシアシオン組織だった。

（1）市民団体連合による設置運営

グルノーブルは、ナチス・ドイツ占領からのフランス解放《リベラシオン》にもっとも貢献した都市のひとつとされる。行政組織がまだ十分に機能していなかった共和国臨時政府期（一九四四—四六）に、同地では、レジスタンス組織由来のイゼール県解放委員会（**Comité départemental de libération** 以下ＣＤＬと略記）が地方行政機能を代行していた。ＰＥＣは、ＣＤＬの教育部門有志を中心に、一九四五年にグルノーブルで結成されたアソシアシオンであり、民衆教育の全国ネットワークとして現在も活動を継続している。

ＰＥＣ草創期の史料を検討したサエズ（一九九三）によれば、グルノーブル文化の家の開設には、ＰＥＣ以外の市内八団体が関わり、「民衆図書館」、「労働者教育センター」、「イゼール県解放委員会」、「知識人行動委員会」、「フランス・キリスト教労働者連合」、「フランス労働総同盟（ＣＧＴ）」、「アルプスの時（Les

Heures Alpines）」、「小学校教員組合」が、ＰＥＣと共同で運営にあたっていた(10)。これら諸団体の人脈と活動は、相互に重なっており、たとえば文化の家理事長ジョルジュ・ブランション（Georges Blanchon）が、一九二七年に市内で活動を立ち上げた演劇鑑賞アソシアシオン「アルプスの時」の設立者でありかつＰＥＣ創設メンバーでもあったように、同一人物が複数の団体で活動する例が多かった。

文化の家は、各構成団体から提出される事業企画を、技術委員会がとりまとめる方式で運営されていた【図3】。一方で、出身団体への帰属を越えて、講座、講演、劇芸術、音楽、合唱、読書教育、舞踊、映画、美術、旅行、出版、ラジオといったテーマに取り組むチームが編成され、労働者、農民、青少年、軍など、地域内のさまざまな社会集団に対する働きかけを行っていた。また文化の家の方針は、アソシアシオン会員と加盟団体代表らが出席する総会で決定されたが、中枢を担う総合委員会には、共和国臨時政府の国民教育省代表も、ＰＥＣ代表とともに議席をもっていたことが知られる。

（2）民衆演劇運動との協働

このように市内諸団体の連合体であった一九四五年文化の家は、芸術面での活動の限界を自覚していた。また固有の芸術施設をもたないことも課題であったため、既存の市立劇場の運営を受託し常駐劇団を招聘して芸術事業の強化を図ろうとした。このとき文化の家は、民衆演劇運動との協働に活路を求めた。

民衆演劇運動とは、社会全体が享受できる質の高い演劇創造を追究した演劇人のムーヴメントであり、二〇世紀初頭から展開されていた。彼らは、演劇を通して「peuple（民衆／人民）」という共同体を構築し、この新たな観客の共同体に、多様な人々、なかでもとりわけ教育と芸術から排除された社会層を組み入れることを活動の目標としていた。パリのブルジョワジーを主要な観客とした商業演劇の対極にあったこのムーヴメントは、従来は演劇との接点をもたなかった社会層を重要な観客として想定し、巡回公演や地方拠点での創作を重視した。民衆演劇運動の著名な演劇人としては、人民戦線政府の依頼で演劇の地方分散化政策構想を策定したシャルル・デュラン（Charles Dullin 一八八五―一九四九）や、ブルゴーニュの小村に劇場を設けて、そこで創作と後進育成に尽力したジャック・コポー（Jacques Copeau 一八七九―一九四九）らがいる。彼らのもとからは、一世代若い演劇人が多く巣立っており、第二次世界大戦直後の解放《リベラシオン》期に各地で新たな活動を立ち上げていた。

グルノーブル文化の家の招きに応じて、同地に本拠を移したのは、演出家のジャン・ダステ（Jean Dasté 一九〇四―九四）である。ダステは、自身が主宰する劇団を「コメディアン・ド・グルノーブル」と改称し、一九四五年一一月には、劇団によるマニフェストを発表した(11)。この小さなパンフレットでダステは、文化の家を運営する諸団体との連携を通して自身の演劇創造活動を行うと宣言している。また、グルノーブルおよび近隣地域の劇場での上演や近郊全域の農山村への巡回公演を行い、市内には演劇学校を設立する計画を示した。

彼の劇団は、演劇鑑賞経験のない観客への作品普及活動にとくに熱心に取り組んだ。ダステは、農村や労働者のもとに出向いて上演するアウトリーチ型の活動をとりわけ重視したが、その理由について、「劇団のスタイルは、大衆的な観客層と頻繁に接触することによって確立される」からだと述べている(12)。芸術創造は観客との関係性を含んで成立すると考える双方向性に、ダステの芸術的姿勢の特徴があった。また民衆演劇は、古典戯曲を中心的なレパートリーとしたが、ダステは、存命作家の戯曲による現代作品の創作にも強い意欲を示していた(13)。

一方マニフェストには、グルノーブル文化の家の理事長ブランションの寄稿もあるが、ここでは、市内で当時進行中だったさまざまな文化再生の試みは、都市全域のスケールでの整合性が考慮されたものだと強調されている(14)。ブランションによれば、レジスタンスの主要拠点だったグルノーブルには、全国から強固な意志をもつ人間が集結していた。それゆえに解放《リベラシオン》後の同市には、多様な理念の集中と混淆が起こり、ここから新しい文化概念が誕生したのである。それは、文化は「人間の現実から生まれ、人間がつくる新しい世界に組み入れられる」という考え方だった。ブランションは、この新しい文化を創造することこそが、「〔戦争で〕疲弊した世界を再生するために有効な手段」なのだと、劇団の再出発に寄せて論じている。

サエズ（一九九三）によれば、ＰＥＣは創設時に、文化による戦後再生を全国規模で行う方針を明確に掲げており、グルノーブル文化の家はその手段として位置づけられていた。一九四五年の文化の家は、活力に満ちた戦後市民社会が、ナチス・ドイツ占領からの解放《リベラシオン》と同時に実現に着手した、文化機関の全国ネットワーク構想の試作品《プロトタイプ》だったのである(15)。

(3) 市政との対立から活動停止へ

だが、一九四五年春に行なわれた戦後初の地方選挙以後、徐々に機能し始めた自治体政府は、グルノーブル文化の家が提案する市立劇場運営に関する協定案を受け入れなかった。劇場運営委託と活動への助成を市に求めた文化の家は、権力との分離を主張して、市政府が運営方針に介入することを拒んだからだ。

一方で、共和国臨時政府の国民教育省は、ダステの活動を市立劇場の中核に据えて演劇創造の拠点へと改革しようとする文化の家の提案を強力に支持していた。中央からも説得が重ねられたが、市政府はダステの劇団への助成さえも拒否した。その結果コメディアン・ド・グルノーブルは、活動が地域で大いに支持を集めていたにも拘らず、四七年に解散を余儀なくされ、グルノーブルを離れた。

第四共和政が四六年十月に発足すると、国民教育省は、女性官僚ジャンヌ・ローラン（Jeanne Laurent 一九〇二―八九）の発意によって各地の民衆演劇運動への働きかけを行い、演劇の地方分散化／分権化政策（décentralisation théâtrale）の端緒を開いた(16)。以後五二年までに全国五都市で設立された国立演劇センター（ＣＤＮ）は、現在の公共劇場制度の原点である(17)。ＣＤＮは、官僚の熱意によって取り結ばれた中央政府と演劇人と自治体の協働を通して、二〇世紀初頭以来の民衆演劇運動の実績が公共化される形で成立したのであった。ダステは、市政府の支援が得られるサンテティエンヌ（Saint-Etienne）に拠点を移し、ここで国民教育省と協定を結んで、ＣＤＮを立ち上げた。

グルノーブルでは、行政機能の回復とともにイゼール県解放委員会（CDL）が縮小した。PECを創設したレジスタンス出身者も次第に同市を離れ、PEC本部は一九四七年にパリに移転し、全国各地に立ち上げられたPECの地方アソシアシオンの活動を、首都から調整するようになる。そしてグルノーブル文化の家は、翌四八年に活動を停止した。

解放《リベラシオン》直後のグルノーブルで、レジスタンス経験者を中心とする外来者と地元市民社会の協同を通して実現された文化の家は、通常の行政機能の回復とともにこうして短命に終わった。だがその経験は、約二〇年の時を隔てて、マルローが率いる第五共和政初期の文化省と地域市民社会に参照されることになるのである。

2　文化省による「文化の家」（一九六〇年代）

一九六八年二月に竣工した「グルノーブル文化の家」は、国と自治体の協力によって開館した公設民営の文化機関である。六〇年代に文化省が各地で設置を推進した「文化の家」は、共通の事業目的が明確化されており、継続的な運営のための制度を伴っていた。

（1）「文化の民主化」と「文化の家」の制度化

フランスの国家による本格的な文化政策は、一九五九年の文化省設立とともに誕生したといわれる(18)。五八年末に第五共和政を発足させたド・ゴール大統領が、国家の指導性を高めて産業構造を高度化する経済改革を強力に推進した六九年までの一〇年間、彼の側近であったマルローは、文化大臣として意欲的な政策を推進した。文化省は、国民教育省から独立する形で創設された。大臣自身が起草した政令の第一条は、省の使命を次のように定めている。

文化問題担当省は、人類の、そしてまずはフランスのもっとも重要な作品を、可能な限り多くのフランス人が接することができるものとし、われわれの文化遺産への広範な支持を確固たるものとし、そしてこれを豊かにする芸術作品と精神の創造を奨励することを、その使命とする。

（一九五九年七月二四日付、文化問題担当省の組織に関する政令 no.59–889）

国民教育省時代の文化政策が、美術、文芸と文化遺産保護を中心としたのに対し、マルローが率いた文化省は、「文化の民主化」をまずその使命とした。卓越した芸術文化に、すべてのフランス人が居住地域や社会的出自に関わらずひとしく接することができるようにする役割を、文化省が担うことが明示されたのである。

マルローは、一九五九年一一月の国民議会において、「あらゆる一六歳の少年が、どんなに貧しくても、フランスの文化遺産と人類の精神の栄光に真にふれることができるように」各県にひとつ「文化の家」を設けるべきだと主張している(19)。劇場、映画館、図書館、展示室等から成る複合文化施設「文化の家」は、すべてのフランス人がすぐれた芸術に出会う場として構想され、また同時代の芸術が創造される場でもあった。

文化省が、人々の芸術文化の享受をめぐる地域的あるいは社会的な格差を問題にし、地方都市に「文化の家」の設立を働きかけたことは、地元の自治体政府が文化問題に正面から向き合う契機をもたらしたと言えるだろう(20)。

（2）自治体の役割

文化省が設立を主導した「文化の家」は、自治体にどのような決断を求める制度だったのか。その制度と運営方法を、国立国会図書館調査立法考査局による調査と、『フランス文化政策辞典』の記事から整理する(21)。

「文化の家」の建設資金は、国と自治体が折半する。自治体は建設用地も提供し、開設後の建物と設備は自治体の所有資産となる。誘致建設プロセスにおいて、自治体議会は設立原案の承認、用地拠出、予算議決など、各要所での決定権を握っていたから、自治体側の積極的な関与がなければ、「文化の家」は実現しない【表2】。さらに開館後の運営費は、国と自治体がともに負担する。つまり自治体は恒常的に助成を行うことになるため、「文化の家」設置の決定は、

表2　自治体における「文化の家」誘致・建設の流れ

1	「文化の家」設立推進委員会発足：有識者・市民
2	設立推進委員会と市による予備調査：設置用地確保の可能性、経済上、人口上の問題の有無等について
3	市議会による設立原案づくり、修正・承認：設立主旨、活動方針、管理方法
4	市有地から建設用地割り当て認可
5	市議会による建設予算案議決（50%の国庫補助が前提）
6	市政府と文化省間連絡調整、県知事（国の代表者）は市と国の交渉を仲介
7	調査委員会（市の設立委員会、文化省専門職員、文化省視察監から構成）による設立計画チェックと建築家決定
8	建築家決定の文化大臣承認　⇒　設計開始
9	計画実施案作成：市議会、県、文化省の仕事配分を明記
10	国の補助金授与決定契約
11	市議会による設立資金支出議決

［出典：筆者作成］

中長期的な政治問題となる危険性をはらんでいた。

国の構想と予算が自動的に地方に下りるのではない建設・運営方式は、「文化の民主化」を、自治体がいかにみずからの政治課題とするかの判断を迫るものだったと言えよう。

(3) 市民社会の役割、専門職の誕生

「文化の家」は、文化に関わる都市内のさまざまな主体を可視化した側面をもっている。

運営は、「文化の家アソシアシオン（l'Association de la Maison de la culture）」によってなされた。つまり「文化の家」は、財源の大半を公的資金に拠り、文化省の政策を受けた自治体の議決を経て実現される機関でありながら、法的には一九〇一年法に基づくアソシアシオンの形態をとる公設民営の組織である。理事会の過半数は、アソシアシオン会員で構成され、ここから理事長が選出された。

初期の「文化の家アソシアシオン」は、チケット確保、割引料金、総会への参加、アニマトゥールとの交流などの特典を会員に提供する一方、彼らが運営面での責任を担うことを重視した。都市の人口規模に占める会員数は相対的に多く、例えば一九六三年にブルジュ（Bourges）に設立された文化の家の場合、市の人口約六万人に対して、翌年の会員登録者数は八四一三人だった(22)。

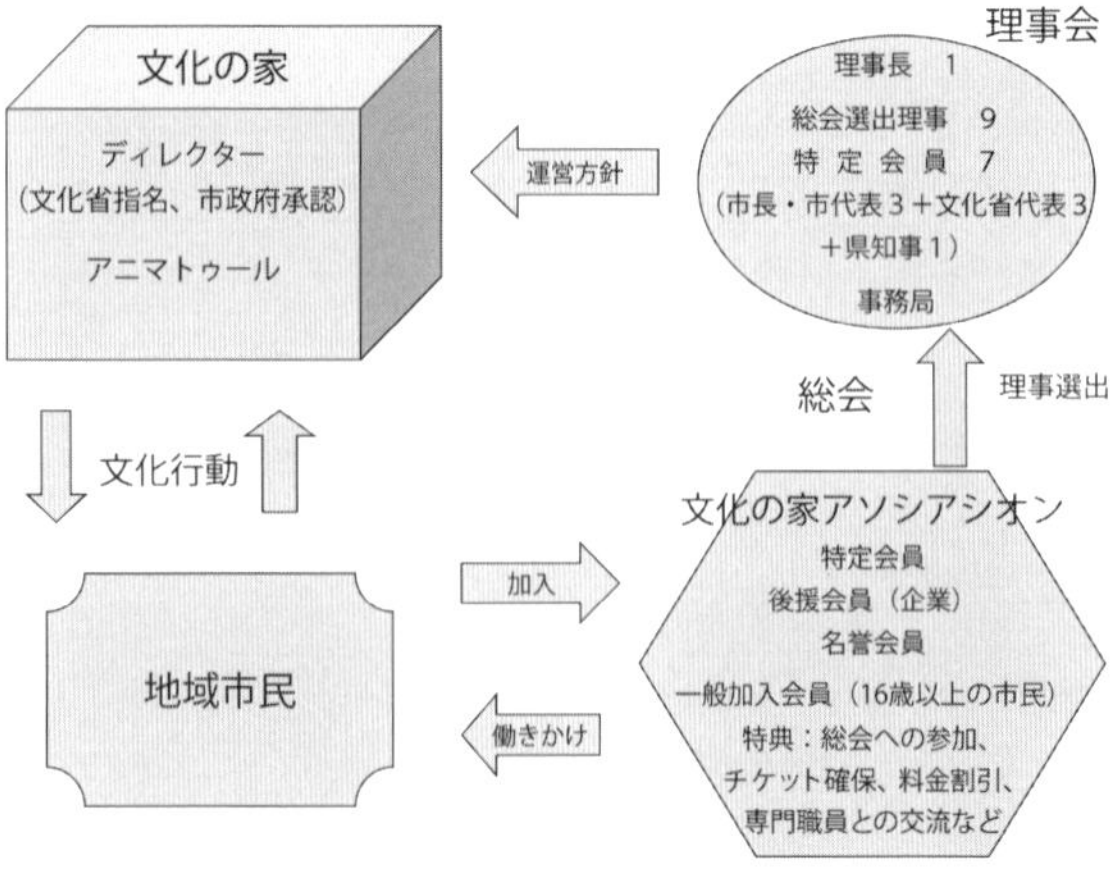

図４　1960–70年代初頭の「文化の家」運営組織　［出典：筆者作成］

このアソシアシオン形式の会員制モデルは、民衆教育運動から戦後演劇界に入ったガブリエル・モネ（Gabriel Monnet 一九二一―二〇一〇）らが考案したものだ(23)。文化省は定款の雛形を作成し、全国の「文化の家」に共通の枠組みとして示した【図４】。

ここで事業企画を担うのは、ディレクター（館長）とアニマトゥール（活動推進者）が構成する専門職のチームである。ディレクターは、理事会の委任によって、人事権を含む運営上の全権限を有する。通常は文化省が選出したディレクターを、理事会が任命し、市政府が承認した。

七三年に調査を行った冨安瑛躬によれば、アニマトゥールとは「文化活動を活気付け（animer）盛りたてる推進家」であり、「狭く深い専門性をもって芸術・文化活動を実地に推進する職種」である(24)。俳優や音楽家としての経歴をもつ者が多かったが、企画力や指導力を兼ね備え、運営アソシアシオンや自治体行政などとの協力を通して、地域社会とともに事業を構築することを求められた。

ただし、このような文化活動の推進者は、専門的に養成されていた訳ではなく、初期の「文化の家」ディレクターの多くは、先行した国立演劇センター（ＣＤＮ）での活動実績によって選ばれていた(25)。まもなく各地のＣＤＮや文化の家のディレクター、そして劇団の主宰者らは、文化行動技術協会（Association technique pour l'action culturelle 以下ＡＴＡＣと略記）を設立し、専門的な職能の全国ネットワークを形成した(26)。文化の家は、市民主体の運営組織と、地域との連携のなかで事業を実施する専門家チームを各地に制度として誕生させ、そして地域を超えた専門家の連帯を促したのである。

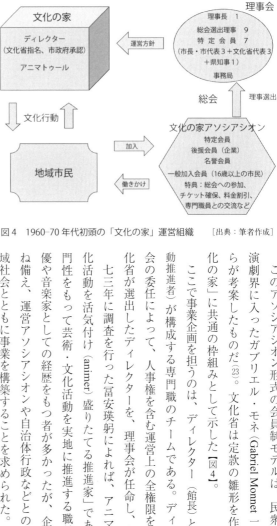

また文化の家は、前述のように、自治体の継続的な財政関与を前提としていた。一九四五年のグルノーブル文化の家が短命だったのに対し、六〇年代に文化省が制度設計した「文化の家」は、設立過程で自治体の決断を求め、理事会にも自治体政府代表の議席を確保している。「文化の家」は、地域市民社会、文化の専門職、自治体政府、文化省といったアクターによる継続的な協議の場を地方都市に出現させたのである。都市文化政策の生成に与えた影響は、大きいと言えるだろう。

3 「グルノーブル文化の家」一九六八年設立への市民運動

文化省は、一九六八年の冬季オリンピック開催地グルノーブルに「文化の家」を設立する方針だったが、当時の市政府はこの提案に否定的だった。これに対して市内では、「演劇と芸術による文化のためのアソシアシオン(Association pour la culture par le théâtre et les arts 以下ACTAと略記)」による設立運動が開始された。ACTAは「グルノーブルにおける自立的で開かれた文化的生活を自衛するための観客組織」として、五八年に設立された市民団体である(27)。ダステの劇団がサンテティエンヌに転出したかつての経緯から、ACTAはグルノーブルにおける演劇創造を求めており、六〇年には、劇団「コメディ・デ・ザルプ(Comédie des Alpes)」を発足させた。

六四年一一月に、イゼール県庁で文化省による説明会が開催されると、ACTAを中心として「文化の家設立を求めるアソシアシオン(Association pour la Maison de la Culture)」が結成され、グルノーブル青年商工会議所も、ただちに支援を表明した。この動きには、市内の多数の文化団体のほか、住区連合、労働組合、各種アソシアシオンも加わり、結成後数日間で約一五〇〇人が加入する大きな運動になった。

だが市当局は計画を拒否し続けたため、「文化の家」設置問題は、六五年市議選での争点のひとつとなる。このときアソシアシオン連合は、文化省の「文化の家」計画をグルノーブルに誘致するだけでなく、設立後の文化の家で、自分たちの求める理想を実現するための準備もすすめていた。

第二節　自治体文化政策の草創期

1　コミューン行動グループ（GAM）結成から一九六五年市議会選挙へ

一九六五年に、現職市長を凌いで当選したのは、ユベール・デュブドゥ（Hubert Dubedout 一九二二―八六）である。都市問題の自主解決をめざした提案型の市民運動「コミューン行動グループ（Groupe d'Action Municipal 以下GAMと略記）」のリーダーであり、八三年までの三期にわたり首長を務めた。

デュブドゥ市政の誕生は、都市部における全国初のGAM勝利であり、新しい社会運動の台頭の兆しとして注目された。GAMは、六〇年代後半から七〇年代前半に多くの都市で形成され、自治体改革運動を全国で推進する潮流となった。デュブドゥは、七三年以後の一〇年間、イゼール二区選出の国会議員を兼任し、新生社会党に七四年に入党した後は、党内にも影響力を広げた。

グルノーブルGAMは、急激な人口増加によって露呈した市営水道などの都市インフラ問題を、市民みずから解決しようとする現実具体的な市民運動だった。GAMの前身である「都市問題と市政研究グループ」は、六三年五月に、大学関係者や建築家を中心として市内で設立されている。研究会は、「地域段階において民主的な参加を獲得すること」そして「民主主義に人間の相貌と、生きた内容と、恒久的な表現とを与える機会となるような新しい構造を生み出す努力をすること」を目的としていた(28)。後のデュブドゥ市政の構想には、この市民研究会における熟議が反映されたと指摘されている(29)。

ここには前述の民衆教育団体PECや市内の住区連合のほか、「経済と人間主義（Economie et Humanisme）」、「セルクル・トックヴィル（Cercle Alexis de Tocqueville）」、「新しい生活／人生（Vie Nouvelle）」、そして「A.D.E.L.S.」など、数々のアソシアシオンが結集していた【図5】。それぞれが異なる目的と歴史をもって活動していた市民団体の多くは、政

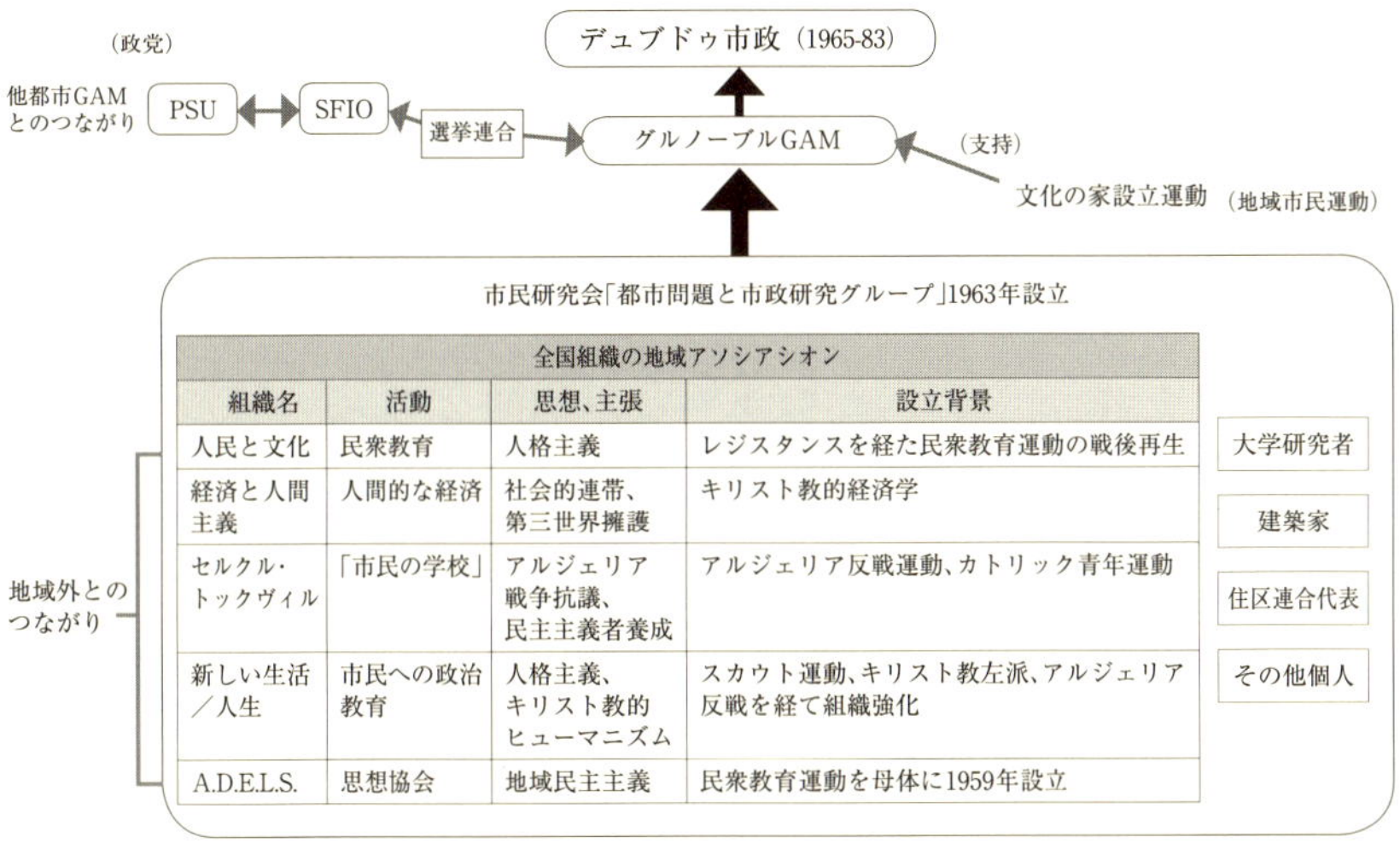

全国組織の地域アソシアシオン			
組織名	活動	思想、主張	設立背景
人民と文化	民衆教育	人格主義	レジスタンスを経た民衆教育運動の戦後再生
経済と人間主義	人間的な経済	社会的連帯、第三世界擁護	キリスト教的経済学
セルクル・トックヴィル	「市民の学校」	アルジェリア戦争抗議、民主主義者養成	アルジェリア反戦運動、カトリック青年運動
新しい生活／人生	市民への政治教育	人格主義、キリスト教的ヒューマニズム	スカウト運動、キリスト教左派、アルジェリア反戦を経て組織強化
A.D.E.L.S.	思想協会	地域民主主義	民衆教育運動を母体に1959年設立

図5　デュブドゥ市政成立時の支持構成　［出典：筆者作成］

治の刷新をめざす活動を各地で展開した「クラブ」運動の地域版アソシアシオンであり、したがって地域外にも広がるネットワークをもっていた。ここにはとくに、フランス政府の対植民地戦争に抗議し、第三世界との連帯を呼びかけてきた複数の団体名がみえる。たとえば「セルクル・トックヴィル」は、もとはアルジェリア戦争におけるフランス軍の拷問への抗議運動からリヨン（Lyon）で結成された団体だが、エヴィアン協定後は、民主主義者を養成する「市民の学校」として活動を展開していた(30)。

こうした構成をみると、GAMの母体となった研究会を中心的に担ったのは、地域で真正な民主主義の実現を求める運動をしていた個人と団体であったことがわかる。また当時グルノーブルに転入した新住民は、旧来の名望家《ノタブル》中心の市政に「完全に無視されていた」という感覚をもってもいた。彼らは、デュブドゥという「例外的な指導者」を見出して、GAMを結成することにより、自治体改革に乗り出したのだった(31)。

この運動から「市民市長」として選出されたデュブドゥ自身もまた、グルノーブル原子力研究センター（CENG）に着任するために、一九五八年に三五歳でグルノーブルに転入した新住民だった。パリに生まれ、南西部のトゥールーズ大学を卒業したデュブドゥは、ヴィシー政権期には対独レジスタンスに参加した経歴をもつ。ピッツバーグ大学で理学修士号を取得後、四七年から約一〇年間フランス海軍に所属した。この間に、インドシナ戦争のディエンビエンフーの戦いや、スエズ動乱の武力紛争を現地で経験しており、そこで第四共和政期フランスの植民地政策を目の当たりにしたことが、軍から新設研究所への転身を決意した理由だと言われる(32)。

ＧＡＭは、生活に直結する身近な課題の解決に取り組むうえで、地域の人々を広く巻き込んだ。一方で、同時に進行していた「文化の家」設立運動は、ＡＣＴＡをはじめとする市内の文化団体に、ＧＡＭへの合流を促した。一九六五年市議選における、「社会党‐ＧＡＭ連合（SFIO–PSU–GAM）リスト」は、市内諸団体の代表者で構成されたが、ここから当選した市議は、全員が議員経験をもたない新人だった(33)。

2　市政基本方針と自治体文化政策

(1) 個人への分権と市民参加

一九六五年三月に始動したデュブドゥ市政は、独自の都市計画の成果と地域民主主義の実践により、まもなく国内外に広く知られるところとなる。学際的な研究組織を設ける一方で、意思決定過程への市民参加を実現し、世代間、文化間、地域間の調和に基づく共生社会として都市をデザインする方法論は、七〇年代の日本でも参照された。

市長の論文によれば、市政府は、国家からの自立を明確に意識する「政治性」を重視していた(34)。同時に、「都市使用者（＝市民）の監視と参加という、はっきり表現された意思によって平衡が保たれていない限り、もっとも危険な技術主義に陥る恐れ」があるという問題意識から、市政運営の基礎を市民参加におくボトムアップ型の意思決定に心を配っていた。具体的には、二大戦間に成立した自治組織である「住区連合（unions des quartiers）」を制度化して、市政の意思決定プロセスに組み込み、あらゆる市民が自治体政策の策定過程に直接参加できる回路を整えた。

またデュブドゥ市政の基本方針は、市民参加による地域民主主義の実現であったから、そのために、地域社会を構成する個人が市民としての権利を十全に行使できる環境づくりが目指された。市長の政治姿勢は、「責任の分権化が、都市における周縁的存在となっている人々、またはなりつつある人々の痛みに対処する唯一の方法だ」という意識につねに基づいていた、と没後一〇周年の記念シンポジウムで語られている(35)。デュブドゥ市政の文化政策は、こうした全体方針のなかで策定実施された。

(2)「人民と文化」の参画

市の文化政策を中心的に担ったのは、前述の「人民と文化(PEC)」である。PECは「都市問題と市政研究グループ」に参加してGAM発足を支持した団体のひとつであった。

解放《リベラシオン》直後のグルノーブルで誕生したPECは、一九六〇年代には、多くの地方組織を束ねる全国組織に成長していた。各地で夏期大学を開催し、民衆教育運動の指導者や文化活動推進者《アニマトゥール》を養成したほか、さまざまなテーマで研究会を催してもいた。また国の政策決定にも組織としての意見を提出するなど、当時のPECは「言葉の高貴な意味における圧力団体」を自任する存在となっていた(36)。

GAMリスト候補のひとりとして市議に選出されたベルナール・ジルマン(Bernard Gilman 一九三一—)は、PECの専従職員だった。彼が、当時は全国でも少なかった文化担当副市長に任命されたことによって、民衆教育運動の主張が新市政の文化政策に直接反映される道筋がつけられた。

3　市政初期の文化政策

ジルマンらが構想した文化政策は、「文化は、生活《ヴィ》(人生)から生まれ生活《ヴィ》(人生)を変える」というPECの基本方針に基づいていた。目指されたのは、全市民が日常生活のなかで、生涯にわたり多様な文化的機会と接する環境をつくり、各個人がその経験を通して各自の生き方や価値観をみずから変革し、より豊かに生きる力を獲得することである。

そのため、市政府は、都市空間全体を文化政策の対象領域としてとらえた。そして行政組織の壁を越えて、領域横断的な文化政策を実施した。序章で確認した一九七〇年代初頭の中央政府の文化政策の指針「文化的発展」、すなわち「人々の生活の中心に文化をおく」方針は、グルノーブルにおいては六〇年代から自治体文化政策の基本理念とされていたのである。以下では、一九六五年から六八年までに実現した事業をみる。

（1）都市計画との連動

「グルノーブル都市圏都市計画公社（Agence d'urbanisme de l'agglomération grenobloise 以下ＡＵＡＧと略記）」が、学際的な検討に基づいて示した構想において、都市計画と市民の文化活動は密接に関連づけられていた。旧市街と商店街の整備事業では、地域住民のアソシアシオンが中心となって、歩行者街の復元や歴史的建造物の修復が行われた。また、交通量増加への対応を主目的とした都心整備事業から生まれた新しい公共空間では、野外型文化事業が実施された。さらに既存建築の多くが文化目的に転用され、市の助成を受けるアソシアシオンが管理運営を担った。

都市人口の増加と冬季オリンピック開催を焦点とした一九六五年の市議会選挙に際し、ＧＡＭが掲げた都市整備分野の最重要公約は、「全人的な調和のある生活」を実現する新都市の建設だった。ＡＵＡＧが構想した「新都市ヴィルヌーヴ（Villeneuve）」では、広大な緑地の周囲に、多様な社会階層の混交を図る目的で分譲と賃貸を混在させた住宅群が建設され、公共空間には現代美術作品が配置された。

新都市の「住区会館」は、学校、交流センター、劇場、常任組織事務所、子どもと成人のためのアトリエなどを含む、教育および社会文化と一体化した複合型の文化施設として設計され、学校は授業時間以外の多目的な利用も含めて運営された。この構想は、当時の国の学校設置基準に適合しない面があったため、市政府は中央の複数省への交渉と説得を重ねて認可を取得し、計画を実現している(37)。

（2）ドーフィネ博物館（一九六八年移設開館）

デュブドゥ市政府は、「個人と共同体の家系図を意識することは、生活と人間集団のダイナミズムにとってもっとも重要である」という観点から文化遺産をとらえていた。一九六八年二月の冬季オリンピック開催に先立って行われた旧市街整備事業では、サント・マリー・ダン・オ（Sainte-Marie d'en Haut）修道院跡の修復が行われている。フランス革命時に閉鎖され、一九世紀初めに再開したものの、二〇世紀初頭には使われなくなった修道院は、市政誕生後まもなく歴史的建造物に指定されていた。修復後は、一九〇六年に設けられた市の歴史博物館が、中心部のサント・マリー・ダン・バ（Sainte-Marie d'en Bas）修道院跡からここに移された。

写真１　ドーフィネ博物館（上）と市街の眺め（下）

都心部からイゼール川をはさんで徒歩一〇分ほどの同地区の背後には岩山が迫り、急勾配の坂を登ると、城塞のような一七世紀前半の建築が出現する。回廊と庭園、そしてバロック装飾が施されたチャペルを持つサント・マリー・ダン・オ修道院の眼下には、イゼール川、市街とそれを囲むアルプスの山並みをパノラミックに望むことができる。建築の魅力と周囲の風景をとりこむこの場所は、グルノーブルに転入した新住民が、新しい故郷の原風景を共有し、都市に「記憶の根」をおろすのに相応しい土地だった。

拡大移転にあたり、「ドーフィネ博物館（Musée dauphinois）」は、地域の歴史的文脈のなかに現代の課題を位置づける使命をもつミュージアムとして構想された[38]。新旧住民が共存する共同体の「家系図」を表象するミュージアムは、地域の「文化の源」への関心を市民に喚起しようとした。

地域社会の人々の生活と、その自然環境や社会環境を研究展示することによって、地域の発展に寄与するドーフィネ博物館の方針には、「エコミュゼ（écomusée：生活・環境博物館）」の理念が反映されている[39]。「行政と住民が一体となって発想し、形成し、運営していく砦」というミュージアムの理念は、国際博物館会議（ＩＣＯＭ）理事を長く務めたジョルジュ＝アンリ・リヴィエール（Georges-Henri Rivière 一八九七―一九九〇）が提唱したものであり、後に世界的な広がりを見せた。リヴィエールは、一九六三年にグルノーブルで開催された「人民と文化」の民衆教育運動幹部研修セミナーで講演を行っており、ドーフィネ博物館はエコミュゼの先進例のひとつとされている[40]。

（3）彫刻シンポジウム（一九六七年夏）

オリンピック前年の夏に開催された「彫刻シンポジウム（symposium de sculpture）」は、全国的な注目を集めた[41]。彫刻シンポジウムは、世界各国の彫刻家が集合して公開制作を行う国際イベントだが、開催史上初めての試みとして、グルノーブルでは建築物のある都市内に創作の場が設けられたのである。彫刻シンポジウムを都市整備計画に組み入れる市政府の決定によって、市民の日常生活空間に、一五点の現代彫刻作品が出現した。参加彫刻家たちは、周辺環境を考慮した作品づくりを求められ、市民注視のなかで創作に取り組むことになった[42]。

市の構想によれば、シンポジウムの開催目的は「地域内の意見交換を活発化させ、街中の広場、交差点、庭園を論争と議論の場とすること」であった[43]。これに対して、地元紙がシンポジウム糾弾の論陣を張ったほか、交通規制の影響を蒙った商店主からは中止を求める声が続出したが、市政府は、過半数の賛同が得られない「非民主的」事業だとしても、「反応として表明される意見から都市の未来を作る」ことこそが目的である、と応じている(44)。

デュブドゥ市政の文化政策は、一九六八年冬季オリンピック開催地としての、特殊な状況下でスタートした。巨大予算が投入された都市整備事業に、PECの構想に由来する文化政策が組み込まれ、実験的な事業が実現したことがわかる。

第三節　政策理念をめぐる議論

このような一九六〇年代後半のグルノーブルの文化政策は、同時代の全国的な議論といかに連動していたのか。以下では、「人民と文化（PEC）」創設者の著作から都市文化政策に関わる論点を抽出し、中央政府の政策への影響を分析する。一九六〇年代の中央政府における第四次から第六次国家計画策定過程での議論には、「文化的発展」が都市文化政策の基本理念として共有されたプロセスを見ることができ、グルノーブルの自治体文化政策草創期との間に相互的な影響が認められる。

1　民衆教育団体「人民と文化」の歴史と思想

PECの歴史と思想を知るうえで、まず、この団体がグルノーブルで誕生した背景にあるファシズムとレジスタンスの歴史を確認しておきたい(45)。

フランス第三共和政には、ナチス・ドイツ軍の侵略によって、一九四〇年七月にピリオドが打たれた。続いて成立したヴィシー政府は、四四年八月のパリ解放まで続いた傀儡政権である。「自由・平等・友愛」の共和国精神に替えて、「労働・家族・祖国」の価値を浸透させる「国民革命（révolution nationale）」を推進した。ヴィシー政府はこの目的のために、グルノーブル近郊の山中に、青年練成所の教育研究機関として「ユリアージュ幹部学校（Ecole d'Uriage）」を設立している(46)。ユリアージュには、人民戦線期に興隆した民衆教育運動の活動家が招かれ、さまざまな思想をもつメンバーたちの交流の場となった。ここで大きな影響力をもったのは、哲学者エマニュエル・ムニエ（Emmanuel Mounier 一九〇五―五〇）であり、内面的発達による創造的人格の完成を目指し、人格相互の交わりと連帯に基づく共同体構築を志向する「共同体的人格主義」が、「ユリアージュの精神」とされた(47)。

ユリアージュ幹部学校は、設立当初には一定の思想的自由を保障されていたが、一九四二年春以後ヴィシー政府が対独協力化するとナチズムと戦う構えをとったため、同年一二月に閉鎖された。以後、一部のメンバーは、地下活動を組織し、移動教育チームを編成して、レジスタンス組織のアルプス山中での軍事訓練や市民教育にあたった。四二年九月にヴィシー政権が「強制労働徴用制度（service du travail obligatoire 以下ＳＴＯと略記）」を開始すると、対独レジスタンス参加者は急増した(48)。ヴェルコール高原を拠点とした約三〇〇〇人の「マキ」は、四四年六月の連合国軍ノルマンディー上陸に呼応して蜂起したが、四一日間にもわたったナチス・ドイツの空爆によってほぼ壊滅させられている(49)。グルノーブルは、もっとも凄惨なレジスタンス経験を知る地方の中心都市だった。

ヴィシー政権による国民革命は、集中的なプロパガンダ展開で国民の意識を短期間に大きく変容させ、フランス人による自発的な対独協力《コラボラシオン》やユダヤ人追放も進行した(50)。したがって、レジスタンス活動において、ラジオ放送や地下出版を通した国民意識への働きかけは、ひじょうに重要な部分を占めた。レジスタンスは、武力の戦いであると同時に、プロパガンダ戦の側面ももっていたのである。

ＰＥＣの活動は、解放《リベラシオン》直後のグルノーブルでスタートしたが、創設メンバーには、初代会長ジョフル・デュマズディエ（Joffre Dumazedier 一九一五―二〇〇二）のほか、後にユネスコの初代成人教育部局長となって生涯教育の概念を示したポール・ラングラン（Paul Lengrand 一九一〇―二〇〇三）、ベニグノ・カセレス（Benigno Cacérès 一九一六―九一）らユリアージュ幹部学校の出身者とともに、ドイツ南東部のダッハウ（Dachau）収容所からの生還後にフランスに帰化し、戦後は仏独二国間で活動した哲学者で歴史学者のジョゼフ・ロヴァン（Joseph Rovan 一九一八―二〇〇四）らが名を連ねている。

PEC設立マニフェストは、新組織の活動目的を、「文化を人民に取り戻し、人民を文化に取り戻す」としている(51)。その主眼は、「人民の文化」を体得する個人を輩出することであり、各自の自己変革を通して、個人としての行動力を獲得することが目指された。マニフェストは、レジスタンスを経験した視点から、第三共和政期の民衆教育の実践を批判的にとらえており、従来の文化観を改める必要性を強調している。

フランスにおける民衆教育は、コンドルセが人民への生涯にわたる教育を提唱した革命期に淵源をもち、理性に基づく市民社会の実現を目的としてきた。フランスの共和主義の根本には、人民は、啓蒙された自由な精神を持ち、民主的な議論によって示される選択肢の妥当性を自律的に評価できるときに、はじめて十全に主権を発揮できる、という考え方があるからだ(52)。教員や知識人らの自発的活動に支えられた社会運動として第三共和政期に発展を遂げ、ドレフュス事件以後の民衆大学の興隆にみられたように、正規の学校教育で学ぶ機会を得ない人々と知を分かち合い、自己学習を促す活動を展開した。一九三六年に成立した反ファシズム左翼政権である人民戦線政府期は、有給休暇制度創設や余暇拡大政策を進めたが、このときに民衆教育運動も頂点を迎えている。しかし、まもなく起こったナチス侵攻とヴィシー政権成立によって、共和政はあえなく停止したのである。

解放《リベラシオン》直後に歩みを始めたPECは、戦前の民衆教育運動で重視されていた「民衆のもとに赴く」姿勢を問い直した。マニフェスト冒頭には、さまざまな職業のレジスタンス闘士による証言が置かれている。それによればレジスタンスは、平時の社会生活では互いに接点をもつことのない人々の間に連帯をもたらしたが、他方で、相互理解の困難さを実感させる経験でもあった(53)。マニフェストは、戦前の民衆教育運動が「大学教育の奴隷」だったとまで断じている。PECは、民衆教育運動の戦後再生に向かうにあたり、古典的人文学に基礎を置く文化に、より多数の人々を接近させようとした戦前の努力とは明らかに一定の距離を置いた。「全人民に共通のひとつの文化」をともにつくる運動を興し、人間の「生き方（l'art de vivre）」そのものを文化として問うことを宣言したのである。

人民の文化は、普及させるものではなく、共通の実践によってつくられる。
真の文化は、生から生まれ生に戻る。
文化は、私たちの視野を開き、人生に広がりと奥行きを与える。
文化は、価値の哲学によって知識と行動を繋ぐ。

この定義における文化とは、人間が世界を変革する主体として行動する力であり、文化は、人間の共同体である社会の変化とともに変容するのである(54)。マニフェストの主な起草者である初代会長デュマズディエは、後年のインタヴューで次のように当時の状況を振り返っている。

偏らされたり、堕落させられたり、裏切られたりすることのない、新しい精神の覚醒なくして社会変革はあり得ないと次第に確信した。新しい法律をつくるだけでなく、新しい人間を育てるためには、力強く民主的な文化行動が必要だった。社会の状況は変化するかも知れない。そのとき、過剰な宣伝やプロパガンダに惑わされず、正義と自由と民主的な夢を実現するために社会組織を動かすのは、人間なのだ。(55)

一九三六年に人民戦線が成立して、わずか四年後に起きたナチス・ドイツによる占領とヴィシー政権による第三共和政憲法廃止、そこから対独レジスタンスを経て解放《リベラシオン》を勝ち取るまで、約一〇年にわたった激動の時代は、個人の自立した判断力と行動力を問う強烈な危機意識を社会に生んだ。ＰＥＣによる民衆教育運動戦後再生の目的は、ここに照準を定めていたのである。

ＰＥＣの活動は、六〇年代までに急拡大した。全国各地に地方アソシアシオンが設立され、パリ本部が束ねる連合体は、全国に広がっている(56)。また「労働と文化（Travail et Culture）」との協定や、「教育同盟（Ligue de l'enseignement）」への加盟などを通して、他の民衆教育団体とも協力関係を深めたほか、四五年には青少年スポーツ局、さらに五一年には国民教育省と、中央政府の認可取得を通して組織強化も図られた(57)。

この時期のＰＥＣの活動内容は、（一）出版事業：機関誌、「読書の手引き」や「科学の手引き」の発行、研究成果刊行シリーズ化など、（二）教育メソッドの開発と研修事業：国立科学研究センター（ＣＮＲＳ）との成人教育メソッドの共同開発など、（三）政府および公的機関へのロビイング活動、の三種類に大別される。研修事業としては、教育メソッド研修のほか、図書館活動、美術、音楽などを扱うさまざまなテーマ別講座が開催されており、五八年から開催された春期大学と夏期大学には、毎年全国から一五〇ないし二〇〇人の参加があった(58)。これらを通じて、地域を超えた人的ネットワークも形成されていったのである。

2　「文化的発展」と「文化的民主主義」

ＰＥＣの初代会長であるデュマズディエは、民衆教育運動のリーダー、研究者、そして教育者という三つの顔を持ちながら活動した(59)。研究活動においては、余暇社会学の先駆けとして知られる。一九五三年に、国立科学研究センター（ＣＮＲＳ）社会学研究センター内に「余暇研究グループ（ＧＥＬ）」を設けて、アヌシー（Annecy）で市民の余暇行動調査を実施し、その成果を『余暇文明へ向かって』（一九六二）に著した(60)。

同書の研究関心は、ＰＥＣの活動方針にきわめて近い。都市化と工業化によって一般大衆が手にする「余暇文明」を分析する問題意識は、「社会的文化的活動への最適な参加を通じて、人間の潜在性の十全なる開花を可能ならしめ」、また「積極的態度を養成する可能性」に向けられているが、これは、ＰＥＣの設立マニフェストに通底する。この研究では、「デュマズディエの３Ｄ」として後に知られることになる余暇の三機能、すなわち「休息（détente）」、「気晴らし（divertissement）」、「自己開発（développement）」の相互関係が論じられたが、なかでもとくに自己開発機能に重点が置かれている。

同書では、「一般大衆が余暇へ向かいつつある段階の社会における文化的発展の目的は、民主主義の発展の前提となる市民参加であり、権力、組織、決定の民主化には永続的な学習の民主化が密接に関係している」と論じられている。その先で展開される主張は、「民主主義を支えるために必要な社会的コストとして、文化的費用の支出を検討すべき」というきわめて現実的なものである。デュマズディエが提出した「文化的発展」の主眼は、余暇における永続的な学びを通して自己開発を行う一般大衆が、市民参加のための行動力を獲得し、民主主義を支える能動的な主体へと変容することにあった。

一九六六年の『余暇と都市（*Le loisir et la ville*）』の結論部では、文化概念の定義が検討された(61)。ここでは、公共政策が扱う文化の定義は、一般大衆の余暇行動の科学的観察に基づいて行うべきであり、「過去あるいはエリートの規範システムから先験的に」導かれる人文主義的な文化概念よりも広範に設定すべきだと主張されている。その根拠は、余暇を通して、社会の多数の人々の「個人の人格が自由に花開くため」には、「身体的、工芸的、芸術的、知的、および社会生活」など、幅広い分野における文化的な経験が調和的に発展する必要があるからだとされる。つまり、多様な個性をもつ個人の潜在力が引き出されるためには、社会のなかに多様な文化的機会が用意される必要があり、したがって文化領域での公共政策の策定では、「人間」の多様性を起点にして文化を考える必要があるとする主張であった。

こうした文化概念のとらえ方に、デュマズディエは「文化的民主主義（démocratie culturelle）」という術語を充てている。彼が示した文化の定義は、戦前の民衆教育運動が目指した「文化の民主化」の批判的再検討に由来するものであり、ＰＥＣ設立マニフェストから六〇年代の著作に至るまで一貫している。デュマズディエによれば、「文化的民主主義」は、「文化的発展（développement culturel）」を実現する公共政策の基盤となる考え方である。この見解は、当時は全国に広がっていたＰＥＣのネットワークに影響を与えた。同時に、中央政府の意思決定にも反響していたことが、国家計画策定過程における議論から看取される。

3　国家計画の議論空間

デュマズディエの著作における「文化的発展」を求める公共政策理論は、しばしば文化施設の配備としての実現が想定されている。「文化的発展」の政策理念は国家計画策定過程に提出され、文化政策を策定する方法論にも影響を与えた。

（1）国家計画と文化政策

デュマズディエによる「文化的発展の計画化」の主張は、現実的には、同時代に進行していた文化の国家計画化と連動している。「国家計画」（Planと大文字で記される）とは、国家による指示と誘導を特徴とするフランス独特の経済政策であり、「栄光の三〇年（les Trente Glorieuses）」と称される高度経済成長を実現したことで知られる。

一九五九年七月、文化省が国民教育省から独立する形で創設されると、初代文化大臣マルローは、単年度予算の束縛と国民教育省の影響を免れるために、文化問題を国家計画の枠内で取り扱う戦略をとり、文化省と計画庁との協働路線を明確化した(62)。そのため第四次計画（一九六二―六五）では、策定段階から文化問題が考慮されている。そしてデュマズディエは、文化の国家計画化によって出現した公共文化政策の策定空間に、民衆教育運動のリーダーとして、あるいは余暇社会学研究者として、またレジスタンス人脈を通して登場し、「文化的発展」を現実の政策に反映させている。

計画庁が組織した、第四次および第五次計画の文化施設・芸術保護委員会とそのワーキンググループは、労組代表者、アーティスト、社会学者、研究者、官僚（文化省、他省、計画庁）、そして文化行動の活動家《ミリタン》など、多様な分野の代表者から構成された(63)。第五次計画（一九六五―七〇）では、基本構想を担う首相諮問機関として、超領域的な「一九八五年グループ」が一九六二年末に設置されたが、デュマズディエはそのいずれにも参加している(64)。彼は、国の文化政策策定空間の中枢で発言権を獲得し、政府の将来構想に影響を与える立場になったのである。

実証的な余暇社会学研究の専門家の発言は、当時は全国組織となっていたアソシアシオンの代表者の意見でもあったから、「文化的発展」を求める主張は、背後に広がりをもっていた。グルノーブルの自治体文化政策の担い手たちもまた、行政組織図とは異なる次元の人脈を通じて、中央政府の意思決定の場に連なっていたと言えるだろう。

(2) 社会科学研究の役割

文化省は、一九六一年に研究調査課を設立し、文化政策の国家計画化において求められた「科学的根拠」の析出に努めるようになった(65)。六三年には、社会学研究者への調査委託契約によって研究体制を強化したが、デュマズディエはここにも名を連ねている。

文化省とＰＥＣは、六四年一一月に、ブルジュの「文化の家」で「科学研究と文化的発展」に関する会議を共同開催している。研究者や文化団体の活動推進者《アニマトゥール》ら、約一二〇人がこれに参加した。提唱者は、文化省内に研究調査組織を常設する必要性を訴えていたオギュスタン・ジラール(Augustin Girard 一九二六―二〇〇九)と、ＰＥＣの副会長ジョゼフ・ロヴァンであり、経済学者や国家計画委員会メンバーからも支持を得ていた(66)。ブルジュ会議は、文化政策の策定プロセスに社会科学の成果を反映させる目的で企画され、経済学者、社会学者、そして文化団体の活動推進者による意見交換が行われた。ここでは、前年に文化省と契約を結んで、美術館来館者調査を実施していたピエール・ブルデュー(Pierre Bourdieu 一九三〇―二〇〇二)も研究成果を発表し、後に広く参照される文化の社会学の存在を示した(67)。

第四節　活動家《ミリタン》たちの動機

1　アヴィニョン・ミーティングにおける実践者交流

同六四年七月には、「文化的発展」をメインテーマに掲げるもうひとつの会議が開催されていた。舞台芸術の祭典アヴィニョン・フェスティヴァルに組み込まれた文化政策シンポジウム「アヴィニョン・ミーティング(Rencontres d'Avignon)」である。「人民と文化(PEC)」、国家計画委員会、文化省研究調査課のメンバーらは、ここにも集結していた。文化省は公式には関与していないが、マルローに近い幹部官僚らも含め、複数の省職員が個人の資格でつねに出席していたことが知られる(68)。一九七〇年の第六回までのテーマを表3に示す。

この会議は、さまざまな立場で文化政策を担う実践者が、現場の経験を共有する機会として構想された。教皇庁宮殿の荘重な空間で、一般聴衆を前に公開討論を行ったシンポジウム参加者たちは、研究者、官僚、著名な芸術家、そして各都市の代表者などであり、登壇者は六年間で延べ約一六〇名にのぼる(69)。

この文化政策会議の開催を提唱したジャン・ヴィラール(Jean Vilar 一九一二―七一)は、民衆演劇を代表する演出家のひとりである。シャルル・デュランのもとで学んだヴィラールは、ナチス占領期には移動劇団に所属してフランス国内を巡業し、さまざまな舞台環境で上演経験を積んだ(70)。解放後の四七年には、演劇と美術のコラボレーションによる「アヴィニョン芸術週間」を創設し、教皇庁の中庭を、新しい演劇の場として生まれ変わらせている(71)。ここから始まったアヴィニョン・フェスティヴァルは、フランスを代表する舞台芸術の祭典となり、今日に至る。

ヴィラールは、一九五一年から六三年まで、当時はパリのシャイヨー宮にあった「国立民衆劇場(Théâtre National Populaire 以下TNPと略記)」のディレクターを務めた。この時期のTNPは、古典作品に多くの観客を惹き付ける演出で新境地を開いた一方、チップ制の廃止、企業との連携、そして観客組織の強化といった運営面の改革によっても、観客層を大きく拡大した実績が知られている(72)。彼は、「解放《リベラシオン》時から一貫して仲介《メディアシオン》の役割を追求してきた」と、一九六〇年に記している(73)。TNPにおける古典作品の上演は、一部の知識人からの「ブルジョアジーの文化遺産」という批判に晒されたが、ヴィラールは、「作品の本質を観客に届けることこそが演出家の仕事だ」とこれに応じた。また、「劇場運営者は、労働者階級を劇場から遠ざけている要因を取り除くために、あらゆる努力をする責任がある」とも述べている。さらにヴィラールは、「人と人を結び付ける」演劇は、「公共サーヴィス」だと主張した。そして都

表3　アヴィニョン・ミーティングの開催地とテーマ

第1回	1964年7月20日～30日	アヴィニョン	文化的発展
第2回	1965年7月21日～26日	アヴィニョン	学校、文化の制度化？
第3回	1966年7月30日～8月4日	アヴィニョン	地方の文化的発展
第4回	1967年7月29日～8月3日	アヴィニョン	都市の文化政策
第5回	1969年3月28日～30日	グルノーブル	フランス7都市の文化政策
第6回	1970年7月20日～24日	アヴィニョン	欧州の地方自治体における文化的発展

［出典：Philippe Poirrier (présenté par), *La naissance des politiques culturelles et les rencontres d'Avignon. Sous la présidence de Jean Vilar (1964-1970)*, La Documentation française, 1997 より筆者作成］

市にとっての演劇は、「電気やガスのように」「不可欠《ヴィタル》」だという言葉を残している。六四年のアヴィニョンで、ヴィラールは、「演劇に限定されない現代社会における文化の場」についての議論を喚起しようとしていた(74)。彼の依頼を受けて会議企画を担当したミシェル・ドボーヴェ（Michel Debeauvais 一九二二―二〇一二）は、当時パリ大学経済社会発展研究所で研究と教育にあたっていたが、「文化的発展」をアヴィニョン・ミーティングの鍵概念に定めた経緯を次のように語っている(75)。

> ヴィラールが私に任せた仕事とは、彼が進化させようとする「都市の中に新しい文化的空間を設ける」信念を、フェスティヴァルの精神として根付かせることだと理解した(76)。［中略］
>
> ヴィラールの話から、複数の流れを束ねるテーマとして、「文化的発展」が浮かんできた。演劇の地方分散化政策によって各地に広がった民衆演劇、文化の家、文化行動、そしてその対象を扱う研究に着手し社会的文化的な格差を明らかにし始めていた社会科学の流れなどだ。当時のフランスには、アンドレ・マルローのもとで、ピエール・モアノ（Pierre Moinot）、フランシス・レゾン（Francis Raison）、エミール・ビアジニ（Emile Biasini）らが活躍するダイナミックな文化省が存在していた。また、文化政策という概念が形成され始めており、これがユネスコを通して国際的に広がろうとしていた。(77)

文化の仲介者《メディアトゥール》を自任していたヴィラールは、都市のなかに、劇場以外にも、多様な文化の場を設けることを新たな目標としたのだった。彼が主唱したアヴィニョン・ミーティングは、「文化的発展」の理念を掲げることによって、各地で同じ目標に取り組んでいた者の間の交流を実現している。

2　地方都市から始まった「文化的発展」

第一回「文化的発展」、第二回「学校と文化の制度化」に続き、六六年以後のアヴィニョン・ミーティングは地方都市の状況に目を向け、具体事例に基づいて文化と都市の関係を論じた。このテーマは、民主的な文化政策とは、各コミュニティに固有の文化的必要性を起点として策定されるべきだという、「文化的発展」の考え方に基づいて設定されている(78)。

六七年に開催された第四回「都市の文化政策」は、ユネスコがフランスとポーランドに依頼した、文化的発展に関する調査への貢献も目的のひとつとしていた。また、この回の基調講演を行ったデュマズディエは、アヴィニョンにおける議論は、「第六次国家計画」（一九七〇—七四）の策定に反映されるから、参加者には後日調査協力が依頼される、と明かしている(79)。

六八年には、文化省による「フランス七都市の文化政策」調査の成果に基づいて第五回会議が開催される予定だったが、五月革命の影響でアヴィニョン・フェスティヴァル本体が中止された。デュブドゥ市長の提案により文化政策会議は、翌年三月にグルノーブルで開催された。

一九七〇年のアヴィニョン・ミーティングは、ユネスコの後援を受けた国際会議として、ベルギー、スイス、西ドイツ、ルーマニア、ユーゴスラヴィア、サンマリノ、デンマーク、スウェーデンの各国から参加者を迎えた。

3　自治体文化政策の闘い

アヴィニョン・ミーティングの参加者には、複数の自治体の首長や議員が含まれており、一九六〇年代後半には、文化的発展が地方政治における一定の関心事項となっていたことがわかる。グルノーブルからは、ジルマン文化担当副市長が六六年以後連続参加している。デュブドゥ市長もまた六六年と六九年の回に出席した。

だが、議員の参加は、自治体政府が文化政策に取り組んでいることと必ずしも同義ではなかった。六七年の回で、文化省のジラールは、「今日の都市文化政策は、少数の議員が大多数の住民を敵に回して行っている賭けだ」と強調している(80)。自治体文化政策というテーマ自体が認知されていなかった当時、文化問題を争点のひとつとした選挙によって成立し、文化担当副市長を置いて文化政策を構想したグルノーブルは先駆的存在だった。だが、同市においても、自治体文化政策は「闘い」の側面をもっていたようだ。初参加時の状況を、ジルマンは九七年のインタヴューで次のように語っている(81)。

一九六五年にデュブドゥ市政の若い議員となった私は、われわれの試みをほかの議員や議員以外の人々の経験につき合わせて評価されることに関心を抱いていた。また、こうした開かれた場に出ることが、自分には必要だと思った。

当時は、政治的立場のいかんを問わず、文化省にも自治体側にも文化行動の新しい時代が到来した印象があった。中央集権的な文化省と、分権を求める自治体の間には緊張があったが、同時に真の対話もまた存在していた。当時の文化省職員には、自治体の取り組みに関心を寄せる人が多かったし、自治体側は、自分たちの発意がパリに認められて、支援されることを求めていた。

一九六六年の会議にデュブドゥ市長が参加したことは、文化担当副市長としての私の仕事を助けてくれた。私にとって市長の出席は、当時のグルノーブルの文化行動を、より正確に言えば、われわれが素描し始めたばかりの文化政策を、市長が重視し信頼してくれた証だったのだ。

デュブドゥ市長もまたこの回で、「文化はまだ政界の多数派の関心事ではない」と発言している(82)。彼は、自治体が文化問題に取り組むためには、まず同じ意志をもつ人が集まり、的確な言葉で周囲に意義を説得するところから始める必要があると述べた。

4　参加者プロフィール

会議参加者たちは、直訳では「闘う人」を意味する「ミリタン（militant）」と表現されている(83)。アヴィニョンに集結した「文化のミリタン」たちは、具体的には誰だったのか。議事録を解説したポワリエは、表4のように参加者を分析している。

だが、議事録巻末の参加者一覧から個々人の経歴をたどると、表4のような職務上の分類は一義的なものでしかなく、現実を十分には反映していないことがわかる。彼らは、あくまでも個人として意見を表明しているが、それぞれが多面的な存在である。デュマズディエが研究者と市民運動のリーダー、教育者の顔を併せ持ち、グルノーブルのジルマンが民衆教育団体幹部であり市議であったことは例外ではない。大多数の参加者は、職業生活の外で、一個人としてヴォランタリーな活動に取り組んでおり、そのために人脈は多層的につながっているのである。

たとえば、会議企画者のパリ大学経済社会発展研究所副所長ミシェル・ドボーヴェは、高等師範学校（ENS）と国立行政学院（ENA）を卒業した中央政府官僚だが、外務省でのキャリアを経て、一九五八年以後は、開発途上国の教育問題に専門的に取り組んでいた(84)。OECD勤務時代は科学部門の責任者を務め、国民教育省では大学制度改革に携わった経験をもつ。その傍ら、個人の活動としては、ヴィラールの友人としてアヴィニョン・ミーティングを企画したほか、デュマズディエの依頼で「PEC夏期大学」を創設し、多くの会員と接触していた。

全回に参加した文化省職員ジラールは、第四次国家計画の文化問題担当者としてマルローに招かれた官僚である。国家計画の策定過程でデュマズディエら民衆教育の活動家《ミリタン》と出会い、以後は一貫して、文化的発展の理念を現実の政

表4　各回参加者の活動分野

	1964	1965	1966	1967	1969	1970
議員（国・地方）	4	1	6	5	5	13
中央政府	5	3	5	4	4	1
研究者	10	8	6	6	7	4
アソシアシオン代表者	11	4	5	2	3	1
行政職員	5	1	2	5	7	5
芸術家	18	11	12	4	3	1
組合代表者	4	1	0	0	0	0
その他	8	5	6	10	7	5
合計	65	42	42	37	36	30

［出典：Philippe Poirrier (présenté par), *La naissance des politiques culturelles et les rencontres d'Avignon. Sous la présidence de Jean Vilar (1964-1970)*, p.30より筆者作成］

策に反映させるために活動した(85)。また、ユネスコや欧州評議会との協力関係を構築し、文化的発展理念の国際展開に力を尽くしたキーパーソンでもある(86)。

ヴィラールと結ばれた各地の演劇人もまた、層が厚い。彼らは、戦前からの民衆演劇運動のなかで活動し、しばしば民衆教育団体のメンバーでもあった。さらに、文化行動技術協会（ＡＴＡＣ）初代会長で、ブルジュ文化の家ディレクターを務めたガブリエル・モネのように、民衆教育運動から地方都市での演劇活動にはいり、その後の文化施設配備に伴い、関係者間のネットワークを形成したものも少なくない。

5　レジスタンス経験者たちの動機

会議録を編纂したポワリエ（一九六三―）による参加者分析と解説に対し、六七年以後の回に参加したピエール・ジャキエ（Pierre Jacquier）は、参加者世代を代表して長い書簡を寄せている。当時のジャキエは、アヌシー市議会の議員であり、市の文化問題委員長を務めていた。データ分析だけでは見えにくい、当時の人脈の輻輳性と収束点を補う証言として、少し長くなるが、以下に一部を引用する(87)。

あなたの解説は、難しい概念の対立を正確に要約していますが、当時つらい現実を心に抱えていた者にとっては、やや気がかりな部分もあります。私は、ふたつの言葉が船を導く遠い道標であると思います。それは、企て（complot）とつながり（réseau）です。あなたは、参加者人脈の構成要素をうまく分析されています。しかし、それぞれの源は、ここに示された以上に雑多なもので、それがレジスタンスの経験を通じて、無宗教であると同時にキリスト教的でもあるヒューマニズムに収束していました。当時、「天を信じたものも信じなかったものも」は、まだ名詩選集に入っていなかった(88)。そのために死を厭わなかった者の多くは健在で、こうした価値観が生きていたからです。一九六五年当時、グリエールの戦闘の生還者が、シャルル・ボソン市長（Charles Bosson アヌシー市長一九五四―七五在任）補佐職の三分の一を占めるのみだったのは、ほかの者はみな、別の組織で別の闘いのなかにあったからです(89)。しかし最終的な目標は、みな同じでした。解放の向こうにある自由。望むことを行うことが許される権利ではなく、望むことを実現できる力です。［能動的に］望む力があれば、状況を認識し、目標と手段を［自分で］定めることができるはずです。占領からの解放《リベラシオン》は、必要だが不十分な第一段階でしかなかった。その後、自分の運命をみずからの手にとることができる、開かれた心をもち、聡明で、寛容で、勇気ある人間が育つためには、深く耕し、種をまかねばならなかったのです。

ジャキエによれば、一九六〇年代後半の文化のミリタンたちの多くは、占領期レジスタンスの戦闘の生存者であり、甚大な犠牲と引き換えに得た解放後の社会再建に、政治的立場や宗教的信条の違いを超えて、ともに取り組んでいた。人々が多様な文化的機会を共有できる社会の実現を希求した彼らの連帯は、自立的に考え、行動する「人間」を育てることを目的としていた。

この指摘を受けて、各参加者の経歴を再検討すると、一九二〇年代前半生まれ、すなわちヴィシー政権の強制労働徴用制度（ＳＴＯ）で対象とされた年代が多く、レジスタンス経験者の比率が高い。前述のふたりの経歴もまた、レジスタンスに結びつく。

ドボーヴェは、一九二二年生まれで、占領下のレジスタンス活動から強制収容所での抑留生活を経験した。戦後は、知識人やテクノクラートたちとともに、レジスタンス指導者の名を冠した研究会「クラブ・ジャン・ムーラン」を五八年に創設し、参加民主主義による分権型社会の実現を論じて、その研究成果を広く発信している。

ジラールは一九二六年、仏独和解を求めるキリスト教系民主運動活動家の両親のもとにパリで生まれ、国際的な教育を受けた。占領下フランスでは、両親がペタン政権を拒否したために、父と兄、そして姉が相次いで強制収容所に送致され、次姉は四四年に銃殺された。同年ジラールは、一八歳でレジスタンスに加わっている。「このような家庭環境が、市民社会を実現する文化行動に彼を向かわせた」と、文化省同僚のジャンティが記している(90)。ジラールは、文化的発展を実現する政策を、約三〇年にわたって調査研究面から支え続けた。

アヴィニョンに集った活動家《ミリタン》の多くは、ジャキエの指摘のように、第二次世界大戦終結から二〇年を経てもなお、それぞれに解放後の闘いを模索していたのだと考えられる。彼らは、全体主義と戦争が共和国の価値を根底から覆し、人種主義と権威主義に陥った社会の急激な変容を、青年期に目の当たりにした。その経験から、共和国の主権者である「peuple（国民／人民）」が民主主義を担う力を注視し、各人の人格形成に働きかける文化的機会の公共性を強く意識していた。活動家《ミリタン》たちの問題意識は、社会を構成する各個人のなかに、自我意識と主体性、合理的な判断力、他者への寛容をいかに培うかに向けられていたのである。

アヴィニョンでは、脱工業化時代に向かっていた当時の地方都市の状況が報告され、デュマズディエが提唱したように、社会の現実に基づいて文化的発展に必要な要素を抽出する機会となった。アヴィニョン・ミーティングは、自主的かつ非公式な会合だったが、多くの参加者が第六次国家計画策定に関わっていたため、ここでの議論は、文化審議会を通じて政府の方針決定にも反映されている。また参加者とユネスコの関わりを通じて、文化的発展の議論が、国際的に展開される機会のひとつともなった。

第五節　文化的発展の理念と自治体文化政策の創成期

1　行動する市民

本章では、第二次世界大戦終結直後と高度経済成長期に、市民主導と行政主導のふたつの異なる「文化の家」を設立したグルノーブルの経験を中心において、自治体文化政策の創成期をつくった市民社会の行動と議論を分析した。戦前からの民衆教育運動や民衆演劇運動に連なる地域の歴史からは、レジスタンスと占領からの解放《リベラシオン》を経て戦後直ちに、文化による社会再建に向かった市民の意志が明らかになった。

解放《リベラシオン》直後のグルノーブル文化の家は、同地で民衆教育運動の戦後再生に着手した外来のレジスタンス経験者の発意から誕生した、地域市民社会の協同事業だった。戦争で荒廃した地方都市に文化の場を拓く市民プロジェクトは、地域に根ざした演劇創造を志向する民衆演劇の演出家との協働を求め、共和国臨時政府期から第四共和政期の国民教育省もまた、これを積極的に支援した。だが、活動の継続には地元自治体の協力が不可欠であったことは、短命に終わった一九四五年設立の文化の家と、グルノーブルからサンテティエンヌに転出したジャン・ダステが率いた国立演劇センター（ＣＤＮ）創設の経緯によく表れている。

ＣＤＮを創設する「演劇の地方分散化」政策は、劇場新設事業ではなかった。地方都市で活動する劇団を地域に根付かせて活動の質を保ち、また地元住民が高水準の舞台芸術に日常的に接することができるように、国と自治体による共同助成制度が立ち上げられたのである。各地のＣＤＮは、古典戯曲を中心とするレパートリー作品を創作し、それとともに観客との関係性構築にも力を尽くして、初期には巡回公演や野外空間での上演を多く手がけた(91)。観客側もまた、「行動する観客（spectacteur）」として、ＣＤＮの活動を積極的に支えていた(92)。ヴィラールが率いたパリの国立民衆劇場（ＴＮＰ）を頂点とした民衆演劇は、多くの人々を魅了し、各地に民衆演劇友の会が組織されて、地域間交流も行われていた。文化省が六〇年代に設立した「文化の家」は、こうした経験と人材に多くを負っている。「文化の家」は、アソシアシオンや組合代表者、地方議会議員、国の代表者が参加する「文化の議会」として構想されたと説明される(93)。当時の状況を具体的に検討した結果、この制度が市民社会の現実の動きに裏付けられたものであったことが明らかになった。文化省の文化の民主化政策によって実現された「文化の家」は、設備面ではかなりの地域差がある「施設」だったが、アソシアシオン形式の共同管理システムを採用したことで、地域市民社会、自治体、中央政府の協同を継続させる「機関」として、各地に根を下ろしたのである(94)。

グルノーブルの場合は、この文化機関を実現した地域市民社会はデュブドゥ市政のバックグラウンドでもあり、自治体文化政策の創成期を出現させた。「グルノーブルＧＡＭ」発足当時の支持団体構成をみると、レジスタンスに端を発した上述の民衆教育団体をはじめ、より新しい動きとしては、同じく民衆教育運動から出発したがアルジェリア戦争期の反戦運動を経て市民向けの政治教育へと活動を展開させた団体、第三世界との連帯を呼びかけたグループ、そして地域民主主義を論じた市民団体などが集っていたことがわかった。また、生活に直結する都市インフラを論じる場には、住区や職場からの参加もあった。各集団のメンバーシップは相互に重なっている。彼らはまた、さまざまな芸術文化団体や演劇鑑賞組織で活動する個人でもあった。当時の地方都市の市民社会は、生活の場で、政治的議論の場で、文化的実践と享受の場で、輻輳的に広がっていたネットワークの総体として把握することができる。さらに各集団は、活動を通じて他地域ともつながっていた。

一九六〇年代半ばのグルノーブルでは、「文化の家」設立と市議会選挙を契機として、行動する市民の意志と自治体の文化政策が結びついた。六五年に誕生したデュブドゥ市政は、民衆教育団体「人民と文化（ＰＥＣ）」の影響下で、全市民が日常生活のなかで生涯にわたって多様な文化的機会に接することのできる環境づくりに着手したが、これは当時「文化的発展」として論じられた政策理念を現実のものとする先進的な実践だった。

2　文化的享受と個人の潜在力実現

「文化的発展」は、一九六〇年代の国家計画策定空間に提出された政策理念であり、政策対象としての文化概念を広くとらえる「文化的民主主義」と一対をなす理論だった。提唱者デュマズディエは、社会に共有される文化的機会の拡充は、共同体を構成する意識主体である個人の人格の発達を促す施策であり、民主主義を擁護するために必要なコストであると著書で論じている。「文化的発展」の最終的な目的は「民主主義の発展の前提となる市民参加」を実現することにあった。経済成長に支えられて余暇が増大する見通しのなかで、人々の創造的な自己開発や積極的な社会参加を促す文化行動と、それを支える公共政策が求められたのである。

「文化的発展」の底流にはムニエから受け継がれた人格主義の思想があり、主張の背景には市民社会の支持の広りがあった。前提となる「文化的民主主義」は、多様な個人の潜在力を実現するためには、多様な文化的機会が必要だとする考え方である。ただし「文化的発展」と「文化的民主主義」は、当時の文化省が重視した「文化の民主化」に対する明確なアンチテーゼとして打ち出された訳ではない。社会科学的な観察に立脚しながら、個人の人格の発展を促す多様な文化的ニーズを見極めることによって、「民主化」政策の対象である狭義の文化概念を超えて、より幅広い文化的享受の機会を社会に実現しようとする提案であった。

3　文化による戦後社会再建

「文化的発展」をテーマとしたアヴィニョン・ミーティングには、さまざまな場で活動した文化のミリタンたちが参加した。本章ではその議論を紐解き、自治体文化政策の創成期にこの理念を共有した人々の多くがレジスタンス経験者であり、政治的宗教的社会的立場の違いに拘らず、個人の自由と個の力を失わせる社会への切実な危機感を抱いていたことを示した。

一九四六年に制定されたフランス第四共和国憲法は、「フランス人民は、人間を隷従させ堕落させることを企図した体制に対して自由な人民が獲得した勝利の直後に、あらためて、すべての人が、人種、宗教、信条による差別なく、譲りわたすことのできない神聖な権利をもつことを宣言する」と前文に記し、続いて市民の権利と自由、そして共和国の基本的原理を確認している(95)。前文で「現代にとくに必要」とされた諸原理のなかには、個人と家族の発展に必要な要件の国による確保があり、また「文化（culture）についての機会均等」の保障が、教育や職業養成の機会均等の保障とともに明記された(96)。そしてこれらの権利と原理は、第五共和国憲法で再確認され、現在に引き継がれている。

本章で明らかにした市民社会の動きと議論は、全体主義との戦闘を経て自由を勝ち取った者たちが、解放後の社会再建を全面的に国家に委ねることなく、それぞれの活動の場から、みずからの手で成し遂げる努力を重ねた歴史を示している。六〇年代のフランスで打ち出された「文化的発展」は、文化による社会再建の理念であり、個人の自由と人格の発展が、民主主義社会の実現においてもっとも本質的な課題であるという認識に裏付けられていた。

だが第二次世界大戦後のフランスは、「戦後」の平和を享受していた訳ではない。植民地の維持を目的として、大戦終結後から五四年五月まで継続されたインドシナ戦争は、六〇年代のアメリカ・ヴェトナム戦争の前史である。また、五四年一一月の「アルジェリア国民解放戦線（FLN）」の武装蜂起から七年余り続いたアルジェリア戦争、とりわけそこで明らかになったフランス軍による拷問の猖獗は、「共和国の価値」を戴くフランスが、真にすべての人の権利と自由と平等に価値をおく民主的な国家なのか、という問いを絶え間なく人々につきつけた。本章でみたデュブドゥ市政の支持層にも、対植民地戦争への抗議を原点とする活動が幾重にも流れ込んでいた。

反戦、反植民地主義は、六八年に世界各地で続々と顕在化した体制への異議申し立ての基調をなす。次章では、以後の社会変容のなかで、都市文化政策の理念と実践が、いかに展開されたかを検討する。

註

（1）以下、都市・地域概要における人口と面積のデータは、国立統計研究所（ＩＮＳＥＥ）ウェブサイトで示される地域間比較データに拠る。<www.insee.fr>（二〇一八年五月二七日最終閲覧）

（2）ミストラル市政の都市政策・社会政策とデュブドゥ市政の政策との類似性が指摘されている。Jean-François Parent, Jean-Louis Schwartzbrod, *Deux hommes une ville. Paul Mistral Hubert Dubedout*, La Pensée sauvage, 1995.

（3）Didier Béraud, Jeanne Girard, *Une Aventure culturelle à Grenoble, 1965–1975*, Fondation pour le développement culturel/Ville de Grenoble, 1979, p. 16.

（4）ユベール・デュブドゥ「グルノーブルにおける都市政策と市民参加」柴田徳衛ほか編『岩波講座　現代都市政策〈別巻〉世界の都市政策』岩波書店、一九七三年、七四頁。

（5）Jean-Louis Quermonne, "La décentralisation avant l'heure", dans Pierre Ducros, Pierre Frappat, François Lalande (coordonné par), *Les Années Dubedout à Grenoble: Action municipale, innovation politique et décentralisation*, La Pensée sauvage, 1998, p. 15.

（6）このほか、古楽アンサンブルの Les musiciens du Louvre-Grenoble も、ＭＣ２を本拠として世界的な活動を展開している。

（7）たとえば友岡邦之の前掲論文（二〇〇〇）では、「彼は文化施設を提供しさえすれば文化の民主化は達成されると考えており、階級や家族、および教育などの社会学的要因を考慮することがなかった」と、マルローの「文化の家」の失敗が指摘されている。

（8）フランス初の「文化の家」は、パリ九区のナヴァラン通り（rue de Navarin）に、革命的作家芸術家協会（ＡＥＡＲ）によって設立された。ＡＥＡＲは、フランス共産党員による「反戦と反ファシズム闘争のための知識人戦線構築」をめざす組織であった。Saïd Bouamama, Jessy Cormont & Yvon Fotia (dir.), *L'Education populaire à l'épreuve de la jeunesse*, Le Geai Bleu, 2008, p. 14. なお、人民戦線期の文化・芸術運動については、渡辺和行『フランス人民戦線――反ファシズム・反恐慌・文化革命』人文書院、二〇一三年を参照。

（9）David Bradby, *Modern French Drama 1940–1990*, Cambridge University Press; 2nd Revised edition, 1991, p. 88.

（10）Guy Saez, *L'Etat, la ville, la culture*, Thèse pour le Doctorat d'Etat en Science Politique, 1993. 一九四五年創設のグルノーブル文化の家についての記述は、おもにこの国家博士論文に基づいている。

（11）*Manifeste de la Compagnie des Comédiens de Grenoble*, Textes de Jacques Copeau, Charles Dullin, André Barsacq, Jean-Louis Barrault, Georges Blanchon et Jean Dasté, Cahiers de la Maison de la Culture de Grenoble 3, novembre 1945.

（12）*ibid.*, p. 2.

（13）マニフェストには、ダステを育てた民衆演劇運動の指導者や、戦後のフランス演劇界を担った同世代の演劇人が寄稿し、熱い支援の意を表した。たとえばダステと同世代の俳優・演出家ジャン＝ルイ・バロー（Jean-Louis Barrault 一九一〇—一九九四）は、パリで創作された作品の地方巡回公演ではなく、こうして地方に根付いた劇団の活動こそが真の「演劇の地方分散化」だ、と朋友の決断を讃えている。

（14）*ibid.*, p. 11–13.

（15）Guy Saez, *op. cit.*, p. 286.

（16）Marion Denizot, *Jeanne Laurent, une fondatrice du service public pour la culture, 1946–1952*, La Documentation française, 2005.

（17）コルマール Centre dramatique de l'Est（一九四六年創設）のロラン・ピエトリ（Roland Piétri）、サンテティエンヌ Comédie de Saint-Etienne（一九四七年創設）のジャン・ダステ（Jean Dasté）、レンヌ Comédie de l'Ouest（一九四九年創設）のユベール・ジニュー（Hubert Gignoux）、トゥールーズ Grenier de Toulouse（一九四九年創設）のモーリス・サラザン（Maurice Sarrazin）、エクサンプロヴァンス Centre dramatique du Sud-Est（一九五二年創設）のガストン・バティ（Gaston Baty）ら、国立演劇センター初代ディレクターの全員が、民衆演劇運動出身の演出家である。

（18）Philippe Poirrier (Textes réunis et présentés par), *Les Politiques culturelles en France*, La Documentation française, 2002, p. 17.

（19）Jean-Marie Lhôte, "Maison de la culture" dans Emmanuel de Waresquiel (dir.), *op. cit.*, p. 376–380.

（20）一九六四年のインタヴューにおいて、文化省の「演劇音楽文化行動局」局長エミール・ビアジニは、パリに芸術施設が極度に集中する「地理的特権」とともに、首都においても恵まれた少数の者だけが芸術を享受できる「社会的特権」を問題視する立場から、「文化の家」設置の政策的意義を説明している。Les maisons de la culture Edition spéciale, le 24 avril 1964, <http://www.ina.fr/video/CAF89027089>（二〇一八年五月九日最終閲覧）

（21）冨安瑛躬「フランスの文化の家について」『レファレンス』二六六号、国立国会図書館調査立法考査局、一九七三年、五一—七〇頁。および、Jean-Marie Lhôte, Maison de la culture, dans Emmanuel de Waresquiel (dir.), *op. cit.*, p. 376–380. 文化の家および文化の家協会の定款テキストの日本語訳は、特に断りのないかぎり、冨安氏による訳である。

（22）冨安瑛躬、前掲、六三頁。

（23）Geneviève Poujol et Madeleine Romer, *Dictionnaire biographique des militants, XIXe-XXe siècles siècles: de l'éducation populaire à l'action culturelle*, l'Harmattan, p. 273.

（24）冨安瑛躬、前掲、六四頁。

(25) 註(19)と同じ。
(26) ATACの初代会長は、ブルジュ文化の家ディレクター、ガブリエル・モネが務めた。
(27) 当時は多くの地方都市に、観客による自主的な演劇鑑賞会組織があった。各地のアソシアシオンは、一九六六年に民衆演劇友の会連合を結成し、グルノーブルACTAも参加している。Jacques-Olivier Durand, *Tous spectacteurs: La belle aventure des Amis du théâtre populaire*, Editions de l'aube, 1992.
(28) アルベール・ルソー、ロジェ・ボネ共著『グルノーブルの経験：自治体活動：その可能性と限界』横浜市企画調整室都市科学研究室、一九七二年。当時の横浜市は、デュブドゥ市政第一期六年間の記録を「文化活動」(＝文化行動)と「住民との関係」を中心に訳出し、「市政運営の参考」とする目的で発行している。
(29) Jean-François Chosson (dir.), *Peuple et culture 1945–1995 : 50 ans d'innovations au service de l'éducation populaire*, Peuple et culture, 1995.
(30) 井上すず「フランスにおける『クラブ現象』――一九六〇年代非共産党左翼結集の問題を中心として――」犬童一男、山口定、馬場康雄、高橋進編『戦後デモクラシーの安定』岩波書店、一九八九年、六九―一三一頁。
(31) アルベール・ルソー、ロジェ・ボネ共著、前掲書、一〇―一五頁。
(32) Jean-Louis Quermonne, *op. cit.*, p. 15.
(33) フランスの市町村議会では直接選挙で議員が選出され、議員互選で首長が選出される。選挙では、首長候補者と議員候補者のチームが候補者名簿を提出し、有権者は名簿に投票する。議席は比例代表制で配分されるため、首長はつねに多数派のリーダーであり、首長と立場を同じくする議会多数派が六年の任期中、安定的にみずからの方針に基づく市政運営を担うことになる。
(34) ユベール・デュブドゥ、前掲論文、八〇頁。デュブドゥは、哲学者アンリ・ルフェーヴルによる都市の定義を起点として、自身の都市政策論を展開している。ルフェーヴルの議論については、次章で触れる。
(35) Jean-Louis Quermonne, *op. cit.*, p. 15.
(36) 註(29)と同じ。
(37) ユベール・デュブドゥ、前掲論文、八三頁および九二頁。
(38) ドーフィネ(Dauphiné)は、フランス南東部のローヌ側からイタリア国境に及ぶ地方のフランス革命以前の旧州名で、現在のイゼール、ドローム、オートザルプ三県に相当する。グルノーブルは、同州の中心都市だった。
(39) リヴィエールのエコミュゼ構想については、新井重三編著『実践エコミュージアム入門――二一世紀のまちおこし』牧野出版、一九九五年を参照。

（40）Geneviève Poujol et Madeleine Romer, *.op. cit.*, p. 327–328. 一九七一年の第九回ＩＣＯＭ総会で、当時のフランス環境大臣ロベール・プジャド（Robert Poujade）が、リヴィエールの構想を〝エコミュゼ〟と名づけた。この総会は、パリとグルノーブルの二都市で開催されている。

（41）一九五二年のウィーン「平和会議」で提唱された彫刻シンポジウムは、一九五九年にオーストリアで第一回が実現した。その後、一九六〇年チェコスロヴァキア、一九六二年ドイツ（ベルリン）に続き、一九六三年には日本（真鶴）でも開催されている。ＦＩＳＳ（国際彫刻シンポジウム連盟）フランス部会長のモーリス・リプシ（Morice Lipsi）と在仏日本人彫刻家、水井康雄の日本での出会いが、一九六七年のグルノーブル彫刻シンポジウム開催のきっかけとなった。彫刻シンポジウムの歴史と意義については、柴田葵「世界近代彫刻シンポジウムの成立——東京オリンピックを背景とした野外彫刻運動の推進」『文化資源学』七号、二〇〇九年三月、二九—四一頁を参照。

（42）Ivan Bocon-Perroud, Marie Savine, *Un Musée sans murs: Le premier Symposium français de sculptures. Grenoble, été 1967*, Musée dauphinois / Magasin Centre national d'art contemporain, 1998.

（43）Didier Béraud, Jeanne Girard, *op.cit.*, 1979. p. 31.

（44）*ibid.* p. 33.

（45）Guy Saez, Jean-Pierre Saez, *Peuple et culture et le renouveau de l'éducation populaire à la libération*, CERAT, 1989.

（46）国民革命における青年練成所は、集団教育の実験場と見なされ、自由地区の二〇歳の男子に八カ月間の集団労働実習を課した。道徳教育、社会秩序やフランス史、体育、公の役にたつ労働などが練成所の教育方針であった。渡辺和行『ナチ占領下のフランス——沈黙・抵抗・協力』講談社、一九九四年、九八頁。

（47）高多彬臣『エマニュエル・ムーニエ、生涯と思想——人格主義的・共同体的社会に向かって』青弓社、二〇〇五年、五〇—五二頁。

（48）ヴィシー政府による強制労働徴用（ＳＴＯ）は、一九二〇から二二年に生まれた全青年に、対独協力労働を義務づけた。

（49）ヴェルコール（Vercors）は、グルノーブルに近いアルプス山中の高原である。マキ（maquis）は、もとは灌木地帯を意味するが、森や山岳地帯に設けられた対独レジスタンス運動の根拠地やその組織をさす。「ヴェルコールのマキ」の戦闘は、フランス南東部地方の歴史に重要な位置を占める。

（50）ロバート・Ｏ・パクストン（渡辺和行、剣持久木訳）『ヴィシー時代のフランス——対独協力と国民革命一九四〇—一九四四』柏書房、二〇〇四年。

（51）Peuple et Culture, Manifeste 1945. ＰＥＣの基本方針は、現在変更されているが、設立時のマニフェストは、ウェブサイト上で歴史的情報として公開されている。<http://www.peuple-et-culture.org/IMG/pdf/manifeste_peuple_et_culture.pdf>（二〇一八年五月九日最終閲覧）

（52）Isabelle Mathieu, *L'action culturelle et ses métiers*, PUF, 2011, p. 12.

（53）ＰＥＣ設立マニフェストは、レジスタンスをともに闘った人々が、それぞれに異なる社会的立場から民衆教育運動を再考する言葉から始まっている。すなわち、知を追求する権利は幸福を追求する権利と不可分であると自覚した労働者、みずからの社会的役割を顧みることなく技術専門職として養成されたために工場での民衆教育に無関心だったことを反省するエンジニア、農民や労働者との相互理解の難しさを痛感した学生と教員、そして時代の現実を反映する芸術創造活動を志す芸術家らの発言が、戦後の民衆教育運動再生に向かう動機として冒頭に配されている。

（54）マニフェストの最終部分では社会主義への志向が示され、政治闘争が想定されている。

（55）Peuple et Culture, *Hommage à Joffre Dumazedier. Itinéraire d'un humaniste*. La Lettre de Peuple et Culture. numéro 27, décembre 2002, Tiré à part. p. 11.

（56）「人民と文化」の地方組織は、グルノーブル（イゼール県一九四五）に続き、オート・サヴォア（一九四五）、コレーズ（一九五一）、タルヌ・エ・ガロンヌ（一九五六）、ノール（一九五九）、ピュイ・ド・ドーム（一九六四）の各県で誕生した。

（57）「人民と文化」五〇年史は、当時の公務員の多くがレジスタンス経験者だった事実を指摘している。Jean-François Chosson (dir.), *op. cit.*, p. 27.

（58）*ibid.*, p. 24–25.

（59）Peuple et Culture, *op. cit.*, p. 4.

（60）Joffre Dumazedier, *Vers une civilisation du loisir ?*, Seuil,1962.（J・デュマズディエ〔中島巌訳〕『余暇文明へ向かって』東京創元社、一九七二年。）

（61）Joffre Dumazedier and Aline Ripert, "Leisure and Culture (1966)" in Jeremy Ahearne (ed.), *French Cultural Policy Debates A Reader*, Routledge, 2002, pp. 45–54.

（62）Augustin Girard, Planification culturelle, dans Emmanuel de Waresquiel (dir.), *op. cit.*, p. 499–502.

（63）Vincent Dubois, *La Politique culturelles. Genèse d'une catégorie d'intervention publique*, Belin, 1999, p. 189–190.

（64）フランス政府一九八五年グループ（日本経済調査協議会訳）『一九八五年：変わる人間・変わる社会』竹内書店、一九六五年。

（65）Philippe Poirrier, *Bibliographie de l'histoire des Politiques Culturelles*, La Documentation française, 1999, p. 8.
（66）Vincent Dubois, *op. cit.*, p. 206.
（67）ブルデューは、一九六四年に出版された『相続者たち』において、学校教育における機会の不平等が、経済的、制度的要因よりもむしろ文化的要因に依ることを示した。同年のブルジュ会議では、美術館来館者調査に関する中間報告を行っている。この研究の成果は、二年後に"*Amour de l'art*", éditions de minuit（ピエール・ブルデュー、アラン・ダルベル、ドミニク・シュナッペー〔山下雅之訳〕『美術愛好：ヨーロッパの美術館と観衆』木鐸社、一九九四年）として刊行された。批判的社会学研究の登場は、デュマズディエの予見的社会学とは一線を画し、後に決定的な影響力をもつことになった。Geneviève Gentil, Philippe Poirrier (Textes réunis et présentés par), *La politique culturelle en débat. Anthologie, 1955–2005*, La Documentation française, 2006, p. 18, 51.
（68）Philippe Poirrier, Rencontres d'Avignon (1964–1970), dans Emmanuel de Waresquiel (dir.), *op. cit.*, p. 547–548.
（69）Philippe Poirrier (présenté par), *La naissance des politiques culturelles et les rencontres d'Avignon. Sous la présidence de Jean Vilar (1964–1970)*, La Documentation française 1997, p. 561–563.
（70）Geneviève Poujol et Madeleine Romer, *op. cit.*, p. 378–380.
（71）藤井慎太郎「アヴィニヨン・フェスティバル　その半世紀の歴史と変容」『ＰＴ』三号、世田谷パブリックシアター、一九九七年、六一―一三頁。
（72）ＴＮＰのこうした組織面での工夫には、ヴィラールのもとで劇場運営にあたったジャン・ルヴェ（Jean Rouvet）の功績が大きい。ルヴェは、一九六〇年代の文化省で文化の家の組織構想を担当したから、ＴＮＰの経験は文化の家にも受け継がれた。Geneviève Poujol et Madeleine Romer, *op. cit.*, p. 335.
（73）Jean Vilar, "Theatre: A public service (1960)", in Jeremy Ahearne ed., *op. cit.*, pp. 39–44.
（74）註（68）と同じ。
（75）ミシェル・ドボーヴェの妻ソニア・ドボーヴェ（Sonia Debeauvais）は、ヴィラールの下で、一九五七年からＴＮＰの劇場運営を担当していた。
（76）ドボーヴェは、デュマズディエの招きでＰＥＣ夏期大学創設に関わった経験によって民衆教育の新しい領域に目覚めたと、この後語っている。
（77）Philippe Poirrier (présenté par), *op. cit.*, p. 490.
（78）*ibid.*, p. 554.

（79）*ibid.*, p. 239.

（80）*ibid.*, p. 248.

（81）*ibid.*, p. 511.

（82）*ibid.*, p. 190.

（83）フランス語の militant は、現実的な利害ではなくみずからの信条や価値のために、時間を割いて自発的に活動する市民を示す。現在も一般的に用いられる語である。

（84）Geneviève Poujol et Madeleine Romer, *op. cit.*, p. 208. ドボーヴェは、「第三世界（tiers-monde）」という概念を、人口学者のアルフレッド・ソヴィー（Alfred Sauvy）とともに一九五八年に雑誌 Population ではじめて発表したことでも知られる。

（85）*ibid.*, p. 47.

（86）ジラールは、一九六六年にユネスコ総会のフランス代表団メンバーとなり、一九六八年総会「社会科学と文化」委員会の報告者、一九七〇年ヴェニス会議および一九七二年ヘルシンキ欧州文化大臣会議では基調報告者を務めた。また、欧州評議会が一九七〇年から八〇年に実施したプログラム「文化的発展」のディレクターでもあった。Guy Saez, Geneviève Gentil & Michel Kneubulher (dir.), *Le Fil de l'esprit. Augustin Girard, un parcours entre recherche et action*, La Documentation française, 2011.

（87）Philippe Poirrier (présenté par), *op. cit.*, p. 503.

（88）「天を信じたものも、信じなかったものも（celui qui croyait au ciel et celui qui n'y croyait pas）」は、ルイ・アラゴンの詩「薔薇と木犀草 —— La Rose et le Réséda」の冒頭の一節である。この詩は、ナチス軍に銃殺された四人のレジスタンス闘士に捧げられている。占領下フランスを意味する「美しい囚われびと」を解放するために結集した、政治的宗教的信条が異なる人々をうたっており、レジスタンスの典型的な表象として扱われる。

（89）アヌシー近郊のアルプス山中グリエール高原のレジスタンス勢力は、一九四四年一月よりヴィシー政府軍、続いてナチスドイツ軍に攻撃を受けた。戦闘は三月まで続き、レジスタンス勢はほぼ壊滅した。

（90）Geneviève Poujol et Madeleine Romer, *op. cit.*, p. 161.

（91）Robert Abirached (dir.), *La décentralisation théâtrale 1. Le premier âge, 1945–1958*, Actes Sud, 1992. 草創期のＣＤＮは専用劇場をもたない場合も多かった。たとえば、サンテティエンヌでのダステは鉱山技師学校の一角を活動拠点としたが、市中心街の広場で、あるいは仮設テントで周辺地域を移動しながら、国立演劇センター初期の活動を展開した。

（92）spectacteur は、観客を意味する spectateur と行為主体、役者、俳優を意味する acteur を組み合わせた造語である。Jacques-Olivier

Durand, *op. cit.*

（93）Guy Saez, Démocratisation, dans Emmanuel de Waresquiel (dir.), *op. cit.*, p. 201–204.

（94）「文化の家」第一号は、ル・アーヴル（Le Havre）の美術館の建物を利用して一九六一年に開館した。一九六三年には、パリ二〇区の映画館を買収して転用されたパリ東部劇場（Théâtre de l'Est parisien）が「文化の家」とされた。同年に開館したブルジュの場合は、戦前に建設が中断された会議場の転用であり、同じく六三年のカン（Caen）での設置は、戦災を受けた市営劇場の再建プロジェクトだった。初の専用建築物となる文化の家は、一九六六年にアミアン（Amiens）で実現している。続いて同年にトノン（Thonon）とフィルミニ（Firminy）――ル・コルビュジエ（Le Corbusier）設計による建築――、一九六八年にランス（Reims）、そしてグルノーブルに設置された。

（95）日本語訳は、初宿正典・辻村みよ子編『新解説世界憲法集第四版』三省堂、二〇一七年、二七八頁を参照した。

（96）辻村訳では、culture は「教養」と訳されている。

第二章
一九七〇年代革新自治体の実践と理論

第二章　一九七〇年代革新自治体の実践と理論

一九六〇年代半ばの「文化的発展」は、多種多様な文化的機会を社会に遍在させて、多様な個人の人格の発展に働きかける考え方だった。この理念が、六八年「五月革命」を経て、七〇年代の社会変容のなかでどのように変化し、八一年以後の文化政策にいかに接続したかを明らかにすることが、本章の課題である。

文化政策史研究のポワリエは、一七八九年から二〇〇二年の国の文化政策史を五期に区分して、各時期の議論の論点を示す資料を編纂し、解説を加えている。「文化的発展」は一九六九年から八一年を扱う第三章のタイトルであり、「ふたつの時代の単なる狭間ではない」と書き起こされている(1)。同書によれば、七〇年代初頭に「文化的発展」が国の文化政策指針とされたことで、文化省の理論的枠組みは顕著に変化した。またその後の左派自治体の台頭とともに、都市文化政策の実践は拡大し、政党内の議論との間に相互的な連携が生まれた。

一方、文化史研究のパスカル・オリー（Pascal Ory）は、一九六八年の「五月」から社会党のフランソワ・ミッテラン大統領（François Mitterrand 一九一六―一九九六、一九八一―九五在任）が選出された八一年の「五月」までに射程を定めた論考を著している(2)。同書は、統計を多用し、映画、テレビ視聴、新聞、出版など、個人の文化的実践をとりまくこの時代の状況変化を示した。オリーはこのなかで、従来はヴォランタリーな市民社会に担われていた文化推進活動《アニマシオン》が、社会教育・生涯学習関係の資格新設によって職業化し、約二万五〇〇〇人の給与所得者を擁する分野となった変化に注目している。また七〇年代後半に文化省を批判する著作の出版が相次ぎ、文化政策への政治的関心の高まりと連動するかたちで、各政党の文化ヴィジョンに特色がみられるようになったこと、そしてそこではグルノーブルやル・アーヴルといった革新市政の文化政策が模範例とされたことにも言及がある。

こうした流れを踏まえ、本章で検討するのは、六八年の五月革命では、都市文化政策に関してどのような新しい視点が提出されたのか、またそれによって「文化的発展」の理念と目的は変化したのか、そして七〇年代の左派自治体が実践した文化政策とは具体的にどのようなもので、八一年にミッテラン政権を成立させた社会党の文化ヴィジョンにどんな影響を与えたのか、といった諸点である。

これらを考えるうえでは、社会構成の変化、地域主義運動の興隆、高度経済成長の終焉、七〇年代革新自治体と社会党再生の関係性といった時代背景への理解が欠かせない。一方で、当時の新しい芸術の潮流を、一端なりとも視野に収めることが必要となるだろう。前章に続き、デュブドゥ市政による文化政策の展開を軸とし、事例に沿って時代の文脈を押さえながら、先述の課題を検討する。

第一節　一九七〇年代の中央政府方針、自治体との協力制度

1　第六次国家計画の文化概念と指針

一九七一年三月に発表された『第六次国家計画（一九七一―七六）報告書』は、「文化的発展」を、六八年「五月革命」で自覚化された「閉ざされた社会」を打開する指針とした(3)。ここでは多様な文化的機会を社会に遍在させることとともに、「人々の中にある文化を生まれさせる」働きかけとしての「文化行動」が強調されている。報告書は、文化的享受をめぐる不平等の階層的固定化や産業化社会における生活様式変化といった課題に対応するために、狭義の芸術概念を超えて、生活の質や都市環境と結びつけて文化を広くとらえ直すことを求めた。文化機関や文化事業のみならず、一定地域の環境としての「空間」もまた文化政策の対象であるとした報告書は、この時期に全般的に重視された行政間契約を用いて多元的かつ分権的な政策を実現し、地方自治体が政策主体としての中心的役割を担うよう求めた。

この新方針はまず、七一から七三年にかけてジャック・デュアメル（Jacques Duhamel 一九二四―七七、一九七一―七三在任）文化大臣のもとで制度化されることになる。委員会報告書を受けて文化政策責任者に任命されたデュアメルは、農業

大臣を務めた経験がある有力政治家であり、スイスに近いジュラ（Jura）県のドル（Dole）市長を兼職していた。

当時のフランス政府による文化概念の定義と文化政策の方針は、一九七二年にユネスコがヘルシンキで開催した、第一回欧州文化大臣会議におけるデュアメルの以下の演説に端的に表れている。

［文化とは］存在の選択です。というのも、文化が深まると人は自分自身や世界と向き合う態度を変え、より自由に選択するようになるからです。この意味で文化は、個人と集団の生活をいかに組織するかという要求の序列の更新につながります。［中略］余暇を通してみずからの文化の価値をとりもどす、すなわち人格を再創造しようとする願いが現在広がりつつあることを、文化政策は無視できません。文化政策には、この有意な変容を加速させる役割があるのです。［中略］仕事を終えた後の文化的生活を左右するのが、生活環境です。工業国において、都市計画が不在のまま一〇〇年にわたって進行した都市化は、生活環境を大きく悪化させました。いまや都市は人間のためのものとは言えず、産業化された人間を疎外する最大の要因となっています。(4)

ここには、六〇年代の議論にも通底する人格主義的な「文化的発展」の構想をみることができる。同時に、産業化社会への批判や労働と人間疎外をめぐる考察、そして余暇への期待が反映されている。都市の文化的環境は、社会を構成する個人一人一人の人格形成を左右する条件であり、公共政策の対象として整備すべきであること、したがって人間をとりまく生活空間全体が文化政策の対象領域となることが、中央政府レベルで確認されたのである。

2　自治体文化政策を支える制度

教育や労働環境、そして都市空間整備などとの関連において文化政策を構想する場合、文化省内の各部局が担当分野別に芸術文化の普及、創造支援、文化財保護の責務に取り組んでいた従来の縦割り組織では対応できない。組織横断的な政策実施を可能にする手段として、七〇年代前半に以下の制度が設けられた。

（1）文化関与基金

「文化関与基金（Fonds d'Intervention culturelle 以下ＦＩＣと略記）」は、文化省と他省の間、または地方自治体との間の障壁を越える手段として、一九七一年に創設された首相直轄の組織である。首相官邸内に設けられた「文化的発展のための省間評議会（Conseil interministériel pour le développement culturel）」が、基金の運営方針を決定した(5)。このとき、歴史、社会学、経済学などの専門家からなる一五名程度のチームが編成されている。

ＦＩＣは、柔軟な協力体制の実現と自主的な活動への分権的な支援を原則とし、一九八四年までの一三年間に、合計で約二〇〇〇の事業に対して総額約一〇億フランの助成を行った。「文化と教育」（学校教育周辺における芸術教育）、「文化と生活環境」（住環境、職場環境における文化行動）、「文化とメディア」（視聴覚メディアへの関与）、「文化と地方自治体」（自治体文化政策、自治体とアソシアシオンの協力実現）の四分野が助成対象とされた(6)。

ＦＩＣは、文化政策の横断的実行を促進し、革新的で実験的なプロジェクトを振興するための戦略的資金として位置づけられた。ＦＩＣの助成を獲得するには、複数の公的あるいは民間の財源をつけた申請が必要で、文化省の助成がその五〇パーセントを上回ってはならなかった。異種財源を組み合わせるこうした資金調達方式は、「交差的財政（financement croisé）」と呼ばれるが、国の文化政策では、このとき初めて採用されている。財政面での事業リスクを低減し、複数パートナー間の協力を実現する利点が認められ、後には自治体文化政策実行の基本方式となった(7)。こうしたプロジェクト単位のマネジメントは、通常の管理的な行政手法とは異なるが、ＦＩＣはこの方法論に先鞭をつけたことで、後続の制度に大きな影響を与えた(8)。八〇年代以後は、この方式で実施される公共的な文化事業が顕著に増加している。「文化的発展」の政策指針によって設けられたＦＩＣは、「文化工学（ingénierie culturelle）」と呼ばれる専門的なマネジメントの技術を誕生させた。

（2）文化憲章

同じ方向性のなかで、一九七五年にはミシェル・ギィ文化閣外大臣（Michel Guy 一九二七—九〇、一九七四—七六在任）が、「文化憲章（chartes culturelles）」を創設した。この制度は、デュアメル文化大臣時代からの事業契約政策を進化させたもので、自治体が文化政策実行の中心的な主体とみなされた。

「憲章」は、自治体による文化事業への中央政府の関与を、三年から五年の期間で契約化する制度である(9)。文化憲章は、文化省内の分野別縦割り組織を問題視した。文化省の各部局が、文化遺産、美術、舞台芸術といった分野ごとに管理していた自治体との協力内容を、ひとつの憲章にまとめることで全体としての整合性をもたせ、自治体はこれを地域レベルで総合的に推進する政策主体となった(10)。

ギィは、自治体文化政策の全体像を文化省側でも把握することを望み、地方議員を直接関与させることによって、政府が各地域の文化的ニーズを具体的に聴取するしくみをつくろうとした、と後に指摘されている(11)。憲章制度の開始は、地方政治が都市文化政策に本格的な関心を向ける新時代の幕開けを意味した(12)。

憲章署名に際しては、文化政策の実績をもつ都市や、新政策に積極的に応じる意志がある都市が優先された。グルノーブルは実績をもつ自治体として最初に署名している。一九七五から七六年に成立した一一市、三県、一地域圏との憲章は、フランス全土にバランスよく配置されている。ただし、八一年までに採択された文化憲章は、合計で二七件に留まった。「文化憲章」は、第三章で論じる「文化的発展協定（conventions de développement culturel）」の原型である。

署名された憲章の内容を検討すると、文化施設の設置や劇場改修といった設備投資型の事業が主流であり、国家と自治体の予算分担額と実施計画年度が具体的に書き込まれたものもある。ディジョン（Dijon）のように設備投資事業の比率がきわめて高い憲章もみられ、ボルドーでは憲章によって、「ボルドーのポンピドゥーセンター」と後に呼ばれるレネ倉庫群の現代美術センターへの改修事業が行われた。これに対してグルノーブルの文化憲章は、事業運営面の項目を多く含む点において、ほかとは異なる特徴を示している【別表1】(13)。文化憲章は、第六次国家計画が定めた都市文化政策実行における原則である地域固有の文化的ニーズの把握、中央政府による組織横断的な関与、そして自治体による総合的な管理という方法論を国が制度化したひとつの到達点である。だが、文化的発展理念の全国的な実現にまでは、十分に結びつかなかったとみるべきだろう。

3　中央政府の政策変化

「文化的発展」を指針とする報告書をまとめたのは、第六次国家計画文化問題委員長を務めたアカデミーフランセーズ会員で詩人のピエール・エマニュエル（Pierre Emmanuel 一九一六―八四）であった。エマニュエルは、E・ムニエが創刊した人格主義雑誌『エスプリ（*Esprit*）』が、ナチス占領下のパリからリヨンへ移転した際に同誌の活動を中心的に担った人物で、レジスタンス経験者でもある(14)。デュアメル文化大臣が芸術家や知識人を招いて設けた「文化的発展評議会」の中心メンバーとして活動し、第六次国家計画の始動後も文化省への直接的な影響力を保った。

ただし文化省が「文化的発展」の実現を最優先したのは、デュアメルが病を得て文化大臣を辞するまでの二七カ月間に過ぎない。この政策は、その意味でも中央政府に本格的に根付くまでに至らなかった。作家のモーリス・ドリュオン（Maurice Druon 一九七三―七四在任）が後任の文化大臣となると、文化的発展評議会の委員は、まもなく一斉辞職の抗議行動をとっている。このときエマニュエルは、「［政府は］人々の生活に直結する新しい文化概念を受け入れておらず、市民がみずからの人生の決定者となることを目指す『シティズンシップ政策（politique des citoyens）』としての文化政策の実現に積極的でない」と述べて、デュアメル後の文化省に対する強い失望を隠さなかった(15)。

さらに一九七四年四月には、ジョルジュ・ポンピドゥー大統領（Georges Pompidou 一九一一―七四、一九六九―七四在任）が、在任中に白血病で死去した。後を襲ったヴァレリー・ジスカール＝デスタン（Valéry Giscard d'Estaing 一九二六―、一九七四―八一在任）は、国家による組織的な文化政策の実行そのものに批判的であり、文化省は、閣議に参加する大臣のいない「庁（Secrétariat d'État）」に降格された。この後、一九七〇年代後半の国の文化予算は低迷する。

「文化『閣外』大臣（Secrétaire d'État autonome à la Culture）」に任命されたギィは、ポンピドゥー前大統領の友人で、パリの「フェスティヴァル・ドートンヌ」の創設者であった。多くの芸術家と親交を結び、とくに映画と舞台芸術の分野で「文化の春」と呼ばれた時代を築いたことでも知られる人物である。彼の下で開始された「文化憲章」は、前述のように、都市文化政策を支える制度として歴史的な重要性をもつ。だがギィが真に優先したのは舞台芸術振興政策であり、劇団助成予算の拡大や演劇教育改革により力点が置かれた(16)。

ギィは、「国立演劇センター（ＣＤＮ）」や「文化の家」など、地方都市の公共文化機関に付されていた社会的責務を軽減して芸術的自由を重視する姿勢を示し、そのディレクターとして若手演出家を登用する抜擢人事を行った。各地のＣＤＮが新世代の演劇人の活動拠点として開かれ、公共劇場の世代交代が促されると、民衆演劇運動と民衆教育運動の歴史のなかで培われてきた「公共サーヴィスとしての演劇」の精神は徐々に影を潜めることになる(17)。したがってギィの舞台芸術振興政策は、都市文化政策にも少なからぬ影響を及ぼした。この点については、第四節でより具体的にみる。

第二節　一九六八年「五月革命」と文化の定義

「第六次国家計画」で示された人格主義的な文化政策概念は、第一章で検討した「文化的発展」を希求する議論の水脈に連なるものだった。ただしより直接的には、一九六八年の「五月革命」で噴出した国の文化政策への批判を踏まえている。「人類の、そしてまずフランスのもっとも重要な作品」を最大多数のフランス人の手に届けるために、文化の民主化を追求したマルローと、文化とは「自身の存在のあり方の選択」であり、文化を深めることによって「より自由な選択が可能になる」と述べたデュアメルでは、文化のとらえ方が本質的に異なる。両者の発言の間で、政策対象としての文化の定義をめぐり、どのような議論が繰り広げられたのかを確認する必要があるだろう。

以下では、五月革命を契機に、おもに公共劇場を舞台として展開された議論を検討する。従来の文化政策への批判と、文化および「文化行動」の再定義に焦点をあて、その論点と社会的および思想的背景を明らかにしたい。

1　ヴィルユルバンヌ宣言

大学制度改革を求めるパリの学生運動を発端とする一九六八年「五月革命（les évènements de mai）」は、反戦、反植民地主義、高度資本主義管理体制への批判などを包含し、一部知識人や労働者との連帯を生成しながら、大きく広がった反政府社会運動である。労働組合、教員組合、農民組織などが展開した長期ゼネストには、全国で約一〇〇〇万人が参加したといわれ、フランス全土が麻痺状態に陥った。この動乱は、ド・ゴール大統領によっていったん収拾されるが、結果的には翌年の大統領退陣につながり、同時にマルローも文化大臣を退くことになる。

五月革命は劇場にも波及した。パリでは、大学に続いて国立劇場オデオン座が占拠され、劇場内での騒乱と議論は、約一カ月間にも及んだ記録が残る(18)。

地方都市でも、「国立演劇センター（CDN）」と「文化の家」のほとんどが閉鎖された。公共劇場の責任者たちは、リヨン郊外のヴィルユルバンヌ（Villeurbanne）に集合し、演出家ロジェ・プランション（Roger Planchon 一九三一―二〇〇九）が芸術監督を務めた劇場「テアトル・ド・ラ・シテ（Théâtre de la Cité）」で集中討議を行っている(19)。

「ヴィルユルバンヌ宣言」は、プランションと、当時シャロン＝シュル＝ソーヌ（Chalon-sur-Saône）で「文化の家」設立を準備していた哲学者フランシス・ジャンソン（Francis Jeanson 一九二二―二〇〇九）の連名で書かれ、賛同する公共劇場責任者の署名を添えて発表された。「宣言」は、学生や労働者が異議を申し立てた文化概念の再定義を試み、新しい公共劇場の活動方針を示している。

宣言は、それまでの公共劇場は、同時代を生きる市民のなかのごく一部の恵まれた人々のみに選択と相続が許される文化を扱ってきた、という現状確認から始まっている。そしてこの「袋小路」から文化を救うために、公共劇場は根本から方針を変更し、「非観客（non-public）」に働きかける文化行動に向かう、と明言した。すなわちこの宣言は、偉大な芸術に最大多数の人々を接近させようとする「文化の民主化」政策と、従来型の文化行動に、訣別を告げるものだった。同宣言は、マルローが「文化の家」に構想を託し、民衆演劇運動もまた重視してきた、古典的かつ普遍的な芸術を核とする文化をより多くの人に届ける公共劇場の営為をみずから批判し、文化を民主化や普及の対象とみなす考え方そのものも否定したのである。宣言は、日頃から劇場に親しんでいる観客とも、従来の文化行動が開拓を図ってきた潜在的な観客とも異なる、「非観客」に向かう公共劇場の新しい姿勢を明らかにした。

ここで「文化行動」は、人々を「政治化（politiser）」する行動として再概念化されている。宣言が示した文化行動とは、ジャンソン自身による後年の解説に拠れば、市民として行動するすべをもたなかった人々や公共から遠い周縁部に置かれていた人々が、政治的主体となることを助けて、都市の実質的な構成員となるよう促す試みだった(20)。「ヴィルユルバンヌ宣言」は、「非観客」に働きかけて、都市《シテ》の未来をつくる主体としての意識を覚醒することを公共劇場の新方針に定めた。以下に一部を抜粋する(21)。

以上の理由から、すべての文化的な努力は、それが「政治化」の企てであると明白に申し出ない限り、われわれにには無意味にしかみえない。〔政治化とは〕この「非観客」に向けて、休むことなく、〔彼が〕政治化し、みずから自由に選択するための機会を創りだすことである。人間が本来の人間性をけっして「ともに」創りだすことができない〔現状の〕社会システムが、彼の内面に出現させ続けている無能感や不条理感を乗り越えて。〔中略〕

文化という言葉がいまでもまともに受け取られ得るとすれば、それはこの言葉が、人びとの現状の関係性を変えるための介入の要求、つまりあらゆる人に対して少しずつ行われる積極的な探索、すなわち真正な文化行動を含意するからだ。〔中略〕

われわれが公共的な存在であることとわれわれの要求に関して唯一考えられる正当性は、関係性を構築して社会的な文脈を明らかにするという［劇場がもつ］役割にある。［中略］「能動的な文化」を語ることは、「弛まぬ創造」を語ることと等しい。生まれ続ける芸術の資源そのものを援用するのである。そして演劇は、人間の集団に向けて示される人間による集団的作品であるという意味で、あらゆる表現様式のなかでもすぐれた表現であろう。

以上の理由から、われわれのさまざまな取り組みの原理として、演劇創造と文化行動の緊密な連携の必要性を明確に示したい。というのも、前者は、対象とする人間集団により大きな現実感をもって向きあうために後者を必要としている。そして後者もまた、前者を必要とする。人間が直面する矛盾を神秘化せずに演劇作品として創ることは、社会の矛盾への認識を大いに高めてくれるからだ。

したがって、われわれは演劇活動（あるいはより一般的な芸術活動）と文化行動の間の弁証法的関係性の保持に努める。両者間に生じ続けるであろう矛盾のなかでさえも、双方の要求が互いにより豊かなものとなり続けるために。［後略］（「　」内は原文がイタリック体）

このようにヴィルユルバンヌ宣言は、現実社会で無力感をもつ「非観客」が、自立した政治的主体へと変化することを助ける創造活動を、公共劇場が行うべきだとする見解を明らかにした。そして、「文化行動」と緊密に連携する演劇創造に取り組む方向性を示したのであった。

右に取り出したテキストには、公共劇場が創造する舞台芸術を、人間どうしの関係性を変化させて社会を変革する文化行動の「資源」とみなす一節が含まれている。社会の矛盾に光をあてる演劇を通して、観客と「非観客」が社会への認識を改め、より自由に自身の行動を選択し、主体的な力を獲得する点に目標が置かれた。

だが、「宣言」に署名したアーティストたちは、「非観客」を政治的主体とするための芸術の「資源化」を真に支持していた訳ではない。演劇人たちの現実的な目的は、芸術創造環境を充実させる点にあり、それは宣言後半の大部分を公共劇場の予算増額要求が占める事実によく表れている、と指摘されている(22)。

「文化行動か芸術創造か」という問いは、ミッテラン政権の文化大臣ジャック・ラングのもとでアーティスト重視の方針が明らかにされ、明確に後者が重点化されるまで、繰り返し論争の的となった。だがここでは、「文化的発展」を実現する都市文化政策の七〇年代の展開に少なからず影響を与えたジャンソンの思想を、さらにほかの著作や発言を参照しながら、確認しておきたい。

2　起草者フランシス・ジャンソンと実存主義

宣言の起草者フランシス・ジャンソンは、ジャン＝ポール・サルトル（Jean-Paul Sartre 一九〇五—八〇）が主宰した雑誌『現代（*Les Temps modernes*）』の編集委員を務めた哲学者である。スイユ（Seuil）社の『永遠の作家たち（*Écrivains de toujours*）』叢書を編んだ実績などで知られ、人格主義の論壇『エスプリ（*Esprit*）』にも執筆した。ジャンソンは、人間は行動によってみずからを知ると考え、歴史をつくる主体としての人間の積極的姿勢を重視する実存主義思想家のひとりである。そして彼自身が、社会の現実のなかで直接行動する人物だった(23)。『現代』誌は、「アルジェリア解放戦線（FLN）」支援の立場を明確にしたが、ジャンソン個人は、フランス軍脱走兵を援助する非合法組織「ジャンソン機関（Réseau Jeanson）」を立ち上げて活動し、そのため一九六〇年に、懲役一〇年の有罪判決を受けている。逃亡先でアルジェリア戦争終結を迎えたジャンソンは、六六年の帰国後に逮捕され、恩赦を経て、演出家ジャック・フォルニエ（Jacques Fornier）の招きで、ブルゴーニュ地方で活動していた(24)。

ジャンソンは、ジャン＝リュック・ゴダール（Jean-Luc Godard 一九三〇—）監督の映画『中国女』（一九六七）に実名で出演しており、「文化行動」について次のように語っている(25)。

ジャンソン：つまり、私はひとつ文化的行動をやりたいと思ってるんだよ。［中略］

ジャンソン：なぜなら、この次元には、真になにかなすべきことがあるように思われるからだよ。今日の人間に、男にも女にも、世界をあるがままに受け入れることができるようにさせてやること。単に受け入れるだけじゃなくて、世界に働きかけ、指導力を持つことができるようにさせてやることが必要なんだ。(26)

現実のジャンソンは、六八年初頭に、文化省よりシャロン＝シュル＝ソーヌ文化の家設立準備を任じられ、七一年の開館に向けて、四〇キロメートル周辺圏域で文化の家と人々を結ぶための活動に着手している(27)。アルジェリア戦争をめぐる反国家的な罪を問われたジャンソンにこの職を命じたのは、マルローである(28)。スペイン内戦で共和派義勇軍に参加し、ナチス占領下ではレジスタンスを闘った経験をもつ文化大臣自身が、かつては行動する作家であったことが想起される。

ジャンソンは、「ヴィルユルバンヌ宣言」に自身の思想を反映させた文化観を盛り込んだが、七〇年代前半には、文化省が各地で開催した多数の研修で講師を務めている(29)。また、エクサンプロヴァンス大学技術短期大学部（IUT）、グルノーブル大学都市計画研究教育科、ディジョン大学でも教壇に立った。五月革命で示された新しい文化行動の思想は、著作のみならず人材育成活動を通しても、若い世代の実践者たちに直接伝えられたのである。

3　「耕された文化」と「耕す文化」、「観客」と「非観客」

「ヴィルユルバンヌ宣言」が示した「文化行動」の真意に迫るために、同年のジャンソンの発言を参照しながら、宣言の鍵概念である「非観客」をさらに検討したい。

まず「非観客」とは、どのような文化を想定した表現だったのか。ジャンソンは、一九六八年二月に南西部の都市トゥールーズのソラノ劇場（Théâtre Sorano）で開催されたフォーラム「今日の文化」で、「フランスの『文化革命』?・」と題する講演を行い、文化概念をより慎密に解き明かしている。同年五月の宣言は、「教養のある者（cultivés）」と「無教養な者（non-cultivés）」の対比から始まるが、二月の講演では、「耕された文化（culture-cultivée）」と「耕す文化（culture-cultivant）」が対置されている(30)。

「耕された文化」は、既に存在する文化的所産の総体であり、芸術作品や思想的な著作に相当する。しかし、人はこれを平等に分かち合ってはいない。「耕す文化」は、絶え間なく生まれる生きた文化であり、人のあいだに紡がれる関係性が、タペストリーのように織り上げられていく動きを指す。前者は伝達や相続の対象となるが、後者は日々生み出されてはすぐに超えられる人間の営為そのものである。この定義によれば、前者の文化に無縁な「非観客」も、後者の文化の紛れなき担い手である。

ジャンソンは、後者の文化を、サルトルが提出した概念「実践的惰性態（pratico-inertie）」に抗するものとして位置づけた(31)。「実践的惰性態」とは、本来は自由である人間が、「先行した諸世代の実践の結晶化」である階級の中に埋め込まれながら社会化されることによって、習慣や作法と化した精神の動きに無批判に従うようになり、みずから自由を遠ざけている状況を示す(32)。この軛を脱して、真に自由な自身の選択に基づいて行動することが、ジャンソンのいう能動的な「耕す文化」だった。前述のヘルシンキ会議で、デュアメル文化大臣が示した文化定義は、この「耕す文化」の議論に通底する。

さらにジャンソンによれば、これは個人の自由の問題のみに留まらず、自由意思によって同じ選択をした個人による共同実践という別次元の課題に通じている。講演では、サルトルも用いたエピソードとして、中国の農村で各人が無自覚に木を伐採して開墾した結果、水害が深刻化してすべてが無に帰した例を引き、個々人の自由選択がもつ責任の重さが強調された。「耕す文化」の核心は、真に自由に自身の行動を選択し、主体的に「世界を実践する」ことにある。

彼はまた、世界の現実からの逃避を「政治的異国趣味」と呼んで厳しく非難し、自分の居場所を足場として、眼前の現実から行動することの重要性を強調している(33)。ジャンソンは、一九六八年七月にユネスコがパリで開催した「人権としての文化的権利」専門家会議に招かれ「歴史はわれわれのものではないが、われわれから生まれる歴史もある」

と前置きしたうえで、「文化（culture）という言葉が意味をもつとすれば、それは文化によって人間が自分の有効性を実感し、自分の居場所に責任をもつ点だ」と述べている(34)。また、ローカルな現実に根ざす責任の自覚は、徐々に外向し、人類という最大の共同体にまで敷衍される普遍性をもつ、という見解も示した。

このときジャンソンは、文化行動を、「同時代人が、つまりわれわれ自身が、世界を現実に自分のものとし、歴史を人間の歴史にすることを可能にするための努力」だと定義している(35)。「非観客」とは、未だ「耕す文化」の主体にはなっていないが、歴史をつくる能動的な主体となる可能性をもつ人々である。公共劇場の新しい文化行動方針は、「生まれ続ける芸術の資源」をもって「非観客」に働きかけ、彼らの気づきと思考を促し、政治の主体としての潜在力を実現することを意味していた。そしてこの理論は、演劇作品を創造する劇団ともに、討論の場を用意してシャロン＝シュル＝ソーヌ近辺地域をくまなく巡ったジャンソン自身による現場の実践に裏付けられたものだった。

4　中心と周縁をとらえる視角

以上のようなジャンソンの議論を理解するには、一方で社会の構成変化という現実を、他方では一九六八年前後の理論的潮流を踏まえるべきである。

まず社会の現実としては、第二次世界大戦後に移民労働者の出身地が多様化し、とくに脱植民地化とともにその非欧州化が進んだ背景がある(36)。第一次石油危機で終止符が打たれた高度経済成長「栄光の三〇年」は、とりわけ北アフリカ出身者による安価かつ大量な労働力に支えられていた。またアルジェリア戦争とその終結は、旧植民地からフランスへの、大きな人口移動の流れを伴った。

理論的背景としては、第一に、文化的再生産の構造を明らかにした六〇年代以後の新しい社会科学の登場がある。ベルナール・フェーヴル＝ダルシエ（Bernard Faivre d'Arcier 一九四四―）は、六八年五月の出来事として、劇団「テアトル・ド・ラクアリウム（Théâtre de l'Aquarium）」の作品『相続者（L'héritier）』が、各地で上演された状況を論じている(37)。

学校での成功の大きな部分が文化的な遺産相続と家庭環境に左右されることを明らかにした、ブルデューとパスロンの社会学研究がこの戯曲の原案である。「相続者」と「非相続者」の対照を舞台上で非情に突き詰める演劇作品は、高等教育の場でごく日常的にみられる状況が、実際にはいかに不公正であるかを示し、みずからが「相続者」であることに罪悪感をもつ学生たちにとくに支持されたという。こうしたなかで発表されたヴィルユルバンヌ宣言の鍵概念「非観客（non-public）」は、「非相続者（non-héritier）」と読み替え可能であり、文化資本の再生産システムの外側で生きる人々を示したものだと理解できる。

第二に、反植民地主義の立場から出発した五月革命は、国内のさまざまな弱者や少数者の存在に光をあてた。一九六八年パリの変動を自身の経験として論じた西川長夫の分析によれば、五月革命は、「国内植民地主義」あるいは国内における「新植民地主義」がフランスで自覚される転機となった(38)。すなわち、支配と被支配の関係性は、植民者と非植民者という国民間の国際的な関係性であるのみでなく、まずは資本主義世界における、日常的な「内的実践」の問題なのだという認識が拡大したのだった。

西川は、サルトルが「フランスがいま行いつつあるのは、フランスが失った植民地を自国に再建しようとする努力である」と、フランス国内のアフリカ人労働者の状況を論じた事実をとりあげ、植民地的な内的実践の自覚が、ひとつには移民労働者をめぐる問題として焦点化されたことを示している。

また西川は、同じく五月革命の理論的支柱のひとりだったアンリ・ルフェーヴル（Henri Lefebvre 一九〇一—一九一）による議論にも注目している。「いくつかの地方、いくつかの集団（青年層）、諸階級のなかのいくつかの部分（労働者あるいは農民）」が「決定の中心、権力の中心、富の中心、都市の中心」によって植民地化されている、と論じたルフェーヴルは、この問題意識を六八年以後の空間論や都市社会学においてさらに深めた。

六八年五月は、国内社会に、あるいはより身近なひとつの都市内においてさえも、さまざまなかたちで存在している「中心-周縁」への認識を改める契機となったのである。

第三節　都市における文化行動——革新自治体の政策実践

ふたたびグルノーブルに戻り、一九六八年五月以後の都市文化政策の展開をみる。

前章で確認したように、デュブドゥ市政の基本方針は、個人に基礎を置く参加型地域民主主義の実現にあった。そのため、文化政策の主眼は「住民が住区と市自体の活動を活発化させる」条件づくりに置かれている(39)。「文化を受動的な消費と考える傾向」を斥けて「観客［public＝公衆］の一人一人を役者［acteur＝行為者］とする」方針が、市政第一期から掲げられていたが、これは「ヴィルユルバンヌ宣言」が示した文化行動に通じる方針である。

以下では、おもに七〇年代末に出版された調査記録に基づき、六八年以後のデュブドゥ市政の文化政策の概要と特徴をみる。

1　自治体文化政策調査研究事業

「文化憲章」は、文化政策実施における国と自治体の協力内容を契約化した。署名第一号都市グルノーブルの「文化憲章」のひとつの特徴は、調査研究に主軸を置いた点にあった。一九六五年以後の市の文化政策を多面的に検証する目的で実施された調査項目を、表5に示す。文化環境省調査研究課とグルノーブル市評価プログラム課が、七六年から三年間実施した調査の成果は、『グルノーブルの文化の冒険 一九六五—一九七五』として七九年に出版された(40)。

2　文化政策の基本方針と文化予算の推移

同書によれば、一九七五年時点における市政府の文化政策基本方針は、以下の通りだった。

・「最大多数の人」のための文化：少数の恵まれた層や、世代、経済状況、地元出身者と転入者、中心部住民と周縁部住民などの観点からみて一定の層に、文化機関が独占されないようにする。
・文化行動と他分野政策の統合：都市計画、教育、社会事業などと関連づけて総合的に機能させる。
・文化施設の内部と外部の障壁をなくす：文化の専門家を孤立させない。文化行動が周囲の環境に届くようにする。

一九六四年から七四年の一〇年間で、市の予算は実質的に一・七倍増であったのに対し、文化予算は三・三五倍に拡大した。七四年に、文化予算が総予算に占めた比率は一三・二一パーセントであった【表6】。

3　調整役としての市政府

デュブドゥ市政の文化政策の最大の特徴は、アソシアシオンや企業に文化施設・事業の管理運営権限を最大限に持たせる共同管理方式を、市政開始時から明確に選択した点にある。市民運動を母体とした市政府がもっとも重視したのは、市民社会の創意を市政運営に最大限に反映させるための、調整役となることだった。

一九七六年初頭の調査では、四〇八人の「文化活動推進者《アニマトゥール》」が、市内の図書館、音楽機関（器楽アンサンブル、音楽教育）、劇場、バレエ団、美術館、博物館、文化の家、青少年文化の家、児童館、地域センターのほか、企業委員会、フランス・アルジェリア協会、移民労働者支援事務所、高齢者福祉事務所など、六一組織で活動していた[41]。文化活動推進者《アニマトゥール》の活動の場は、六〇年代末から七〇年代初頭にかけて急増している【図6】。

市の行政組織内には、文化関係情報の収集と流通を担当する係が置かれた。この係は、七四年には「文化関与課（Service d'intervention culturelle）」に改組され、市政府が優先する文化行動のために、各地区で活動するアニマトゥールを束ねて、チームを組織する役割を負った。

表5　1975年「文化憲章」によって実施された調査項目

	調査項目	担当者
1)	グルノーブル市文化表作成	Claude Fabrizio
2)	文化担当副市長 B. ジルマン氏インタヴュー	Bernard Chardère
3)	文化予算および社会文化予算の推移（1964–74）	市評価プログラム課 文化省調査研究課
4)	特殊研究	
	ACTA, Comédie des Alpes、文化の家、CDNA の演劇活動	Claude Fabrizio
	文化行動と学習環境	Louis Raillon
	地域施設の社会文化的機能	Claude Fabrizio
	公共図書館・読書振興	Claude Fabrizio
	科学事業	Philippe Avenier
	ミュージアム、パブリックアート	Claude Fabrizio
	市立劇場、若い劇団	Claude Fabrizio
5)	グルノーブルの音楽生活	Jean-Claude Foulon
6)	グルノーブル美術館来館者調査	J. -F. Barbier-Bouvet
7)	グルノーブルのアニマトゥール情報	Philippe Avenier
8)	文化アクターからみた市の文化政策と社会文化政策	Pierre Gaudibert Francois Ohi
9)	市の文化サーヴィスはいかに住民に受容されているか	Jacques Antoine Philippe Avenier
10)	1965年以降の文化事業リスト／社会文化情報資料センター所蔵文献目録作成	

［出典：*Dix ans d'action culturelle à Grenoble 1965–1975, Element pour un bilan* より筆者作成］

表6　グルノーブル市予算と文化予算の推移（1964–1974）

	市の全体予算*	指数**	文化予算*	指数**	文化予算比率
1964	94,250,451	100	6,316,691	100	6.70%
1966	177,190,840	188	10,663,907	169	6.01%
1969	360,979,220	383	21,644,572	343	5.99%
1972	155,314,910	165	20,741,934	328	13.33%
1974	160,225,760	170	21,174,000	335	13.21%

* 単位：不変フラン（物価上昇などによる貨幣価値の低下を考慮して調整した算定額）
**1964年を100とした変動指数

［出典：*Une Aventure culturelle à Grenoble* 1965–1975, p.43 より筆者作成］

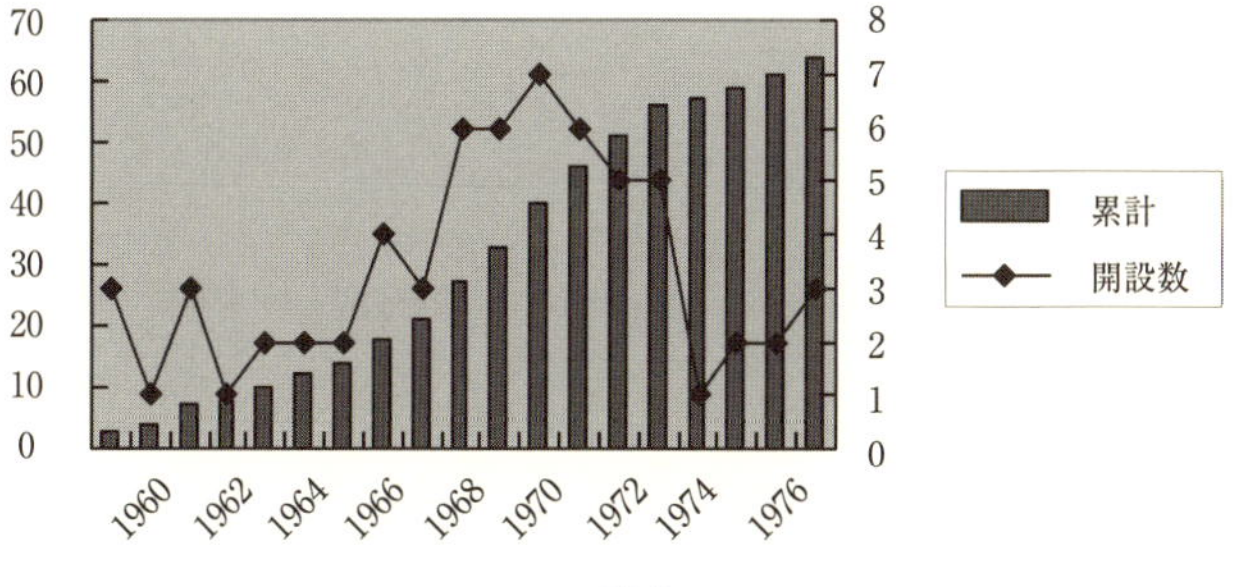

［出典：*Dix ans d'action culturelle à Grenoble 1965–1975, Eléments pour un bilan* より筆者作成］

図6　文化活動推進者《アニマトゥール》が働く組織数推移

4　社会的格差への配慮

「最大多数の人のための文化」を目標とした市政府は、社会的格差が文化機関の利用に反映されないための配慮を行った。たとえば、市営の音楽教育機関《コンセルヴァトワール》では、裕福な層が住む地区や機関近隣の住民だけでなく、市内全域の希望者が音楽教育を受けられるように、レッスン時間の調整を行っている。一九六〇年代末から六年間の取り組みによって、初等科（日本の小学校二、三年生相当）からリセ最終学年までの生徒全数の約七分の一がコンセルヴァトワールで音楽教育を受けたとの記録が残る(42)。

一方、受講生（六歳から一一歳）の家庭環境や居住地区に関する調査では、階層的な分布がさほど変化しなかったという分析結果も報告されている。これを受けてコンセルヴァトワールは、「もっとも恵まれない階層の子どもたちを優先する」ための施設外講座を、七五年に開設した。

後述する都市公共空間での事業もまた、社会的格差への問題意識に基づいて行われた側面がある。市政府は、文化施設内での文化行動は、施設を訪れない市民と利用者の間に新たな格差を生む恐れがあると考えており、これを補完する目的からも、施設外での文化行動を重視した(43)。

5　「都市への権利」の実現

前章でみたように、デュブドゥ市政の都市整備事業は文化政策と連動していた。文化担当副市長ジルマンは、「文化行動は新しい表現形式をとらなければならない。地区やまちをつくることは、きわめて文化的な行為ではないだろうか?」と一九七〇年一〇月に発言している(44)。

ここには、六八年「五月革命」前後に広く支持された都市論の反映をみることができる。デュブドゥ市長による都市政策論の核心は、「都市使用者」である市民が都市計画に参加することを通して、国主導で行われてきた数量的・

技術的計画とは異なる次元で、社会的かつ質的な「都市の発展」を自律的に実現する点にあった(45)。その起点は、アンリ・ルフェーヴルによる「都市」の定義、すなわち「文化・制度・道徳・価値を伴った一社会全体の、土地への反映」におかれている。

六八年に発表されたルフェーヴルの都市論『都市への権利』は、産業化社会において進行する空間の商品化や「交換価値」への還元を暴き、消費社会に従属させられた日常生活における疎外を批判するものだった(46)。人間に圧倒的な力を及ぼす空間の重要性を指摘し、都市をその「使用者」である人間の手に取り戻し、経済的な「交換価値」に対して「使用価値」の優位性を確立すべきである、と主張している。

都市のもつ象徴的な次元、あるいは媒介《メディア》として、祭りの場として、出会いの場としてのその「使用価値」を高める。また、遊びやアートを通して、人々が創作に参加する「作品」としての都市を実現することによって、時間、空間、そして身体の感覚を通して、都市を「我有化」する。そのような「都市への権利」の実現を論じたルフェーヴルの都市論は、現代社会における個人の主体性を回復する「人間主義」を追求していた。

六七年夏の彫刻シンポジウムは、まさにこの意味で、都市の「使用価値」を高める試みだったと言える。六八年冬季オリンピックのための都市整備事業によって新しい公共空間が出現した後は、昼休み時間帯の都心部で開催された無料イベント「一二時—一四時プロジェクト」のような新たな試みも行われている。また七一年からは、夏のフェスティヴァル「祝祭都市（la Ville en Fête）」が、毎年開催された。「文化の家」が手がけた事業企画には、新たな舞台を都市空間に求めるようになった当時の新しいパフォーミング・アーツの潮流がとりいれられていくが、これについては次節で詳述する。

6　少数文化の尊重

一九七〇年代にはいると、市の文化政策は、文化的な多様化が進んだ社会構成の変化を反映する形で、従来のフランス社会の「主流」文化からみて周縁的な立場にある都市内の社会集団に、より細やかな目を向けている。

一九七三年にグルノーブルで設立された、「マグレブ民衆劇場（Théâtre Populaire Maghrébin, TPM）」は、演劇を通して文化的少数者に働きかける取り組みであった。この劇団は、市内の北アフリカ出身者とともにアラビア語で演劇作品を創作上演する活動を通して、外国人固有の状況に根ざす問題に向きあった。ここで市政府とアニマトゥールたちが重視したのは、作品の内容そのものよりもむしろ、参加者に表現の機会と周囲との和解の機会を提示し、「孤立感や拒絶されている感覚を埋めること」だったと説明されている。

七四年に市政府内に設置された「文化関与課（SIC）」が手がけた事業のなかでも、マグレブ系アニマトゥールが実行する、マグレブ系移民を対象とした文化行動への支援は、政策的な優先項目とされた。

7　文化多元主義の確立

一九七〇年代に市内で実現した事業には、文化を多元的にみる視点が投影されている。その一例は、六八年に開館したドーフィネ博物館の展示に求めることができる。市政府は、七一年にアヌシー市から、学芸員ジャン＝ピエール・ロラン（Jean-Pierre Laurent）を招致した(47)。ロランの着任後は、グルノーブルの伝統産業や近郊のアルプス山地の民衆の暮らしをとりあげる特別企画展が、館の活動の中心を占めるようになる。「オアザンの行商」「光と火」「手袋職人の手」「高地の人々」「斧、グルノーブルの黒檀家具職人」「山の子どもたち」「ケーラス地方の記憶」「グルノーブル市民の小説」「シャルトルー、砂漠と世界」など、旧ドーフィネ地方の歴史と生活文化を紹介する展示は、市民の関心を集め、開館以後漸減していた来館者数が増加に転じた。

七五年以降は、市民の多様なルーツを反映する企画が増え、南イタリア、ギリシャ、アルメニア、マグレブ諸国などの文化を紹介する特別展が次々に開催された。博物館は、展示テーマごとに地域内の各関係コミュニティと協力関係を築き、彼らが参加する協同企画チームを編成して展示を構成した(48)。当時のドーフィネ博物館が掲げた方針のひとつは、「自己の再発見」であり、展示を通して博物館と来館者の間に対話を生み出す取り組みが行われた。

博物館のこうした活動が支持された背景としては、六八年「五月革命」以後のフランス社会に、大量消費社会を否定する動きとともに、伝統的な生活文化や少数文化への評価が高まる傾向があったことが指摘されている(49)。既存の社会体制への異議申し立てからは、「土地への回帰」という新しい欲求が起こり、とくに若い都市住民が農村的な文化価値に目を向ける動きが生まれていた。

人々の文化をみる眼を変化させたより大きな文脈としては、社会学者の宮島喬が指摘したように、六〇年代から七〇年代の西欧社会で経験された「エスニック・リバイバル」と呼ばれる国際的な変動があった(50)。スコットランド、ウェールズ、フランドル、カタロニア、スイス・ジュラなど、複数国内の少数文化地域から経済的社会的平等への要求が噴出し、これとともに文化的アイデンティティが高揚した。フランスにおいても地域文化運動が興隆し、七〇年代初頭には、はじめて学校教育で「地域語教育」が認められるなど、地域少数文化への社会的認知は、高まりをみせた。近現代史のなかで、固有の言語や文化を抑圧された経験をもつ地域では、否定的なアイデンティティと現実問題としての経済後進性がしばしば重なっており、そのために文化的要求と経済的要求が結びついて運動は活性化した(51)。

デュブドゥ市政は、少数文化地域が地域言語や文化的アイデンティティを求めた同時代の社会運動を、明確に支持していた。たとえば市文化関与課（SIC）は、七五年三月に、「闘う文化（les cultures en combat）」と題した地域少数文化会議を主催している。アルザス、ブルターニュ、カタロニア、コルシカ、オキシタニ、バスクの代表者が、グルノーブル文化の家で一堂に会し、約三週間にわたってパネルディスカッションや研究報告を行ったほか、地域言語によるシャンソンや演劇も上演された。会議を紹介する記事には、「メイド・イン・パリの文化粉砕」と副題がつけられている(52)。それによればこの事業は、高度な集権国家だった地方分権化以前の当時のフランス国内に、文化的言語的な多様性が存在している現実を明示することを目的としていた。複数の文化を多元的に尊重することは、「新しいヨーロッパの顔」を求める動きである、と説明されている。

第四節　文化行動機関の活動と議論

五月革命に伴い再概念化された公共劇場による文化行動は、一九七〇年代の社会的経済的現実のなかで、「文化行動機関（ＥＡＣ）」の活動にいかに反映され、都市文化政策全般にどのような影響を与えたのだろうか。デュブドゥ市政の文化政策において、文化の家の活動と組織は、とくに重要な役割を担っていた。

１　グルノーブル文化の家（一九六八年二月開館）

グルノーブルの「文化の家」は冬季オリンピック開催に合わせて、一九六八年二月に開館した。八万五〇〇〇平方メートルの建物、一五〇〇席の大劇場、三〇〇席の小劇場と可動舞台、複数のアトリエ、稽古場、事務所を備えた同館は、アンドレ・ヴォジャンスキー（André Wogenscky 一九一六―二〇〇四）の設計による専用建築であり、職員八八名を擁した地域最大の文化機関だった。

グルノーブル都市圏における文化の家の存在感は大きかった。当時の市の人口約一五万人に対して、文化の家アソシアシオンの会員数は、開館から一九七五年までの期間に三万人弱から三万六千人強で推移している。七〇年時点では、約三〇〇のアソシアシオンが協会の団体会員として登録しており、このほかに約一五〇の企業委員会も連なっていた(53)。市民運動に支えられた設立経緯を背景に、初期のグルノーブル文化の家は、地域内のさまざまな市民活動を抱合する社会運動体的な性格を有していたのである。

劇団「コメディ・デ・ザルプ（Comédie des Alpes）」は、文化の家の開館時に、常駐劇団として契約を結んだ。ＡＣＴＡが設立したこの劇団は、その後七二年に文化省の認証を受けて、国立演劇センター（ＣＤＮ）となった。「アルプ国立演劇センター（ＣＤＮＡ）」は、ディレクターを務める演出家とセンターを構成する劇団の交替を経て、現在も公共劇場として活動している。

文化省の「文化の民主化」政策の拠点として設けられた文化の家は、グルノーブルでは開館まもなく五月革命の影響で閉鎖された。同年夏に本格的な活動を開始したグルノーブル文化の家は、以後ほぼ月刊で、広報誌『ルージュ・エ・ノワール（Rouge et noir 以下R&Nと略記）』を発行し、翌月のプログラム紹介と詳細な作品解説に加えて、運営をめぐる関係者の議論や論考を発信した。六八年九月時点での発行部数は、三万部である。

写真2　グルノーブル文化の家（MC2）

同誌によれば、当時の文化の家の基本プログラムは、演劇、映画、音楽、美術展、講演を柱として構成されている。演劇（古典劇、二〇世紀初頭の戯曲による作品、同時代作品）、音楽（オペラを含むクラシック音楽がメインだが、シャンソンやジャズなども含む）、舞踊（バレエ、コンテンポラリーダンス）の各分野の第一線で活躍するアーティストを迎え入れて、市民に多様な鑑賞機会を提供した。一方、これらの企画と組み合わせて、六九年五月のキューバを皮切りに、アメリカ、スペイン、チュニジア、インド、セイロン、チェコ、イタリア、アフリカ、中国などの海外文化特集を継続的に組み、とくに「第三世界」と位置づけられた国の文化を多く紹介した。また、都市圏内の研究・教育機関に勤務する会員の協力で、科学をテーマにした講演会や展示が多く開催された点は、地域性を反映した特徴である。

『R&N』は、六八年「五月革命」で再概念化された文化行動がその後いかに実践されたかを示す具体的な記録としても読むことができる。初代文化大臣マルローが、国民議会演説において「宗教とはまた別の、人々が持つ最高のものに出会うために皆が集まってくるカテドラル」（一九六六年一〇月二七日）と表現し、一九六〇年代の文化省が作成した運営組織アソシアシオン定款モデルでは「あらゆる分野の芸術・文化を、その最高の水準において追求し、創造し、普及する場とならなければならない」とされた文化の家だったが、六八年に開館したグルノーブルでは、五月革命後の新しい文化概念を反映させながら、当初の文化省構想とは異なる方向性の事業が展開されることになった。

2　館外活動の進化

グルノーブル文化の家は、館内で実施されるプログラムのほかに、壁の外（hors les murs）での開催事業にも初期から力を注いだ。一九七〇年七月の『R&N』第二〇号によれば、企業、住区連合（unions de quartiers）、民衆教育機関、教育機関、そのほか地域内アソシアシオンの協力で実施された館外活動の総数は、六八年一〇月から翌年五月のシーズンで計一七〇件、六九年―七〇年シーズンでは計二〇七件に上る(54)。

事業内容としては、文化の家に来演したアーティストが近隣機関に出向いたアウトリーチ型の事業が多い。たとえば七二年には、ジャン・ダステが、グルノーブルに隣接するサン・マルタン・デール（Saint-Martin-d'Hère）社会センターでワークショップを開催している。ダステは、現代詩や政治家のスピーチ原稿を題材に、仮面を用いた実演を交えながら演劇の特質を解き明かし、会場と質疑応答を行った(55)。ただし約五〇名の観客の大半は、すでに「演劇に親しんでいる者（initiés）」であり、センターが行う文化活動推進《アニマシオン》や口頭表現ワークショップの経験者だったと記録されている。民衆演劇出身の演出家であるダステにとっても、解放期のグルノーブルや、ディレクターを務めるサンテティエンヌ国立演劇センターで、長年取り組んできた活動の延長線上にある事業内容である。

その一方で、六八年以後の芸術界の動向を反映する企画も徐々に現れる(56)。六九年四月の『R&N』第九号は、六八年のアヴィニョン・フェスティヴァルに登場して、ブレヒト戯曲を大胆に翻案した『アンティゴネ』の上演や、『パラダイス・ナウ』での挑発的な異議申し立てで一大センセーションを巻き起こしたニューヨークの劇団「ザ・リヴィング・

シアター（The Living Theatre）」を特集し、さまざまな都市空間で展開されるパフォーマンスを紹介した。六九年五月の文化の家には、同劇団とともに、前年のナンシー（Nancy）演劇祭に招かれた「ブレッド・アンド・パペット・シアター（Bread and Puppet Theater）」も来演している[57]。これらのアメリカの劇団の作品は、観客との直接の接触からもたらされる半即興的な要素を含み、しばしば反権力や反戦の強いメッセージ性を帯びていた。いずれも、六〇年代末にフランスの大道芸／街頭劇が、都市空間を舞台として市民と独創的な出会いを求める活動を開始し、以後同国で舞台芸術のひとつのジャンルとして確立されていった過程に直接的な影響を与えたことが指摘されている[58]。新時代を切り開いた存在である。

写真3（上・下）「祝祭都市」（1972年、市内サン＝タンドレ広場）
［出典：© MC2: Grenoble Archives et ressources numériques <http://webmuseo.com/ws/mc2 >］

こうした実演芸術の新しい潮流は、グルノーブルにおいては、文化の家の企画事業として、オリンピック前に整備された新しい公共空間で展開された。七一年より毎年夏に開催された野外フェスティヴァル「祝祭都市（la Ville en Fête）」では、ダンスや子ども向けイベントが行われたほか、カフェのテラス、市内の複数の広場、オリンピック村など、都市のいたるところで道化や火吹きの芸が繰り広げられた。中心街の広場では前衛的な現代バレエが上演され、野外映画上映も行われている。伝統的なサーカスから転身し、公共空間で観客と触れ合うことを選んだ芸人たちも、文化の家の招きで、グルノーブルのまちに登場した。そのひとりは、「都市をより人間的にし、街路のイメージをより美しく生き生きとしたものにする」役割を自任する記事を寄稿している(59)。ルフェーヴルの「都市への権利」に通じる、アーティスト自身によるマニフェストである。

3　表現力と社会関係構築力を育む

五月革命で提出された「非観客」の概念が、グルノーブル文化の家の事業にもっとも明確に反映されたのは、第二代ディレクター、カトリーヌ・タスカ（Catherine Tasca 一九四一―）の在任期間（一九七三―七七）である。タスカは、デュブドゥ市政府の要請を受けてグルノーブルに着任した。国立行政学院（ＥＮＡ）卒業と同時に文化省勤務を選択した第一世代のひとりであり、一九六七年の入省後は、同省の文化行動政策担当者としてグルノーブル文化の家設立に関わった中央政府官僚であった(60)。

タスカは、着任時の寄稿記事で、中央からの観察者ではなく地域の現実の中での責任者として文化行動を再発見したいと願ったこと、そして都市の発展のために重要性を増す文化行動にとって、グルノーブル文化の家が比類ない条件を備えていることを、赴任を志望した動機として挙げている(61)。中央からの「落下傘事業」ではなく、地域の集団的アプローチによって設立された経緯をもつグルノーブル文化の家が、地域の文化的生活を支える複数の組織、施設、人材のネットワークに組み込まれている点に、タスカは期待を寄せていた。またタスカは、都市文化政策に関わるさまざまな主体との交渉のなかで、文化の家は独自の役割を見いださねばならないという「制約」を認識しており、まさにその点に独自の可能性を見ていたのであった。

ディレクターとなったタスカは、文化の家の活動を地域の文化ネットワークに組み込む方針とともに、「都市の文化的発展の必要性」に応える創造・普及活動を行う姿勢を堅持した(62)。地域社会の精緻な観察に基づいて、タスカが率いた文化の家がとくに注力したのは、個人および集団の表現力や社会関係構築力を育てる事業と、一定の社会集団の表現を助ける活動である。

タスカによれば、表現に困難を抱えることは、個人の発展と社会参加や職業生活にとっての重大な障害である。そして現実に問題を抱えている者の多くは経済弱者であり、ここには明らかな不平等が認められる。文化の家は、この課題を「個人と集団の文化的発展」の鍵ととらえており、労働者向けの文章表現ワークショップや口頭表現ワークショップを数多く開催した。成果の一部は、『エクリチュール75（*Ecriture 75*）』と題された文学作品集として出版されている(63)。

写真4　レ・コメディアン・エミグレ・ド・グルノーブル公演（1977年文化の家）［出典：© MC2: Grenoble Archives et ressources numériques <http://webmuseo.com/ws/mc2>］

さらに文化の家は、文化活動推進《アニマシオン》は経済、社会、哲学的問題と切り離せないとする立場から、地域内のさまざまな社会集団内に議論を喚起する活動にも着手している。文化の家は、コミュニティの現実を反映させた作品を創作上演し、人びとの課題対応力を広げる活動に可能な限りクリエーターの参加を求めた。タスカは、こうした普及活動は、受容者である社会集団の側に表現への意欲を生み、みずからが創作しようとする流れに速やかにつながるという考えを示している。

また当時の文化の家では、市の助成を受けた劇団「レ・コメディアン・エミグレ・ド・グルノーブル（Les comédiens émigrés de Grenoble）」が、アラビア語の戯曲に基づく演劇作品を創作し、フランス各地に巡演していた(64)。観客は、フランス語の説明で作品上演を楽しんだ。

これらの記事は、「ヴィルユルバンヌ宣言」が示した文化行動、すなわち公共劇場で「生まれ続ける芸術の資源」を「非観客」の「政治化」に活かす活動が、グルノーブルで現実に行われていた実態を示している。

ジャンソンは、彼の活動をもっとも支持した文化省官僚としてタスカの名を挙げているから、ここにも両者の文化行動ヴィジョンの共通性をみることができる(65)。

4　文化行動と芸術創造の葛藤

一方、ジャン・コーン(Jean Caune)によれば、一九六八年五月のもっとも重大な影響のひとつは、芸術を媒介とする社会変革を求めた者と、芸術を創造する者の対立が先鋭化した点にある(66)。グルノーブルにおいても、文化の家の活動は、地域内に「芸術創造か、文化行動か」という論争を引き起こしていた。

グルノーブル出身の演出家ジョルジュ・ラヴォーダン(Georges Lavaudant 一九四七―)は、七六年にミシェル・ギィ文化閣外大臣より「アルプ国立演劇センター(ＣＤＮＡ)」の共同ディレクターに任命された。ラヴォーダンは、八〇年代初頭に若手演出家の代表格として頭角を現し、そのすぐれてラディカルなイメージ演出によって世界に知られることになるが、彼の公的なキャリアは、タスカが率いた時期の文化の家を拠点として始まったのである(67)。文化行動の制約を受けない芸術創造を求めたラヴォーダンは、文化の家の方針を真っ向から批判し、協定の範囲を超えた施設利用を要求した。これに対して、文化の家側は、演劇プログラムおよびＣＤＮＡとの関係の見直しを行った。広報誌上でも、文化行動と芸術創造がいかに関わるべきかについて白熱した議論が展開されている。両者の主要な主張を追ってみよう。

タスカは、七七年秋の任期終了時の記事でみずからの活動を振り返っているが、ここで文化の家が果たす役割を再確認し、これを軽視するＣＤＮＡは、文化の家の活動を妨げないよう専用施設で活動すべきだと論じている(68)。

タスカによれば、文化の家は、「創造、普及、文化活動推進《アニマシオン》」を通して観客(publicには人々という意味もある)の間の関係性を変化させるという、独自の社会的役割を果たすべき文化機関である。文化の家は、地域固有の文脈をじゅうぶんに把握したうえで、生産と消費が分離する事象と闘い、観客とアーティストの間に生きた交流を生み、「能動的な文化（culture active）」への道を切り拓く公共の使命をもつのであり、したがって、各社会集団に固有の表現様式や職業上の制約、課題や期待、そしてその文化的プロジェクトの意義を理解したうえで、彼らとの対話の構築に努めなければならない。

またタスカは、文化の家による芸術「普及」事業は、独特の選択を伴うと考えていた。すなわち文化の家には、良質のプログラムを観客に提供するだけでなく、知名度が低く市場に流通しない作品や、マスメディアと無縁の抑圧された少数文化をとりあげる役割がある。この観点からしても、地元で創造される作品はもっとも重要であるから、文化の家で行われる芸術創造は、社会の現実に想を得ながら、地域の人々との対話を通じたコミュニケーションを作品に反映させねばならない。こうした考え方に基づいて、グルノーブル文化の家は、多くの現代作家の参加を得ながら数々の試みを実現してきたが、ほかならぬ常駐劇団であるCDNAが、この方針に賛同しなかった[69]。そのことは、文化の家の活動に支障をきたすことさえあった、とタスカは述べている。

七六年から文化の家アソシアシオンの理事長を務めていたのは、タスカとは国立行政学院（ENA）の同窓で、財務省所属の国家公務員ドミニク・ヴァロン（Dominique Wallon 一九三九―）であった[70]。次号にはヴァロンが寄稿し、ラヴォーダンの主張を引用しながら、これに明確な反論を加えている。

ラヴォーダンは、CDNAの広報誌『テアトル／ディスクール／イマージュ（Théâtres/ discours/ images）』に「労働者も移民も煩わしい――j'ai mal à l'ouvrier ; j'ai mal à l'immigré」と題した署名記事を掲載していた。ここでラヴォーダンは、CDNAによる文化の家施設利用限度の規定について「パートナーの活動を休止させて、排除するための神経戦だ」と述べ、「教育や医療の怠慢を文化の家によって糊塗すべきではない。プロの力が二義的な仕事に浪費されている。文化行動は左翼の良心の呵責を典型的に表すものだ」と主張していたのである。

これに対してヴァロンは、まず文化の家の活動の中心は社会文化活動推進《アニマシオン・ソシオキュルチュレル》ではなく、大半の活動は、芸術普及事業および現代の芸術創造支援事業に相当する、とラヴォーダンの理解を正した[71]。そのうえで、文化の家は、フランス社会における支配的な文化から排除されている社会集団に向けて、芸術創造との出会いと対決（confrontation）の機会を設ける仕事を、断じて二義的なものであるとは考えていない。彼らがみずからを取り巻く社会状況や共同体固有の文化実践について考える機会をつくり、より豊かな思考の手助けとなる活動は重要である、と主張した。

タスカと同様にヴァロンもまた、CDNAは独自の施設で活動すべきだと結論づけた。ただし、それは文化の家の活動を妨げないためではなく、CDNAと文化の家が、互いの方向性の差異を明確にしたうえで、独立した施設と方針をもちながら、健全な協力体制を築くためである。ヴァロンによれば、文化の家の側が演劇を文化行動のアプローチに組み入れようとしているのに対して、CDNA側はこれに明らかに関心がなく、演劇創造そのもので事足りると考えている。CDNAが望むのは、クリエーター個人の世界観に基づく新しい演劇作品を創造し、受容を実現することである。この点を認めたうえで、ヴァロンは、ラヴォーダン作品の芸術的クオリティを高く評価し、彼の作品が社会の現実を多様な形で反映している意義を強調している。

タスカとヴァロンは、このように文化行動の目的を共有していたが、「非観客」に働きかける方法については異なる見解をもっていた。タスカが、創造プロセスにおけるクリエーターと「非観客」の直接的な交流を重視したのに対し、ヴァロンは、たとえアーティストがそうしたプロセスを斥けたとしても、社会的現実を映す優れた作品を生み出す存在である以上、彼らの活動の自律性を保障しながら違う形で両者の協力関係を築く必要がある、と論じていた。グルノーブル文化の家を拠点とする新世代アーティストの活動が活発化するとともに、創造と文化行動をめぐる議論も蓄積されている(72)。そして一九七〇年代に異なる立場からグルノーブル文化の家の運営に関わったふたりの中央政府官僚は、まもなく国の文化政策をリードする役割を負うことになる。タスカは、後に社会党所属議員として活動し、ジョスパン内閣では文化大臣を務めた（二〇〇〇–二〇〇二在任）。そして次章でみるように、ヴァロンは、ミッテラン政権初期の文化省内で「文化行動機関（EAC）改革」を推進する責任者となり、そこではグルノーブルの経験の反映が試みられるのである。

まもなく開館一〇周年を迎えたグルノーブル文化の家では、七八年五月に「文化行動の一〇年フォーラム」が開催された。ここでは文化の家設立が地域内に文化政策を策定する動きをもたらしたという認識に基づいて、グルノーブル都市圏とイゼール県内の文化的社会的変容に文化行動が果たした役割が議論され、その成果が出版された(73)。

5　文化の家の危機

一九七〇年代後半の文化の家は、全国各地で存続の危機に立たされていた。第一次石油危機によって高度経済成長期「栄光の三〇年」が終焉したことが、第一の要因である。高インフレと高失業率に直面したフランスで、七四年から八〇年の物価上昇率は、年平均一一・一パーセントにも達した(74)。ジスカール＝デスタン政権期の中央政府は、地方における文化政策展開に関して消極化する一方であり、文化の家助成にインフレ率に見合う増額を認めなかったため、文化の家予算は、実質的には減少に転じたのである。

全国の文化の家関係者は、七七年一〇月一九日にパリに集結し、「文化の家擁護のための全国行動」を組織して、有権者や議員に向けた大規模な示威運動を行っている(75)。グルノーブル文化の家理事長ヴァロンは、全国文化の家連合会長としてこれを率いた。しかし、翌年四月に示された決定は、文化省内の文化の家担当部局を切り離して、青少年・スポーツ・余暇省に併合する改組案であり、続いてアソシアシオンによる運営方式を見直す方針も明らかにされた(76)。六八年に全国で初めて開館したル・アーヴル文化の家が、予算不足のために七八年秋に一カ月休館すると、危機感は全国でさらに高まった(77)。

七九年夏の『R&N』第一〇五号は、「文化行動　終焉?」と題した特集を組んでいる(78)。ここで理事長ヴァロンは、当時の中央政府の文化政策を厳しく批判し、パリに集中する卓越した文化施設は重視するが、一般大衆の実質的な文化的実践や、日常の社会生活における想像力、プロの芸術家と観客の出会いには無関心だと訴えた。この号は、文化の家協会と地域内の複数アソシアシオンによる共同声明として、「文化行動、芸術創造、民衆教育の危機」を訴えるパンフレットを添えて、読者に支援表明の署名を求めている。秋の第一〇六号は、文化大臣ジャン＝フィリップ・ルカ（Jean-Philippe Lecat、在任一九七八―八一）の「文化の地方分散化は時代遅れの政策」という発言を掲載し、読者に国の文化政策への抵抗を呼びかけた(79)。中央政府は、一九七九年シーズンの助成として前年比九パーセント増の予算を示したが、グルノーブル文化の家は、実質的には運営予算減となるこの案を受け入れず、市助成と同率の一五パーセント増を文化省に要求して、二年連続でデモを行った。翌年秋号には、文化大臣宛の嘆願書署名用紙が折り込まれており、デュブドゥ市長を筆頭に、近隣自治体首長、議員、大学関係者、アーティスト、労働組合、企業委員会、民衆教育団体の代表者ら約一五〇名が連名で、市民に賛同を呼びかけた(80)。その結果、約一万人の署名が集まったと報告されている(81)。

これらの記事は、全国の地方都市で文化の家の存続を求めた者が、七〇年代後半に文化省との間で経験した葛藤を示している。闘争のために超地域的な連帯が形成され、そのプロセスでは、グルノーブル文化の家、なかでもアソシアシオン理事長のヴァロンが主導的な役割を果たした。

ただし七〇年代末の文化の家の危機には、制度存続問題とは別の側面があったことが知られる。第六次国家計画文化問題委員長エマニュエルの皮肉な表現によれば、当時の文化の家の専門組織内部には、「官僚主義的な多血症」が発生していたのである(82)。専門職員が同じポストに長く留まる傾向が強まり、活動の意義よりも、自身の身分や待遇を重視する「職業化」や「組合主義」がみられるようになった。多数の職員を擁する組織では、経常費の比重増加が事業予算を圧迫しており、現状維持への固執を乗り越える改革の実現は困難を極めたとされる。

七〇年代末から八〇年代初頭に、「文化行動機関（ＥＡＣ）」のアニマトゥールから「活動家《ミリタン》」的な戦闘性が後退したことは、別の論者にも指摘されている(83)。六〇年代初頭に文化の家が創設されて以来、ＥＡＣは、「文化の民主化」に始まり、個人および集団の市民力の実現、そして世界変革に参加する主体としての意識覚醒にいたるまで、人々と文化をさまざまに関係づける文化行動の実現に取り組んだ。だがこうした理想は、いずれも現場の担い手の献身を前提条件としていたため、現実はときに深い失望をもたらしたのだという。文化行動は繰り返し危機に瀕し、そのたびにＥＡＣの存在意義が問い直された。

グルノーブル文化の家では、八一年一月のアソシアシオン理事会で、その一年前に第四代ディレクターに就任した元文化担当副市長ジルマンと理事長ヴァロンが、抜本的な組織改革構想を発表した(84)。ジルマンが示した改革案は、文化の家の活動規模を全体として縮小し、芸術創造に軸足を置く方向で事業内容を見直すものだった。改革案は、経済危機後に個人の「余暇」予算が減少した一方、テレビをはじめとする視聴覚メディアの成長によって人々の文化的な選択肢が拡大する状況において、文化の家の活動は、若者の感覚や行動様式の変化にじゅうぶんに対応していないという現状分析を示している。そして、単に組織運営を考えるだけではなく、都市が今後向かうべき方向性のなかに文化の家の活動を位置づけていかねばならないと訴えた。結論としては、厳しい状況下での選択として、芸術創造を優先すべきだと主張している。この提案は、ポスト削減や労働時間減も含んでいたため、文化の家の職員を代表する企業委員会から激しい反発を受けた(85)。

この理事会で、ヴァロンはジルマン改革案と同様の主張を展開し、理事長再任を辞退した。後任の新理事長が、この数カ月後に示したグルノーブル文化の家の新しい方針は、「芸術創造、文化行動、分野間連携」であった(86)。一九八一年春のことである。

第五節　実践者たちの議論

一九八一年五月には、社会党のミッテランが大統領に選出され、文化省は、ラング文化大臣のもとで重要な方針転換を選択し、新たな制度を構築して、その後のフランスの文化政策の基礎を敷くことになる。ラング文化省では、七〇年代の地方都市で自治体文化政策に関わった経験をもつ者が多く活躍するが、これまでにみたグルノーブルの経験を踏まえ、彼らが七〇年代末にどのような都市文化政策の理論を共有していたのかを、当時の発行物から検討する。

1 一九七〇年代の左翼再生と革新自治体文化政策

フランス政治史における一九七〇年代は、左翼再生の時代である。六〇年代に長らく低落した「旧社会党（労働者インターナショナルフランス支部 以下SFIOと略記）」は、六九年に「社会党（フランス社会党 以下PSと略記）」に移行し、七一年のエピネー大会でフランソワ・ミッテランを書記長に選出した(87)。以後の社会党は、主義主張の隔たる派閥を抱合するようになるが、なかでも、政治刷新をめざす討議を行っていたさまざまな「クラブ運動」や、新しい社会運動を結集・統合しながら、勢力を伸張した。

新生社会党に合流した諸派のなかでも、「自主管理（autogestion）」派は、とりわけ六八年以後に活発化した社会運動の重要な流れであった(88)。市内で活動していたさまざまな「クラブ運動」の結集から生まれたグルノーブルのコミューン行動グループ（GAM）はその代表格とされ、生活に直結する問題を地方政治の争点として、住民による自己決定を求めた姿勢が、地域外にも影響を与えた(89)。その後GAMは他都市でも形成され、七〇年代の自治体改革運動を全国的に推進する潮流となっていた。また、アルジェリア戦争反戦運動の流れから六〇年に設立されて、六八年「五月革命」では学生の支持を集めた統一社会党（PSU）からも、多くの党員が七〇年に社会党（PS）に合流し、自主管理を求めた。こうした新しい潮流が、もとは国家中心主義的な社会主義が主流であった社会党の内部に、地方分権化を求める動きをもたらしたのである(90)。なかでも、七七年統一地方選挙における革新左派自治体の躍進は、八一年のミッテラン政権成立を導く重要な契機となった(91)。

本章の冒頭でみたように、グルノーブルやル・アーヴルを筆頭とする革新自治体の文化政策は、七〇年代末に生成された左派政党の文化政策ヴィジョンに影響を与えたと指摘されている。当時の多くの革新自治体が文化問題を重視するようになったなかで、七九年に出版された『グルノーブルの文化の冒険 一九六五―一九七五』は、具体的な参照事例を提供する役割を果たしたと言えるだろう。こうした経験に立脚して論じられた文化政策のヴィジョンとは、どのようなものだったのか。

2　実践者による交流研究会

グルノーブルでの「実験」をひときわ注視していたのは、同じく一九六八年五月後に、各地で新しい文化行動に取り組んでいた者たちである。彼らは、活動地域や業種を超えて、政治の理想と文化行動の経験を共有する研究会「ラトリエ（l'Atelier）」を結成した(92)。

文化政策研究会「ラトリエ」には、まずグルノーブルから、文化の家初代ディレクターのディディエ・ベロー（Didier Béraud）、第二代ディレクターで文化省官僚のタスカ、第三代ディレクターで前文化担当副市長のジルマン、同じく「人民と文化（PEC）」出身で第二代文化担当副市長のルネ・リザルド（René Rizzardo 一九四二―二〇一〇）、そして一九七二年に出版した著書『文化行動――統合か転覆か』が大きな反響を起こしたグルノーブル市美術館館長ピエール・ゴディベール（Pierre Gaudibert 一九二八―二〇〇六）らが参加している(93)。ここにマルセイユ、エクサンプロヴァンス（Aix-en-Provence）、シャロン＝シュル＝ソーヌ、モンベリヤール（Montbéliard）、ミュルーズ（Mulhouse）、ストラスブールなど、各地から参加者が加わった。当時三〇代前半から五〇代後半だったメンバーには、民衆教育運動の出身者もいれば、文化省とジャンソンらが七〇年代初頭に実施した研修プログラムを経て、新たに文化行動に関わるようになった者も含まれている。自治体首長、議員、芸術家、文化省官僚、公共劇場責任者、図書館司書、美術館学芸員、ジャーナリスト、研究者など、職業上の立場はさまざまだが、地方都市に活動の現場をもつ者が過半数を占めた。こうしたメンバー構成の多様さが、「ラトリエ」の第一の特徴である【表7】。

第二の特徴は、研究会メンバーの多くがミッテラン政権期の文化省で活躍し、それ以後も国や自治体の文化政策に関わる主要ポストを歴任して、長らく一定の影響力をもった点にある。七〇年代の都市文化政策の「実験」とほぼ同

表7 「ラトリエ」参加者一覧（1979-80）

氏名	生年	『カイエ』発行時の掲載プロフィール（参加号）
Claudine BASCHET		精神分析家（1, 2, 3, 5）
Pierre BELLEVILLE		社会学者（2, 3, 5）
Didier BERAUD		グルノーブル文化の家ディレクター（1966-73）（1）, FR3（ラジオ局）勤務（2, 3, 5）
Michel BERTHOD		文化省官僚（1, 2, 3, 5）
Jérôme CLEMENT	1945	文化省官僚（1, 3, 5）
Louis COUSSEAU		文化行動協会ATACディレクター（1, 2, 3, 5）
Henri COUECO		画家（3, 5）
Jean DIGNE	1943	プロヴァンス＝コート・ダジュール地域圏文化事務所アニマトゥール（3, 5）
Martin EVEN		ジャーナリスト、作家（1, 3）
Bernard FAIVRE d'ARCIER	1944	文化省官僚（国立視聴覚研究所INAへ出向、アヴィニョン・フェスティヴァルディレクター）（1, 2, 3, 5）
Michel FANSTEN		視聴覚アニマシオンセンターディレクター（1975-1977）, ドキュマンタシオン・フランセーズ（1）
Jean-Jacques FOUCHE		シャロン・シュル・ソーヌ文化の家ディレクター（1, 2, 3, 5）
Pierre GAUDIBERT	1928	作家, パリ市美術館学芸員、A.R.C.ディレクター（1967-1972）（1）, グルノーブル市美術館学芸員（2, 3, 5）
Bernard GILMAN	1931	グルノーブル市議文化問題担当（1965-1977）（1）, 教員（2, 3）, グルノーブル文化の家ディレクター（5）
Danièle GIRAUDY		学芸員、ジョルジュ・ポンピドゥ・センター子どもアトリエ責任者（1）
Cécil GUITART		グルノーブル市図書館ディレクター（5）
André LANG		モンペリアール市長（1, 2, 3, 5）
Henri de LAPPARENT		国立視聴覚研究所INA（2, 5）
Noëlle MANGIN		バル・ル・デュック市議、文化問題担当（2, 3, 5）
Jean-Claude MARREY	1928	イエール文化推進センター（1968-1972）、ミュルーズ文化推進センター（1972-1975）ディレクター、文化省職員（1, 2, 3, 5）
Bernard PINGAUD	1923	作家、社会党文化行動事務局メンバー（1, 2, 3, 5）
Henri PLANACASSAGNE		建築家、都市計画家（1, 2, 3, 5）
Bernard RICHARD		クルーズ県職員（5）
René RIZZARDO	1942	グルノーブル市副市長（2, 3）
Claude SAGEOT		在アルザス社会文化行動指導者（2, 3, 5）
Marie-Claude SALAVERT		在マルセイユ図書館司書（3, 5）
Antoine de TARLE	1939	国民議会事務官（3, 5）
Catherine TASCA	1941	文化省官僚、グルノーブル文化の家ディレクター（1973-1977）, アンサンブル・アンテルコンタンポラン支配人（現代音楽室内オーケストラ）（1, 2, 3, 5）
Bernard TOURNOIS	1938	ジャーナリスト、テレビ番組制作者、シャルトルーズ・ドゥ・ヴィルヌーヴ・レ・ザヴィニョン国際研究創造アニマシオンセンターディレクター、文化センターディレクター（1, 2, 3, 5）

［出典：*Les cahiers de l'Atelier1 Politique culturelle*, A.D.E.L.S., déc.78 janv. févr. 1979. *Les cahiers de l'Atelier2 Un plan culturel pour les communes* A.D.E.L.S., mars-avril-mai 1979. *Les cahiers de l'Atelier3 Cultures et pratiques ouvrières*, A.D.E.L.S., juin-juillet-aout 1979. *Les cahiers de l'Atelier5 Vieilles institutions d～Nouvelles politiques*, A.D.E.L.S., Premier trimèstre 1980より筆者作成。第4号は2013年2月18日時点のフランス国立図書館で欠番していた。補足情報として、2014年11月9日にインターネット上で知りえた範囲で、参加者の生年を付している。］

時に進行した議論は、一九八〇年代以後のフランス文化政策を牽引した者たちの、基本的な文化観に結びついていると考えられるのである(94)。

ラング大臣時代の文化省がその後のフランス文化政策の基礎を築いた、という従来からの指摘は、国の政策が支援対象とする文化領域の拡大や、文化省の地域圏レベルの出先機関DRACの拡充による中央政府業務の分散化など、明文化された変化や行政機構の諸改革を指している。ここでは加えて、ラング文化省における方針転換は七〇年代の議論を踏まえたものであり、そこから育った人材によって実現された事実を指摘したい。

「ラトリエ」の活動目的は、一九七〇年代末の地方都市の文化実践現場に対して、政策実施を根拠づける理論と事業アイディアを提供することにあり、七八年末から八〇年初頭にかけて『レ・カイエ・ド・ラトリエ』誌(以下『カイエ』と略記)を発行し、議員、活動家、そしてアソシアシオンの責任者に向けて、研究会の成果を発信した。出版元のA.D.E.L.S.は、政治刷新をめざす討議の場となった「クラブ」のひとつであり、なかでも、多様な政治的思想的傾向をもつ人々の意見交換、政策立案・検討等の場となった「思想協会(société de pensée)」に分類される(95)。A.D.E.L.S.は、自治体首長や議員、および社会、経済、文化の各分野の地域活動家に対して、専門的な知識を与え、中央に依存しない自立した地方の活動家を養成することによって、地域民主主義に寄与することを活動目的とした。

『カイエ』には、当時の議論の到達点と、国の文化政策で数年後に起こるパラダイム変換への導線を見ることができる。『カイエ』第一号は、文化政策を論じるうえでの基本的な概念を明確化するために、創造、表現、普及、民主化、地方化といったキーワードを解説し、資本主義論理に基づく文化政策の特徴を確認して批判を加え、「ラトリエ」による文化政策の基本構想を示した(96)。以下では、その骨子を抽出して検討を加える。

3　「文化の民主化」批判と文化多元主義の確認

「ラトリエ」の主張は、(一)文化はいわゆる「芸術」に限定されない、(二)文化とは「あり方」である、(三)文化の民主化には限界がある、(四)文化は複数的である、の四点に集約される。

第一点と第二点は対をなす主張である。文化政策は文化の定義から生まれると論じた「ラトリエ」は、文化を以下のように定義している。

・文化とは「あり方」であり、態度、動きである。
・文化とは日常生活を規定する核であり、ある共同体が周囲に対峙してアイデンティティを自覚する際に有意な表象、規則、習慣である。
・文化とは「プロセス」である。

最後の定義は、ブレヒトによる「文化的プロセス」の概念を参照しており、文化を「モノ」や「財」ととらえる立場に対置された。

「ラトリエ」は、この文化定義に基づき、社会を変革する文化行動を理論化した。ここで文化は、「政治の上に」あり、「別の社会に向かう政治闘争における主要な課題」であるとされている。文化省が、創設時の政令で「人類の偉大な作品を手の届くものに」と掲げた基本方針を、「ラトリエ」は真っ向から批判した。研究会は、「文化の民主化」とは、既存の文化的序列を固定し、その再生産を通して支配・被支配の構造を強化する「資本主義社会の文化政策」だと論じたが、その中心的な論点を抽出すると、以下のようなものだ。

「ラトリエ」が「耕された文化(教養文化/la culture "cultivée")」と表現したのは、フランスの近代化と産業化の過程において確立され、社会的経済的な優位性と結びついた「支配的な文化」である(97)。この近代の体系の外側には、公教育において学校フランス語が駆逐を図った複数の地域言語や俚言《パトワ》、あるいは都市ブルジョワジーの生活様式の下位に位置づけられた農民の習慣や労働者的な伝統が存在している。だが、「文化の民主化」政策が普及を図る「耕された文化（教養文化）」は、これらの対立項を全く視野に入れていない。たとえばマルローは、「文化の家」構想を発表した際に、絵画、演劇、映画に「万人がアルファベットのように親しむ権利」の実現を掲げたが、こうした発言は、これらこそが文化であると、文化の領域を限定したのに等しかった。

近代資本主義社会を支配するブルジョワジーは、経済力と富への欲求を正当化するために、時間を超える普遍的な価値を必要とした。それゆえに「耕された文化（教養文化）」を求めたのである。芸術作品の占有が支配階級への帰属を示す記号と化し、権力への参加と教養の間に次第に相関関係が成立した。現代社会において、文化的な不平等と経済的支配が結びついているのはそのためである。

以上のような文化観に立脚して、「ラトリエ」は、こうした既存の社会構造を問い直すことがない「文化の民主化」政策の限界を示そうとした。また「耕された文化（教養文化）」を、多元的に存在する複数の文化のなかのひとつとみなす構図を発信した。多様な文化をそれぞれに尊重する文化多元主義を、文化政策の前提とすること。そして多文化を互いに不干渉な状態で平行的に存立させるのではなく、文化間に対等な立場での交流と対決を促して、新たな文化的プロセスを開くこと。これが「ラトリエ」の追求した文化行動の原理である。

4　非相続者の文化資源

「ラトリエ」は、ある社会の文化は、社会を構成する各集団を特徴づける複数の文化から構成されるという視点から、「資本主義の文化政策」を批判した(98)。「耕された文化（教養文化）」「規格文化」「大衆文化（マス・カルチャー）」「他なる文化」という四つの分類を示し、それぞれの文化と経済社会的な支配が相関する構造を説明している。図7は、その主張を簡略に図式化したものである。文化の四類型は、おおむね以下のように説明されている。

第一の「耕された文化（教養文化）」とは、国の文化政策が従来から助成や普及の対象としている文化で、その核には、高度な「芸術（les beaux-arts）」がある。しかし「文化の民主化」の努力は、中級管理職、小ブルジョワジー、給与所得

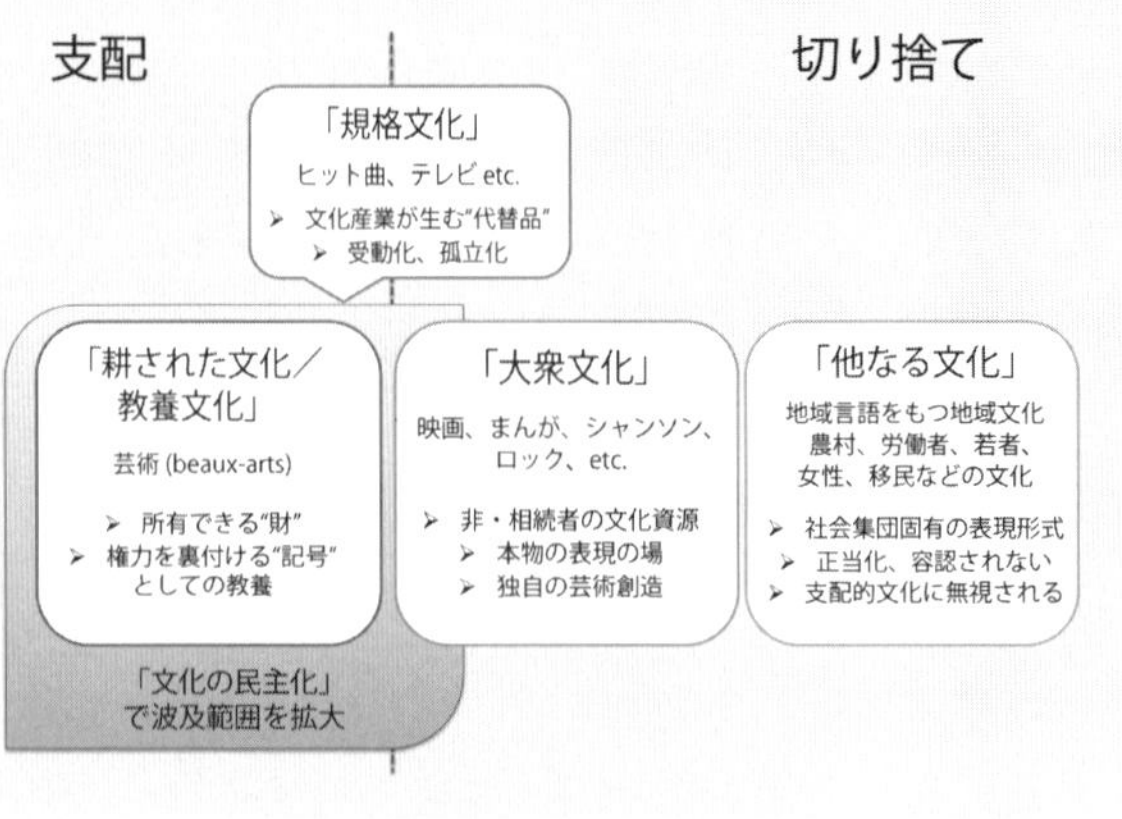

［出典：*Les cahiers de l'Atelier1 Politique culturelle,* A.D.E.L.S., déc.78 janv. févr.1979 から筆者作成］

図７ 「ラトリエ」が論じた文化と支配の構造

者など、エリート的指導層に近接する層までにしか波及しないから、結果としては、複雑化する経済の主導権を手放さぬために周辺と連合する必要がある支配階級の勢力拡大を助長している。文化の民主化は、「耕された文化（教養文化）」に親しんでいる層（initiés）の拡大を図るが、もともとこうした文化に無縁の者への働きかけ（initiation）には関心を向けていない。したがって支配階級の外に生まれた者は、学校教育での選別をくぐりぬけて、個人の努力で社会的な地位を獲得することによってしか、この文化に接近できない現状がある[99]。

第二の「規格文化（la culture "standard"）」とは、「耕された文化（教養文化）」から遠い者に対して、文化産業が代替品として差し出す「製品」である。大衆の好みをあらかじめ操作したうえで市場に出されるヒット曲、それによって所有が拡大するレコード、下からは調査によって上からは支配的イデオロギーによって調整されて「順応主義の学校」と化しているテレビ番組、などがその例として示されている[100]。文化産業が主要なターゲットとするのは、これ以外の文化を知らない大衆である。画一的な文化製品は、人々を型にはめ、本来は各人の文化的実践に内在しているはずの最小限の表現や選択さえも脅かす。規格文化は、人々を受動化し、沈黙させ、孤立させて、資本主義の支配的イデオロギーを大衆に刷り込む役回りを演じている。そして一定の生活様式をステータス・シンボルとして映し出しながら、そこから排除されていることを、ただちに大衆に意識させるのである。

第三の「いわゆる大衆文化（マス・カルチャー／la culture qu'on dit de masse）」は、具体的には、映画、テレビ映像、写真、まんが、シャンソン、ポップミュージックなどを指す。「ラトリエ」は、これを「規格文化」とは明確に区別している。「耕された文化（教養文化）」の非相続者にとって、「大衆文化」は、しばしば唯一の「文化資源（ressources culturelles）」であると指摘し、その重要性を強調した。「大衆文化」は、支配的文化に接近できない、あるいは接近を望まない人々の文化であり、社会的には下位に置かれているサブ・カルチャー（下位文化）である。だが「大衆文化」は、比類なく豊かな創造の世界を内包しており、若者をはじめとする幅広い社会カテゴリーの人間にとって、真正かつグローバルな表現手段となっている。「大衆文化」は市場に歪められる一面をもつが、市場での成功を唯一の目的として生産され、結果的にどれも似通ったものとなる「規格文化」とは、この点において決定的に異なる。このように「ラトリエ」は、多くの人間による自発的な表現と創造が、「大衆文化」の本質であるとし、そこに大きな価値を見出している。

最後の「『他なる』文化（les cultures "autres"）」とは、具体的にはまず、地域言語をもち、自由な文化的表現を求め続けてきたアルザス、ブルターニュ、バスク、オキシタン、コルスの地方文化である。また、農村、労働者、若者、女性、移民などの社会集団に各固有の表現形式も「他なる文化」であり、それぞれが一定のイデオロギーに基づいており、独自の生産と普及の回路をもつ場合が多い。つまり「他なる文化」とは、地域、職業、世代、ジェンダー、民族などの特性に結びついた文化であるが、正当性が認められていない場合が多く、支配的な文化からは軽視されている。そして現代社会において「他なる文化」の存在をかき消そうとしているのは、「耕された文化（教養文化）」よりもむしろ、商品として大量に流通する「規格文化」の方である。

以上のように、「ラトリエ」が示した認識によれば、社会の実態は多文化であり、それぞれの文化は、現実に社会を構成している多様な個人と社会集団のそれぞれの「あり方」とアイデンティティを支える基盤である。したがって社会の多数を占める「非観客」、あるいは「非相続者」たちのあり方に関わる「大衆文化」や「他なる文化」は、「耕された文化（教養文化）」と同等に尊重されるべきだ、という主張が「ラトリエ」の提言の核心を成した。

『カイエ』は、「いわゆる大衆文化」は、「非相続者」にとってしばしば唯一の「文化資源」だと述べた。ここでは、個人や集団の「あり方」の基層を成し、未来の「あり方」に向かうプロセスを支える源泉であるという意味で、「資源」という語が用いられている。同じ視点にたてば、「他なる文化」もまた、それを拠りどころとする者の発展のベースとなる「文化資源」であろう。

『カイエ』に直接の言及はないが、この対極に想起されるのが、「文化資本」とその再生産をめぐる議論である。「耕された文化（教養文化）」の「相続者」たちが、生来の環境において身につける言語能力や芸術的選好は、長じて経済社会的な有利さを獲得するうえでの「資本」として機能するという議論は、一九六八年以後に大きな影響力をもったことが指摘されている(101)。「文化の民主化」政策は、五月革命において「象徴的暴力」とまで批判された支配・非支配の構造を問い直すことなく、「耕された文化」の普及拡大を図っていた。この政策の限界を認め、これまでとは異なる文化定義に基づいて、多元的な「文化資源」をひとしく尊重する。そのことによって、あらゆる個人と集団の潜在力が実現され、すべての個人が市民として主権を行使できる真に分権的な社会の実現に向かう。これが「ラトリエ」が構想し、地域民主主義を支持する層に向かって発信した文化政策の目的であった。

「ラトリエ」による具体的提案の骨子は、以下の四点にまとめられている(102)。

一　現行の文化政策システムの特徴である中央集権と官僚制に反対する。地域圏または基礎自治体《コミューン》のレベルで文化行動の方針を決定し、地域固有の状況とニーズの多様性を最大限に反映させる。文化政策は、アソシアシオンの活動に基礎を置く。

二　文化の産業化の危険性をつねに意識する。文化をめぐる闘争は、人々の生活を狭義の経済主義に従属させることのない、新しい社会関係と成長のモデルを築くことにつながっている。新たな社会への道を切り拓くために、とくに基礎自治体《コミューン》のレベルで文化的実験を増やす必要がある。

三　「製品」や「観客」などの語によって課題を設定しない。また、生きた文化と押しつけられた文化を混同しない。新しい政策の目的は、真正な文化多元主義の条件づくりである。知られない文化や忘れられた文化が表現されるために、あらゆる様式の創造に機会を与える。

四　一方通行の普及ではなく、真の意味での対決（confrontation）を実現する。

5　文化行動の新理論

以上のように、「ラトリエ」が示した文化行動の目的は、少数者や弱者が固有の文化の独自性と真正性そして尊厳を手にし、これを「資源」としながらみずからのあり方を主体的に決定する「文化プロセス」を活性化することにあった。新理論は、このプロセスのメカニズムを示す点に主眼を置いている。ここでは、従来の文化行動理論で用いられた「保存、育成、普及」の機能区分や社会文化活動推進《アニマシオン・ソシオキュルチュレル》と文化活動推進《アニマシオン・キュルチュレル》の区別は、廃された。「ラトリエ」の理論が示した文化プロセスは、「表現、創造、対決」の三段階からなる。またこのなかで、プロフェッショナルによる「創造（création）」が果たす役割をとくに重視した点が、新理論の最大の特色である。以下に、三段階からなるプロセスを解説した部分の骨子を抽出する(103)。

（1）表現（l'expression）

文化プロセスの発展は、表現様式と創造の絶え間ない対決のうえにある。文化プロセスは、「気づき」から始まる。孤立し、調整されている個人は、自発的な発言を獲得することによってはじめて疎外から解放されるのであり、アイデンティティや境界の再発見は、そのために不可欠なひとつのステップである(104)。これに対して、文化的表現の喪失は、社会生活の崩壊につながる。

文化行動は、社会集団や個人が自己を確認するために鏡の役割を果たす文化を、人々が再発見できるよう助けなければならない。文化政策のもっとも重要な課題は、上からの統合ではなく、ボトムアップの文化的表現を助けることだ。ただし、文化行動の目的が表現に限定されると、自己満足を招き、革新を妨げる恐れがある。

表現は、行動の始まりであり、集団内に共鳴を生み、他者や自分自身を変化させる投企《プロジェ》につながる(105)。あらゆる人は表現の必要性に直面しているが、表現には、認識や発言という社会的次元と、美学的な満足をもたらす芸術的次元がある。

(2) 創造 (la création)

表現に根を持たぬ創造はないが、「創造」と「表現」は異なる(106)。これらを分けるのは、ひとつには社会的職業的な位置づけであり、創造の必然性に関する態度が、プロフェッショナルとアマチュアを分かつ。クリエーターとは、創造し続ける者のことだ。

一方、「創造」として認められる作品は、批評家、文化機関、市場、マスメディア、教育システムといった、他者の視線と歴史による選別を通過している。これらの視線は支配的で、流行や階級などの要素も含む。芸術をめぐる言説の多くは普遍的作品の存在を想定しているが、その普遍性とは、多様な世界全体に及ぶものではなく、欧州と先進社会、そして第三世界のごく一部のみに通用するものだ。つまり「人類の偉大な作品」を万人に押しつけるのは、他者の好みを軽視し、他なる文化を裏切ることに等しい。

人々の賛美の対象は、現代美術などにも広がって多様化している。しかし、専門家が選択して芸術として示す作品は、すでに導かれた従順な視線を想定しているから、そこに真の「対決」はありえない。

「創造」の本質とは、時代とさまざまな社会階級の視線を経てもなお、その意味を失わず、開かれた作品であり続けることだ。多義的な解釈に開かれているか否かが、創造作品と表現作品を分ける。鏡としての表現は社会集団の内部で閉じるが、創造は万人に対して自由な効果を放つ。また一方に芸術作品があり、他方に享受者がいて、作品の普及によって大衆が「教養ある者」に変化するという図式は単純すぎるのであり、作品と眼差しのあいだの弁証法的状況を管理し、これを豊かにするための配慮が必要となる。

表現と創造を堅く結ぶためには、創造活動を集団的表現の場に直接結びつける実験が有効である。人々と協働するクリエーターの作品を通して、多様な文化による自己表現が可能な、新しい社会を実現するための条件をつくることができるだろう。作品に向けられる視線の複数性が保たれると同時に、ひとりの視線がより多くの作品に向かうことによって、文化プロセスは豊かになる。

創造活動を、財政的、教育的、技術的に基礎から支え、創造の精神を伸ばすこと。また、どのような境遇のどんな個人にも備わる表現力の根源にある、創造力に賭けることが重要である。とくに、まんが、ポップス、シャンソンといった「大衆文化」の創造支援には、意を用いる必要がある。何故なら、かつては出版社などの民間企業が、大衆文化のクリエーターを見いだしてチャンスを与える役割を担い、自主的な判断による才能発掘のリスクをとってきたが、近年は文化産業の構造変化によってマーケティングの重要性が増したために、未来への不確実な投資が行われにくくなっているからだ。

(3) 対決 (la confrontation)

「対決」は、正面から向き合う関係性を想起させる言葉であり、衝撃や、対等な立場での交流を含む概念だ。傷つけ合わずに力を競い、支配せずに影響し合う「対決」は、文化プロセスの到達点である。

これまでの文化普及は、人々を魅了してとりこむか、一定の文化的消費を繰り返すようにし向けて人々を征服するか、いずれかの方法で行われてきた。すると「劇場に行かない者は、教養があるとは言えない」というように、ある規定された文化的な場に足を運ぶことになる。たとえば「文化の家」は、中産階級の教師や学生といった一定層の顧客を想定しているかぎり、真の対決の場とはなりえない。

個人がそれぞれに思想と力をもち、主体的に何かを示して他者と交流できることが、対決が実現するための必要条件となる。そのためには表現手段の獲得が不可欠で、この段階を経てはじめて表現は外部に向かい、他者と対決することができる。また可動性が重要である。動かない表現は閉じ、集団における文化的芸術的生活はゲットー化するから、ある種の排斥や文化的な人種差別を招くことになる。

〔芸術〕創造は、より明らかに対決を求める。多様な観客に繰り返し鑑賞されて連帯を生むためには作品が普及する必要があるが、現行の文化普及は、創造や対決のプロセスと切り離されたまま、不平等な状態で行われている。

対決は、多様な創造作品を、互いに無関係なままに平行的に存在させることとは異なる。異なる表現どうしが出会い、表現が創造と出会うためには、表現様式間の対決が重要である。だが、たとえば若者、農民あるいは移民がみずからの問題を表現する集団演劇と、『ハムレット』や『人間ぎらい』は、どう関係づけられるだろうか。対決の実現には、多様性をとらえるアプローチの教育、つまりかけ離れた要素を相関させて展開するための推進力《アニマシオン》が必要であり、これによって衝撃は豊かさに転換される。作品、人間そして経験の間の対決は、社会集団に動きをもたらし、クリエーターに新たな道を拓いて、新たな文化プロセスを起動させる。

6　循環する文化的発展のプロセス

以上のような「ラトリエ」の理論を、ひとりの人間の経験に寄り添うかたちで再確認すると、各個人のレベルで、気づき（自覚）、アイデンティティの確立、自身の思考と表現の獲得、独自の視線による芸術創造との対峙および止揚、異質な受容や表現様式との出合い、そしてあらたな気づき、といった循環が想定されていることがわかる。この過程を経ることで個人や集団のあり方が変化し、さまざまに展開される異質なプロセスが互いに対決することによって、社会全体のあり方が変化する。こうした一連の動きを、「ラトリエ」は「文化的発展」ととらえていた【図8】。

この循環的なプロセスのなかで、多義的な解釈に開かれている「創造」は、人々の多様な視線を受けて議論を喚起し、さまざまな「対決」を惹き起こして、人々のあり方を変化させる誘因となる。つまり「創造」には、社会変容を活性化させる触媒の役割が期待されており、新しい文化行動は、集団や個人のあり方が変化するプロセスのダイナミズムを増すことを目的としていた。「ラトリエ」によれば、こうした「弁証法的」な動きを忌避して、各自の世界に引きこもるのは文化的な行為ではない。「ラトリエ」による文化行動の目的は、そのような疎外と闘うことでもあった(107)。

「ラトリエ」の大局的な目標は、現実社会の実態として存在する文化の差異を認めあったうえで、多様な人間が多様なままにつながる「真に人間的な社会」を実現することに置かれていた(108)。だが同時に彼らは、資本主義社会システムが支配的文化の優越性を肯定し、それこそが文化だと看做されている現状においては、自分たちの文化行動に真の意味が与えられることはないだろう、とも述べている。七〇年代の左翼再生の潮流のただなかにあった文化行動の実践者たちは、社会全体のパラダイム変革を求めて、文化問題を政治の争点としたのだった。

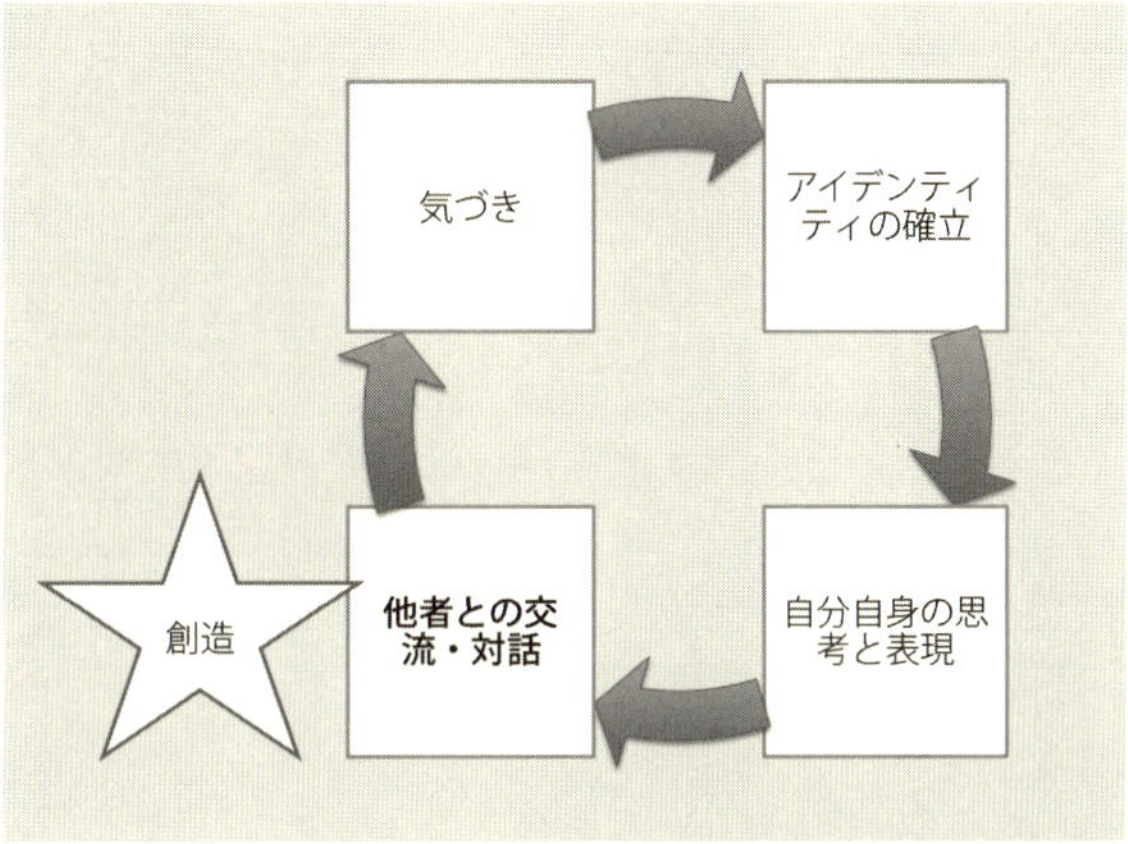

［出典：*Les cahiers de l'Atelier1 Politique culturelle*, A.D.E.L.S., déc.78 janv. févr.1979 から筆者作成］

図 8 「ラトリエ」が論じた文化的発展のプロセス

7 地方分権化への期待

文化政策をもっぱらローカルなレベルで考えて、アソシアシオンや政党の参画を促す情報を発信することは、自分たちの「政治的選択」である、と「ラトリエ」は明言している。研究会の問題関心は、住区（**quartier**）、基礎自治体（**commune**）、「くに（“**pays**”）」、地域圏（**région**）のレベルで成すべきことに絞られていた(109)。個人の生活にもっとも近い圏域である

「住区《カルチエ》」を含む行政単位が基礎自治体《コミューン》であり、地域言語や地域文化と結びついたより広い圏域として「くに《ペイ》」があり、それを包括する行政機構が地域圏《レジオン》である(110)。ただし分権化以前の地域圏は、国の経済政策を実施する行政機構だったから、自治体としての決定権はもたなかった。

自主管理派にとって、地方分権化はもっとも重要な政治課題だった。「ラトリエ」は、地方分権化の実現によって人々の社交と共同体の生活に占める文化の重要性はいっそう高まる、という期待をもって政策提言を行っている。

『カイエ』第二号のテーマは、「基礎自治体《コミューン》の文化計画」である(111)。地域固有のニーズを把握してボトムアップで自治体文化政策を策定するために必要な一連の調整手続きを示し、協議の原則、計画の策定、目的サーヴィス契約の設定、文化施設の用途検討などについて実務的提案がなされた。

基礎自治体《コミューン》は、その政治的意志に立脚しつつ、総合的な視点から既存の制度や文化機関の活動を組み合わせることによって、地域の文化的ニーズを充足する役割をもつ、と『カイエ』第二号は論じている。そして、「文化的発展」を実現するための自治体行政実務の方法論として、「調査、計画、実行」のサイクルを示した。

革新自治体文化政策の実践者による交流研究会「ラトリエ」に参加したメンバーの多くは、一九八一年五月の国レベルの政権交替を経て、文化省の政策を担うことになる。

第六節　政治的選択としての自治体文化政策

1　社会の周縁をみつめた文化行動実践者

本章では、一九六八年五月から八一年五月にみられた都市文化政策の制度と理論の変化を、グルノーブル・デュブドゥ市政期の実践記録を中心に置いて検討してきた。

五月革命後のフランスが「新しい社会」を目指すなかで、「文化的発展」は七〇年代初頭に国家計画の指針とされ、続いて都市文化政策をめぐる中央地方関係を支える制度の礎が置かれた。だが現実には、文化大臣および大統領の想定外の交代もあり、すべての人の十全な市民的権利を実現する「シティズンシップ政策」としての文化政策に、中央政府が本格的に取り組むまでには至らなかった。

一方で、反戦、反植民地主義、そして知識人や学生と労働者の連帯などを抱合した五月革命は、社会のさまざまな次元に存在する「中心」と「周縁」に人々の意識を向け、弱者や少数者が抱える問題が注目されるきっかけをつくった。五月革命は、「文化の民主化」政策への批判を顕在化させた点で、都市文化政策に転機をもたらしている。なかでも、それまでの公共劇場の活動とは縁遠かった、フランス社会の主流文化とは一定の距離をもつ「非観客」の存在が、クローズアップされた意味は大きい。周縁的な立場にある人々に、文化や芸術を通して働きかけて、彼らが自発的に世界に関わる足がかりとなる意識を拓き、歴史をつくる主体としての力を実現しようとする、実存主義的な文化行動理論が示されたのである。

地方都市の革新自治体は、七〇年代に進展した社会運動と新しい文化行動理論を反映させながら、実験的な要素を含む文化政策を行っていた。デュブドゥ市政の文化政策の調査記録には、アソシアシオンの自発的な活動の調整役を担った市政府の基本姿勢、事実観察に基づいて行われた社会的格差への対応、さらに公共空間に同時代の芸術創造を組み込むことで人々の「都市への権利」を実現し、「人間主義」を追求しようとした試みなどがみられた。また、文化的少数者に表現を促し、地方言語や生活文化がもつ多様な価値を明らかにして、文化を多元的にとらえる視点を都市内に確保しようとする取り組みにも力が入れられていた。

デュブドゥ市政の基本方針は、参加型地域民主主義の実現だったが、その文化政策は、市民一人一人が文化的な主体となるための条件づくりに主眼を置いていた。都市社会の周縁に生きる人々に積極的に働きかけたことがその特徴のひとつであり、タスカが率いた時期の「文化の家」の活動には、六八年五月後の文化行動理論の影響がとりわけ色濃く反映されている。

グルノーブルで「都市《シテ》における文化行動（action culturelle dans la cité）」を実践したのは、市民運動出身の議員、さまざまな分野のアソシアシオン、さらに市政府の方針に賛同して他都市から活動拠点を同市内に移した学芸員や文化行動の専門家らであった(112)。また「文化の家」運営アソシアシオンでヴォランタリーに活躍した市民のなかには、のちに国の文化政策改革を推進する中央政府官僚も含まれていた。

2　多様な人間がともに生きる社会へ

五月革命以後の文化行動に取り組んだ各地の実践者たちは、地域と業種を超えた交流研究会を組織し、文化を人間の「あり方」ととらえる立場に基づく文化政策を提言した。ここで「文化的発展」は、「表現、創造、対決」の段階を経て人間の「あり方」が変わり、その延長線上で社会全体が変革される一連の「プロセス」として論じられていた。研究会の理論によれば、文化行動の目的は、少数者や弱者が各固有の文化の独自性と真正性を手にし、この「資源」に立脚しながら、みずからのあり方を主体的かつ自由に決定していく「文化プロセス」を活性化させることにあった。この意味で、個人の尊厳の保障に不可欠な「真正な文化多元主義」を実現する条件をいかにつくるかが、文化行動の課題とされたのである。

一九七〇年代末の議論において、革新自治体の文化政策は、差異を認め合う多様性のなかで統合された、「真に人間的な社会」を実現するための政治闘争の課題とみなされていた。そこには、地方分権化の実現への期待の高まりがあり、公共的な意思決定の分権化とともに、地域コミュニティにおける社交と文化は、いっそう重要性を増すだろうという見通しがあった。

人間の共同体である「都市《シテ》」を構成する、各市民の尊厳を裏付ける文化は多様であり、そこにさまざまな差異が存在することはもはや明白であった。革新自治体文化政策の実践者たちは、文化的な差異をもつ人々を一定の方向に向かわせて統合するのではなく、差異を認め対等な立場での対決の実現を通して、「文化プロセス」を発展させる可能性を探っていた。自由な解釈に開かれたプロの芸術創造を社会のなかに位置づけることによって、人々の議論を喚起しようとする文化行動は、その照準を、芸術創造を誘因とする社会変革に合わせていた。多様な人間が多様なまま、差異と独自性を認め合いながら、ともによりよく生きる社会へ向かうための道が模索されていたのである。

3　地域からデモクラシーをつくりなおす

革新自治体の勢力伸張は、一九七〇年代の左翼再生を支え、八一年五月の中央政府の政権交替に結びつく潮流となった。一九六八年以後のフランスでは、「自主管理」という語が社会運動の一つの流れを形容していたが、グルノーブル・デュブドゥ市政を筆頭とする全国のＧＡＭ勢力は、その重要な一翼を成していた(113)。社会党再編に合流した自主管理派は、従来の国家中心主義的な社会主義とは異なる立場を打ち出し、党内に地方分権化を求める動きをつくったのである(114)。

自主管理派の革新市政が、自治と分権を求めたもっとも現実的な動機は、都市生活上の諸課題を解決するうえで、地域から遠い中央政府の決定では必要性を充足できないという点にあった(115)。だがより根源的なレベルでは、「第一に住区とその周辺に、次いで国家のレベルで、真の民主主義が確立されるためにはいかなる条件がつくられねばならないか」という問題意識があり、それが当時一〇〇以上あった全国のＧＡＭグループに共有されていたと説明されている(116)。デュブドゥ市長は、グルノーブルの市政運営について「個人および人間のグループが、自分の運命を自分で支配する方向に進もうとする賭け」だとも述べている。

フランスの民主主義《デモクラシー》を、地域からボトムアップでつくりなおす――七〇年代に拡大した参加民主主義の最終目標は、ここにあった。そして都市文化政策は、参加民主主義の土壌を耕す役割を担い、すべての人が市民としての権利を全うに行使するための必要条件として、各人の異なる文化を満たすことを求めたのである。さらに、芸術を介した他者とのコミュニケーションを通して、個人と集団がより力を獲得し、「真に人間的な社会」へ向かう文化的発展のプロセス実現のために、都市《シテ》のなかに同時代の芸術創造を位置づけようとしたのであった。

革新自治体が希求した地方分権化は、一九八一年の国政の政権交替によって、実現に向かう。次章では、自治体文化政策を支える国の制度が、地方分権化に際してどのように設計されたのかを検討する。

註

（1）Philippe Poirrier (Textes rassemblés et présentés par), *op.cit.*, 2002, p. 271. ふたつの時代とは、初代文化大臣マルローの時代（一九五九—六九）と、ミッテラン政権の文化大臣ラングの時代（一九八一—九三）を指す。

（2）Pascal Ory, *L'entre-deux-Mai, Histoire culturelle de la France Mai 1968 – Mai 1981*, Seuil, 1983.

（3）『閉ざされた社会』は、官僚制と行政の行き詰まりや、フランス的行動様式の疲弊、大学の問題を論じたミシェル・クロジエの著作である。ジャック・シャバン＝デルマス（Jacques Chaban-Delmas）首相が、就任演説で引用した。

（4）« Extraits du discours prononcé à la première conférence des ministres européens de la Culture, Helsinki, 9 juin 1972 », dans Geneviève Gentil et Philippe Poirrier (Textes réunis et présentés par), *op.cit.*, 2006, p. 67–68.

（5）Augustin Girard, Fonds d'intervention culturelle (FIC) 1971–1984 : une structure d'innovation et de concertation interministérielle, dans Emmanuel de Waresquiel (dir.), *op. cit.*, p. 293–294.

（6）これらの優先項目は、デュアメル時代の文化省が、若年層の芸術文化への感受性を高めること、成人の生涯学習、生活環境の文化的整備、文化機関（放送局、映画産業、地方劇団）との契約政策の促進を主要課題としたこととほぼ共通している。なかでも、都市空間における芸術文化環境の整備に関して、当時の文化省は、公共建築費用の一パーセントを芸術作品の発注に充てる「一パーセントシステム」の適用範囲を拡大し（一九七二年六月六日付法令）、これによって、建築と周辺環境との整合性を問い直し、「緑地の芸術的整備」を促進するといった新しい姿勢を見せていた。Anne Bonnin, Un pour cent décoration, dans Emmanuel de Waresquiel (dir.), *op. cit.*, p. 599–600.

（7）Pierre Moulinier, *op. cit.*, p. 41.

（8）Claude Mollard, *L'Ingénierie Culturelle*, PUF, coll. "Que Sais-je ? ", 1994, p. 3.

（9）Philippe Poirrier, Chartes culturelles et conventions de développement culturel, dans Emmanuel de Waresquiel (dir.), *op. cit.*, p. 116–118.

（10）ギィ文化担当閣外大臣の一九七四年一〇月三〇日国民議会における演説を参照。

（11）Michèle Dardy-Cretin (dir.), *Michel Guy : secrétaire d'État à la culture, 1974–1976 : un innovateur méconnu*, La Documentation française, 2007, p. 81–101.

（12）ギィは、フェスティヴァル創設運営の実績と、芸術界や政界にもつ人脈によって、閣外大臣に任命された企業経営者であった。彼が着任直後にこの制度構想を打ち出した影には、各市長や地方議員からの積極的な働きかけがあったことに加え、デュアメル時代から大臣官房顧問を務めた元ＦＩＣ事務総長、国土整備行政を経験した文化省の幹部官僚、そして省内外の有志による新しい文化政策を構想する研究会に参加していた国立行政学院（ＥＮＡ）出身の文化省若手官僚などからの働きかけがあったとされる。

（13）Ligue française de l'enseignement et de l'éducation permanente, *Les Chartes culturelles: Dossiers pédagogiques et documentaires*, 1977. に収められた九都市の文化憲章抜粋を参照した。同資料集には国民議会における大臣の関連発言や、新聞に掲載されたインタヴュー、そして各都市の文化憲章に関する地方紙の記事も収録されている。資料を編纂した団体は、民衆教育分野の全国規模のアソシアシオンである。

（14）戦後のエマニュエルは、O.R.T.F.（フランス放送協会）の幹部として北米でも活動した。一九七〇年代には、ペンクラブ会長（一九七三―七六）、ＩＮＡ（国立視聴覚研究所）理事長（一九七五―七九）、フェスティヴァル・ドートンヌ理事などを歴任している。

（15）一九七三年一〇月五日付けのインタヴューは、国立視聴覚研究所ＩＮＡの映像アーカイヴとして公開されている。Conseil culturel et interview de Pierre Emmanuel JT 20H, 5 oct. 1973. <http://www.ina.fr/video/CAF95054152>（二〇一八年五月九日最終閲覧）

（16）また、舞台芸術作品の地方への普及を目的として全国芸術普及協会（Office National de Diffusion Artistique 以下ＯＮＤＡと略記）が創設され、複数劇場での作品上演など舞台芸術の都市間交流が促進された。ギィは就任一周年のインタヴューで、「普及促進は、創造支援を意味する」とＯＮＤＡ創設の意義を語っている（Le Monde 一九七五年六月一四日付け記事）。ギィの舞台芸術政策の詳細については、前掲の藤井論文を参照されたい。

（17）Emmanuelle Loyer, Michel Guy, dans Emmanuel de Waresquiel (dir.), *op. cit.*, p. 313–314.

（18）Marie-Ange Rauch, La prise de l'Odéon, dans Robert Abirached (dir.), *La décentralisation théâtrale 3. 1968 le tournant*, Actes sud-papiers, 1994. p. 67–83.

（19）ロジェ・プランションはリヨン近郊出身の演出家、俳優、劇作家である。一九五七年にヴィルユルバンヌ市より市立劇場テアトル・ド・ラ・シテの運営を委ねられ、ここをみずからの劇団の拠点として現代演劇の革新に取り組んだ。国立民衆劇場（ＴＮＰ）は、一九七二年に、パリのシャイヨー劇場からヴィルユルバンヌに移された。

（20）Francis Jeanson, La réunion de Villeurbanne, dans Robert Abirached (dir.), *ibid.*, p. 85–92.

(21) La déclaration de Villeurbanne, dans *ibid*, p. 195–196.

(22) Marion Denizot, "1968, 1988, 2007: Le théâtre et ses fractures générationelles. Entre malendendus et héritages méconnus", *Sens public*, 2009, p. 9. Article publié en ligne 2009/02 <http://sens-public.org/article 637. html>（二〇一八年五月九日最終閲覧）

(23) ジャンソンは、カミュの歴史認識を批判する論考を一九五二年に『現代』誌に掲載し、サルトル＝カミュ論争の発端をつくった事実によってよく知られている。佐藤朔訳『革命か反抗か―カミュ＝サルトル論争―』新潮文庫、一九六九年。現実のなかで行動する姿勢を貫いた彼は、後年のボスニア・ヘルツェゴビナ紛争では人道支援組織「サラエヴォ連合」を率い、また一九九四年の欧州議会選挙にも立候補した。

(24) テアトル・ド・ブルゴーニュは、ジャック・フォルニエが一九五五年に立ちあげた劇団である。一九六〇年に常駐劇団となり、六八年に国立演劇センターとなった。

(25) 五月革命前年に制作された同作品は、予言的だったとのちに評された。

(26) ゴダール（蓮実重彦、柴田駿監訳）『ゴダール全集三 ゴダール全シナリオ集』竹内書店、一九七〇年、三〇九頁。

(27) 文化の家には、開館の数年前から「予示予算（budget de préfiguration）」が組まれた。質の高い多分野の芸術活動の実現を原則とした以外に、その使途は厳密には定められていなかった。

(28) 文化省におけるマルローの側近ガエタン・ピコンが、一九五〇年代前半に「永遠の作家叢書」にマルロー論を書いた縁で、ジャンソンはマルローと面識があった。文化省でジャンソンに再会した大臣は「文化の家をひとつあなたにあげよう」と言ったという。

(29) Geneviève Poujol et Madeleine Romer, *op. cit.*, p. 206–207.

(30) Francis Jeanson, *Cultures & «Non-public»*, Le Bord de l'eau, 2009, p. 16.

(31) *ibid*., p. 16.

(32) 海老坂武『サルトル―「人間」の思想の可能性―』岩波新書、二〇〇五年、一二四―一二五頁。

(33) Francis Jeanson, *op. cit*, p. 24.

(34) *ibid*., p. 85.

(35) *ibid*., p. 26.

(36) フランスへの移民史は、次の段階を経たと一般的に説明される。まず第一次世界大戦以前は、イタリア、ベルギーなど隣国からの移民が主流だった。次にふたつの大戦間に、深刻な労働力不足を補う目的で中東欧からの組織的移民が行われたほか、フランスは、ロシア、イタリア、アルメニア、スペイン、ドイツなどからの亡命者の主要な受け入れ国となった。そして、フランスが史上最高の経済成長を遂げた第二次世界大戦終結から第一次石油危機までの「栄光の三〇年」には、安価な労働力を大量に求めたフランスに移民した人々の出身地が多様化した。とくにアルジェリア出身者は、アルジェリア戦争以前の一九四六年から一九五四年までに、二万二千人から二一万人に増加している。さらに、戦争が終結した一九六二年からの三年間に、アルジェリアからフランスへの移民は過去最高を記録した。一方でフランス政府は、アルジェリア移民を抑制する目的で、一九六一年から六五年にかけて、スペイン、ポルトガル、ユーゴスラヴィア、トルコと移民奨励協定を結んだ。Textes et Documents pour la Classe, *L'immigration en France*, n°936, 15 mai 2007, CNDP.

(37) 一九六四年にジャック・ニシェ（Jacques Nichet 一九四二─）が立ちあげた「テアトル・ド・ラクアリウム」は、六八年当時、国立高等師範学校（ＥＮＳ）の学生による劇団だった。ブルデュー＝パスロンの著作『遺産相続者たち』に基づく作品『相続者』は、一九六八年五月にシャティヨン・スー・バニュー演劇祭で上演され、ソルボンヌでも上演されている。Bernard Faivre d'Arcier, L'héritier Création du Théâtre de l'Aquarium (1968), dans Robert Abirached (dir.) *op. cit.*, p. 199–201. なお執筆当時にパリ第一〇・ナンテール大学の教員だったフェーヴル＝ダルシエは、国立行政学院（ＥＮＡ）卒業後、文化省に七二年に入省しておもに舞台芸術分野の要職を歴任し、アヴィニョン・フェスティヴァルのディレクションも経験した元中央政府官僚である。七〇年代末には、本章第五節でとりあげる研究会「ラトリエ」のメンバーだった。

(38) 西川長夫『パリ五月革命私論　転換点としての六八年』平凡社新書、二〇一一年、四二九─四三三頁。

(39) アルベール・ルソー、ロジェ・ボネ共著、前掲書、二二頁。

(40) Didier Béraud, Jeanne Girard, *op. cit.*

(41) Bernard Gilman (dir.), *Dix ans d'action culturelle à Grenoble 1965–1975, Eléments pour un bilan*, Ville de Grenoble, 1977.

(42) Didier Béraud, Jeanne Girard, *op. cit.*, p. 119.

(43) *ibid.*, p. 99.

(44) *ibid.*, p. 63.

(45) ユベール・デュブドゥ、前掲論文。

(46) アンリ・ルフェーヴル（森本和夫訳）『都市への権利』ちくま学芸文庫、二〇一一年。

(47) ロランを招致した当時の文化担当副市長ベルナール・ジルマン氏より、「学芸員の採用は市政府が行った。責任を伴うポストを作ることは、信頼を作ることでもあった」と二〇〇六年三月に行ったインタヴューで説明を受けた。

(48) たとえば、職人集団、カルトゥジオ修道会グランドシャルトルーズの修道士、展示テーマとなる村の住人や該当国出身の移民コミュニティに働きかけて彼らの協力を得た。

（49）Jean-Claude Duclos, De l'écomusée au musée de société, Proposition d'article pour la revue AIXA, Revista bianual del Museu etnologic del Montseny La Gabella, Arbuciès-Grenoble/Juin 2001 Source: <www.musee-dauphinois.fr>-rubrique « Espace ressources »（二〇一五年二月九日ダウンロード）

（50）宮島喬「『相違への権利』から『統合』へ、そしてその後　フランス左翼の一〇年の残したもの」『世界』岩波書店、一九九四年七月。

（51）宮島喬・梶田孝道・伊藤るり『先進社会のジレンマ——現代フランス社会の実像をもとめて』有斐閣選書、一九八五年。

（52）*Rouge et Noir*, No.65 avril 1975.

（53）企業委員会（comité d'entreprise）とは、従業員数五〇人以上の企業において、設置が法的に義務付けられている労使委員会である。解雇などの経営管理問題に関する事前協議を行うほかに、福利厚生の一貫として従業員向けの文化事業なども手がける。

（54）*Rouge et Noir* No.20, juillet 1970.

（55）*Rouge et Noir* No.37, avril 1972.

（56）演劇の分野において、五月革命の影響を受けて現れた先端的傾向の特徴は、（一）戯曲の素材視、さらにその軽視、否定。（二）既成の演劇空間の打破。（三）いわゆる演劇の四要素（作家／台本、劇場、役者、観客）の変質であると分析されている。また客観的論理的に「理解する」だけでなく、人間の奥底の感性と肉体で直接に感じとることを要求される性質を総合して、「肉体の演劇」とも表現される。岩瀬孝・佐藤実枝・伊藤洋『フランス演劇史概説［新装版］』早稲田大学出版部、一九九九年、三二八―三二九頁。

（57）「ブレッド・アンド・パペット（パンと人形劇団）」は、一九六四年に初めてナンシー演劇祭に招かれたが、六九年にはパリでも公式公演を行った。仮面や四メートルにも達する巨大人形を用いて行われる野外での公演がその特徴である。岩瀬孝・佐藤実枝・伊藤洋、前掲書、三二五頁。

（58）エマニュエル・ヴァロン「補論　劇場の外部外部から見た演劇」クリスティアン・ビエ、クリストフ・トリオー『演劇学の教科書』国書刊行会、二〇〇八年、六二一頁。なお、**art de la rue** は、「大道芸」と訳されることが多いが、火吹き、ジャグリング、アクロバットなどの身体芸のみならず、都市の公共空間でときに数日にわたって物語を展開するような大掛かりな劇芸術をも含む。この語が示す都市空間でのパフォーマンスの多様さを考慮し、ここでは「大道芸／街頭劇」と併記した。

（59）Jules Cordière, Reste-t-il sur les trottoirs de nos villes un peu de place pour rêver ?, *Rouge et Noir*, No.20 juillet 1972.

（60）Geneviève Poujol et Madeleine Romer, *op. cit.*, p. 357–358.

（61）*Rouge et Noir*, No.46 mars 1973.

（62）*Rouge et Noir*, No.65 juin 1975.

（63）Maison de la culture de Grenoble, *Ecriture 75*, la ville de Grenoble, 1975. 本書は、複数の著者による作品をまとめたアンソロジーだが、文学担当のアニマトゥール Philippe de Boissy のあとがきによれば、「読者に先入観を与えないために」あえて著者紹介が付されていない。

（64）劇団名は、直訳では「グルノーブルの移住者俳優」を意味する。

（65）註（20）と同じ。

（66）Jean Caune, Créateur/animateur, dans Robert Abirached (dir.), *La Décentralisation théâtrale 4. Le Temps des incertitudes 1969–1981*, Actes Sud-Papiers, 1995, p. 61–78.

（67）岩瀬孝・佐藤実枝・伊藤洋、前掲書、三四二―三四四頁。

（68）*Rouge et Noir*, No.88 octobre 1977.

（69）こうした取り組みへの参加者として、アルマン・ガッティ、ジャック・クレメール、ジャン＝ポール・ヴェンゼル（演劇）、エルネスト・ピニョン＝エルネスト（美術）、ジョルジュ・アペルギス（音楽）といった著名アーティストが挙げられている。

（70）パリ政治学院（シアンスポ）在学中に全国学生連合委員長を経験したヴァロンは、かつてアルジェリア反戦学生運動のリーダーだった。アルジェリアの学生団体との接触を理由に、国立行政学院（ＥＮＡ）受験を三年間禁止されている。その後入学したＥＮＡを卒業後、会計検査官となった。Geneviève Poujol et Madeleine Romer, *op. cit.*, p. 383.

（71）*Rouge et Noir*, No.89 novembre 1977.

（72）当時の新進アーティストとしては、たとえばヌーヴェル・ダンスの旗手として知られる振付家ジャン＝クロード・ガロッタ（Jean-Claude Gallotta 一九五〇― ）の活動がある。グルノーブル出身のガロッタは、一九七六年のバニョレ国際振付コンクール入賞後、ニューヨーク滞在を経て、一九七九年にグルノーブルでグループ・エミール・デュボワを立ち上げ、翌年から文化の家で作品を上演した。

（73）*Rouge et Noir*, No.94 avril 1978. および Rouge et Noir, No.95 mai 1978. 五月二六日から二八日のプログラムは、（一）社会における文化行動の位置づけと役割、（二）芸術創造と文化行動の関係性、（三）文化行動と権力の関係性をテーマとした三つの全体会議と、（一）農村地域における文化行動、（二）コミューンおよび都市部住区のアニマシオンと文化行動、（三）企業における文化行動、（四）文化行動と国民的文化遺産の認識、（五）文化行動、子どもと教育システム、の五つの分科会で構成された。

（74）フランス国立統計経済研究所 INSEE <http://www.insee.fr/fr/ffc/docs_ffc/ip483.pdf>（二〇一五年二月二日ダウンロード）

(75) *Rouge et Noir*, No.88 octobre 1977. この号の付録は、署名して文化省に送付するための「連帯はがき」である。文化の家ホールには一〇月一日から情報デスクが設けられて、パンフレット配布やパリ行きのバス予約を行った。
(76) *Rouge et Noir*, No.96 juin 1978. および Rouge et Noir, No.99 décembre 1978.
(77) *Rouge et Noir*, No.100 janvier 1979.
(78) *Rouge et Noir*, No.105 juin-juillet 1979.
(79) *Rouge et Noir*, No.106 octobre 1979.
(80) *Rouge et Noir*, No.114 octobre 1980.
(81) *Rouge et Noir*, No.116 décembre 1980.
(82) Pierre Emmanuel, Culture, noblesse du monde, histoire d'une politique, Paris, Stock, 1980, dans Geneviève Gentil et Philippe Poirrier (Textes réunis et présentés par), *op. cit.*, p. 84–88
(83) Jacques Renard, *L'élan culturel. La France en mouvement*, PUF, 1987, p. 64–70.
(84) *Rouge et Noir*, No.118 février 1981.
(85) *Rouge et Noir*, No.119 mars 1981.
(86) *Rouge et Noir*, No.120 avril-mai 1981.
(87) 中山洋平「第七章　第一次世界大戦から現在」佐藤彰一・中野隆生編『フランス史研究入門』山川出版社、二〇一一年、二一八―二一九頁を参照。
(88) ピエール・ロザンバロン（新田俊三・田中光雄訳）『自主管理の時代』新地書房、一九八二年。
(89) 一九七三年に国民議会議員にイゼール二区から選出されて七四年に社会党に入党したデュブドゥ市長は、GAM理論に基づく参加型地域民主主義実践の実績によって全国に知られた。また、七七年以後は、社会党共和派自治体議員全国連盟（Fédération des élus socialistes et républicains　以下FNESRと略記）会長を務め、左派地方議員のリーダー的存在と目されていた。
(90) 渡辺和行・南充彦・森本哲郎『現代フランス政治史』ナカニシヤ出版、一九九七年、二一五頁。
(91) レンヌ、ポワティエ、クレルモンフェランなどの革新自治体首長ネットワーク「フランス都市首長協会（association des maires de villes de France）」では、デュブドゥ・グルノーブル市長が理事長を務めた。
(92) 二〇〇六年三月に行ったベルナール・ジルマン氏へのインタヴューと、二〇一一年三月に行ったジャン・ディーニュ氏へのインタヴューで、七〇年代の自治体文化政策の経験が直接反映された議論を示す資料として、『レ・カイエ・ド・ラトリエ』を検討するよう助言を受けた。

(93) Pierre Gaudibert, *Action culturelle: intégration et/ou subversion*, Casterman, 1972. ゴディベールは、一九六七年にパリ市近代美術館内に現代美術展示研究部門「ARC：推進-研究-対決（Animation-Recherche-Confrontation, ARC）」を創設して活動し、一九七二年にグルノーブル市立美術館に移って、七七年まで館長を務めた。またグルノーブルでは、現代美術センター「ル・マガザン（Le Magasin）」の立ち上げにも関わっている。著書『文化行動――統合か転覆か』では、レーニン、フランス人民戦線、そしてマルローによる国民統合を目的とする文化政策の歴史をたどったうえで、これとはまったく異なる文化政策の方向性として、アルチュセール、ライヒ、ニザン、グラムシ、デュビュッフェらの議論を示した。

(94) たとえば、一九四五年生まれで最年少のJ・クレマンは、一九七四年に文化省に入省した中央政府官僚だった。後年の彼の著書には、「ラトリエ」の議論に通底する文化観が簡明に示されている。ジェローム・クレマン（佐藤康訳）『娘と話す文化ってなに？』現代企画室、二〇〇八年（原著は、二〇〇〇年発行）。クレマンは、多くの要職を歴任したが、とくに仏独総合テレビ・チャンネル「アルテ」の創設と草創期を率いた経歴で知られる。

(95) 井上すず、前掲論文。井上によれば、A.D.E.L.S.機関誌「コレスポンダンス・ミュニシパル」の購読者数は一五〇〇人であった。なお、『カイエ』誌自体の発行部数は不明である。

(96) *Les cahiers de l'Atelier 1, Politique culturelle*, A.D.E.L.S., déc. 1978 janv. févr. 1979, p. 3.

(97) cultivé は「教養のある」という意味だが、「耕された文化（la culture "cultivée"）」という表現については、前述した五月革命当時のジャンソンの議論を参照されたい。

(98) *ibid.*, p. 21–41.

(99) 能力主義（メリトクラシー）は、共和国の理念的原則のひとつであり、公教育が万人への平等な機会を保障するため、学業の成功を通して出自、貧富差などに拘らぬ社会的成功が実現されるとする。しかし文化社会学の発達は、「解放学校の神話」を明らかにした。たとえば、ピエール・ブルデュー（立花英裕訳）『国家貴族Ⅰ、Ⅱ エリート教育と支配階級の再生産』藤原書店、二〇一二年、六七三―六七四頁の議論を参照。

(100) 大衆の趣味と潜在的な市場は、ゴシップ情報の流布や「ガラ・コンサート」などの営業活動を通して人工的につくられると述べられている。

(101) ブルデュー&パスロン（宮島喬訳）『再生産――教育・社会・文化』藤原書店、一九九一年（原著は一九七〇年）。二七七―二八九頁の「解説」を参照。

（102）*Les cahiers de l'Atelier 1.*, p. 40–41.

（103）*ibid.*, p. 45–55.

（104）アイデンティティ再発見の例としては、七〇年代に進展した、脱植民地化、女性運動の発展、社会的、地域的少数者の運動が挙げられている。

（105）実存主義の術語としての「投企（projet）」は、絶えず自己を超えていく働きを表す。

（106）ここで「創造（création）」は、民主化の対象であり評価の定まった「芸術（les beaux-arts）」と区別するかたちで、おもに同時代の社会的諸課題を反映する芸術創造活動を表している。現代的な知と感性を重んじる点において、日本語でいう〝アート〟に近い。

（107）*ibid.*, p. 15.

（108）*ibid.*, p. 40–41.

（109）*ibid.*, p. 5–6.

（110）地理的に近接する複数自治体で構成される“pays”を、「くに」と訳した。一九七〇年代の“pays”は、アソシアシオンとして存在することもあったが、一九九五年に法律上でも広域行政の単位となり、現在は「ふるさと圏」と訳される場合もある。

（111）*Les cahiers de l'Atelier 2, Un plan culturel pour les communes*, mars-avril-mai 1979.

（112）当時の革新自治体の文化政策は、「都市（cité）における文化行動」と表現されることが多かった。cité は、市民権や都市の市民共同体を表すラテン語の civitas を語源としている。

（113）ピエール・ロザンバロン（新田俊三・田中光雄訳）、前掲書。七〇年代フランスの自主管理社会主義は、国家を「支配的機能」から撤退させて、社会的調整を担う「指導的機能」へと役割変更させる立場を明らかにしていた。

（114）中田晋自「フランス地方分権改革の源流（上）（下）一九七〇年代の都市コミューンにおける分権化要求運動」『立命館法学』二六八号、一九九九年、『立命館法学』二六九号、二〇〇〇年。

（115）アルベール・ルソー、ロジェ・ボネ共著、前掲書、四〇―四一頁。

（116）同上、一頁。

第三章

第一次地方分権化改革における制度設計

第三章　第一次地方分権化改革における制度設計

一九八二年と八三年に成立した地方分権化関連法と、その後の改革は、現在にいたる地方行政制度の礎を築いた。これは、二〇〇五年の憲法改正を伴う分権化の深化と区別して第一次地方分権化と呼ばれる。以下では、当時の文化省に注目して、国と自治体の間に新たな関係性が構築された過程を分析する。

本章のひとつの目的は、このとき整備された自治体文化政策を支える国の制度を確認することにある。文化省が築いた自治体との「パートナーシップ」は、分権化後の都市文化政策の基礎構造となり、あらゆるレベルの自治体が国と「ともに」政策を実践する状況を出現させた(1)。

もうひとつのより中心的な目的は、八六年春まで文化省内で自治体との関係構築を担当した「文化的発展局（direction du développement culturel 以下ＤＤＣと略記）」が、分権化の名のもとで、自治体文化政策に対する国の関与が継続する制度をなぜ設計したのかを明らかにすることにある。同局は、七〇年代のグルノーブルで自治体文化政策の実践を経験した者を中心に構成されていた。

第一節　ミッテラン政権成立前後の文化政策ヴィジョン

1　ラング文化大臣と省予算の倍増

一九八一年五月、フランス大統領に選出された社会党のフランソワ・ミッテランは、ジャック・ラングを文化大臣に任命した。法学者としてナンシー大学で教鞭をとっていたラングは、「ナンシー演劇祭」（一九六二―七七）を創設し舞台芸術の新潮流を創った実績で知られる演劇人でもあった。七二年にはパリの「国立シャイヨー劇場」の芸術監

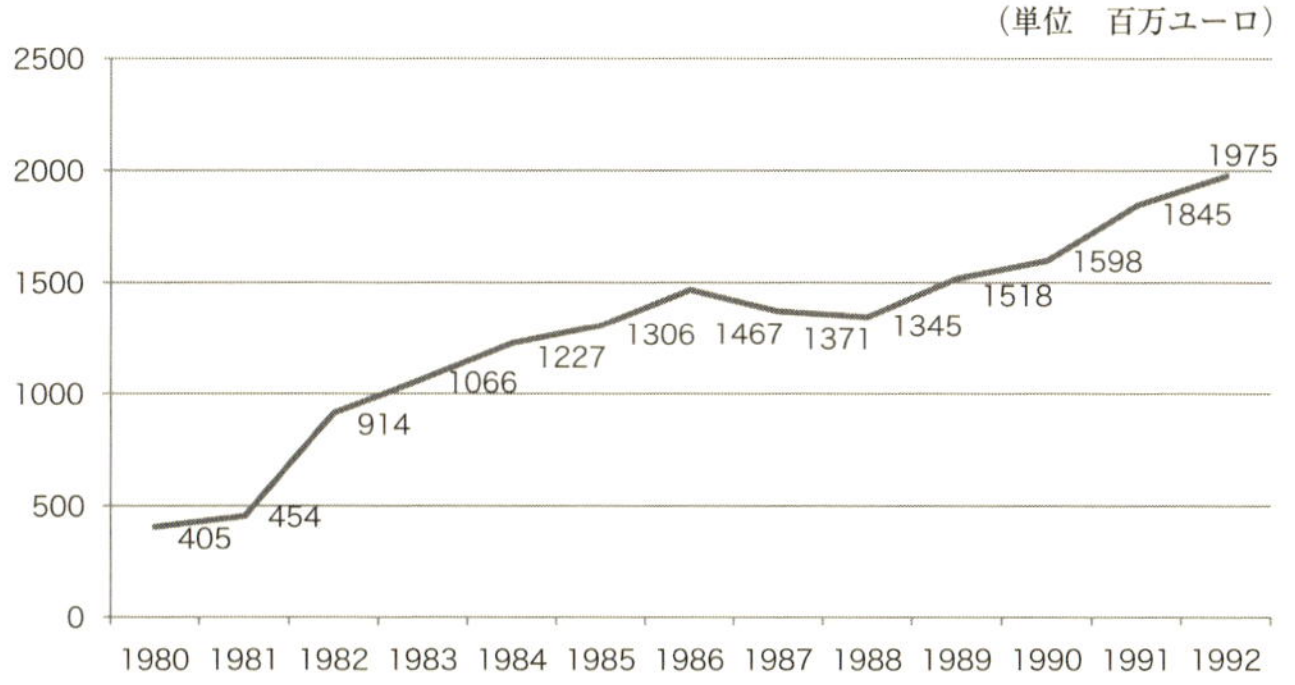

［出典：Ministère de la Culture et de la Communication, *Chiffres clés 2012 Statistiques de la culture*, p. 226 より筆者作成］

図9　文化省予算の推移（1980–1992）

督に任命されたが、七四年に突然解任され、その後ナンシーで「フランスの文化的低開発会議（colloque sur le sous-développement culturel français）」を開催している(2)。

ラングは、ミッテランの要請を受けて七七年に社会党に入党し、七九年に文化担当総書記となった。そのためラングの登場は、「七〇年代末の社会党に突然あらわれた」、あるいは「従来の文化行動を超える政策を構想するために、ミッテランに招かれた」と説明される(3)。つまり彼は、七〇年代の革新自治体における文化行動の実践者ではなく、むしろ文化行動の制約を離れてみずからの芸術創造を自由に追求することを望むアーティストに近い立場を明らかにしている政治家であった。

ミッテラン政権期に文化省の政策領域は拡大し、その後の国の文化政策の基盤が築かれた。文化省予算は、政権成立とともに倍増し、ラング在任中に対国家予算一パーセントのレベルに近づいた【図9】。ラングが、文化省予算を初年度に中央政府予算合計の〇・七五パーセント、数年後には一パーセントとする約束を、大臣就任直後に大統領から直接とりつけた事実が明らかにされている(4)。だが、これまでにも見てきたように、この画期は、彼ひとりの力で到来した訳ではなかった。

われわれは、その何年も前から、社会主義プロジェクトとは本質的に文化プロジェクトなのだと主張していた。私の論は、モロワ〔首相〕やミッテラン〔大統領〕をはじめ、皆が共有していたヴィジョンをあらためてとりあげたに過ぎない。私は、社会全体と行政全体に文化が浸透すべきだと述べて、おそらくは少々強引に主張した。ローラン・ファビウス〔予算大臣〕から、ピエール・モロワ〔首相〕、ジャック・ドロール〔経済大臣〕に至るまで、全員が同じ信念を共有していたのだから、これは例外的なことだった。(5)

ラング自身は、政権成立前夜の状況をこのように説明している。つまり、ミッテラン政権を成立させた党内の諸派閥は、一九七〇年代末の時点では一致して、文化による社会変革を求めていたということだ。政権成立を実現した社会党は、それぞれに異なる社会主義的変革のイメージを抱いた複数の派閥を束ねた多面的な集合体だったから、文化問題を重視する点で一致をみたことは、きわめて「例外的」だったのである。

では、社会全体に浸透すべきだとされた「文化」とは、政権成立前の時点で何を意味していたのか。まずは当時の社会党の公式見解を参照してみよう。

2　個人と集団の発意を増す

一九八〇年に発表されたフランス社会党政策綱領『社会主義プロジェクト』は、翌年の大統領選に向けて党の方針を示したものだ。その要約版が、大統領選での社会党マニフェスト『一一〇の提案』となった。

当時、英国では七九年に誕生したサッチャー政権が福祉国家から自由主義経済国家への転換に着手し、米国では八一年一月に始動したレーガン政権が「小さな政府」への改革を宣言していた。だが、こうした新自由主義的な世界趨勢のなかで、フランス社会党は、「社会主義の実現」を標榜していたのである。自由主義的なジスカール＝デスタン政権下で悪化した経済状況を背景に、社会党が打ち出した政策は、社会主義的な手法による経済再建であった。すなわち、基幹産業や銀行を国有化する一方で、社会保障給付と有給休暇を拡大し、さらに所得保障付き早期退職制度の実現などによって国内需要を創出し、経済を再建するという公約だった。前述のラング発言の前提には、七〇年代末から八〇年代初頭の社会党が、社会全体のパラダイム変換を宣言していた文脈があった。『社会主義プロジェクト』は、このなかで「社会主義プロジェクトは基本的には文化的なプロジェクトなのである」と宣言している。綱領の文化ヴィジョンは、高度資本主義社会における、個人の精神的なふるまいへの危機意識に貫かれており、そこでもっとも問題視されたのは、個人の精神の受動化や無気力化であった(6)。

したがってこの政治マニフェストは、「責任を担う男女」を育む行動計画として、文化の問題を論じている(7)。各社会集団の文化を尊重する文化多元主義に基づき、創造の自由、批判精神の涵養、集団的文化実践、そして抽象力や表現の育成を図る。また、学校教育と情報手段を改革し、創造環境を整備し、あらゆる検閲を廃止するとともに、「人格の本質部分に創造性を育む」のために芸術教育を実施することが謳われた。

社会党員の文化要求は、かれらがフランス人民に提出する『プロジェクト』に釣り合ったものである。……文化要求がみたされるのは、各個人が社会における自分の立場を理解し、そこで自分の責任をとることを可能にするような手段を手に入れたときだけである。

社会党員にとって、文化は特権をもった消費者の市場に限定されはしない。社会党員にとって、人間存在にかかわることはすべて文化的なものであり、この観点から見るなら『社会主義プロジェクト』は基本的には文化的なプロジェクトなのである。(8)

われわれは受け身の文化から責任の文化へ移行することを望む。それは、各人にとっては、自分がおかれている状況を知ること、知識を制御すること、創造的イニシアチヴの能力を意味している。(9)

文化を「責任をとるための手段」であると定義し、文化に社会を構成する個人の主体性の基盤をみる視点は、一九七〇年代左派自治体の文化政策実践を裏付けた議論に通底する。六八年「五月革命」以後の文化行動の思想と理論は、ランボーの詩句を引いて「(人) 生を変える (changer la vie)」と謳った、社会党の政治プロジェクトに組み込まれていた。デイヴィッド・ワクテル (David Wachtel) は、文化政策がまず七〇年代後半に左派自治体で重視され、その後国政の問題となった経緯を論じている(10)。七〇年代を通じて、社会党は国政に先行してまずは地方政治のレベルで勢力を伸長したのであり、文化問題を重視する流れを党内につくったのは、七〇年代後半の、とりわけ七七年の統一地方議会選挙以降の革新市政革新自治体で文化政策を実践していた地方議会議員である。当時すでに、一八の市で文化予算は総予算の一〇パーセントを超えていた。また「社会党共和派自治体議員全国連盟 (FNESR)」の文化政策研究会が、全国の左派首長間の情報交換の場となっており、経験の共有も図られていた(11)。
「社会主義プロジェクトとは文化プロジェクトである」というラングの発言は、したがって少なくとも八一年の政権成立までは、地方都市の状況に背後から支えられていた部分が大きい。

3 文化省の新しいミッション

ラングの文化大臣就任から約一年後、文化省のミッションは、政令《デクレ》で以下のように書き換えられた。

文化担当省は、すべてのフランス人が考案、創造し、自由に才能を表現し、またみずからが選択する芸術教育を受けられるようにすること。国、地方およびさまざまな社会集団の文化遺産を共同体全体の共通利益のために保全すること。芸術と精神の作品の創造を奨励しできるかぎり広く支持されるようにすること。世界の文化 [cultures] との自由な対話のなかで、フランスの文化と芸術 [la culture et l'art de la France] の威光に貢献することをその使命とする。

(一九八二年五月一〇日付、文化省の組織に関する政令《デクレ》 no.82–394)

政令《デクレ》は、省の使命を、（一）全国民の創造力の開花、（二）文化遺産の保全、（三）芸術創造の奨励、（四）国際文化交流の順に明文化し、マルローが起草した文化省創設時のミッションとは差別化された新姿勢を明らかにした。ここでは、あらゆる個人が創造の主体としての可能性をもつことがまず強調されており、以前は「われわれの」とだけ表されていた文化遺産については、国だけでなく地方やさまざまな社会集団もまた固有の遺産をもつとされた。最後の「フランスの文化と芸術」は単数形だが、世界の複数の文化との「対話」のなかに位置づけられている。これは、「人類の、そしてまずフランスのもっとも重要な作品を」と述べた、マルローの普遍主義的な文化観とは一線を画した記述である。

国民の創造性を重視する姿勢と、多元的に再定義された文化概念は、国の文化政策の新たな出発点となった。この基本方針は、各固有の文化が市民的判断力や批判力の基盤であるとした『社会主義プロジェクト』の主張に通じる。また前章でみた、七〇年代の「ラトリエ」の議論にも通底する部分がある。

ラング文化大臣の官房長を務めた官僚ジャック・ルナール（Jacques Renard）が、後に八六年までの文化省を振り返って述べたように、「個人と集団により多くの権力を与えて、発意する力を増す」ことは、社会党政権の文化政策を導いたひとつの基本理念だったのである(12)。

4　文化と経済を結びつける

だが一方で、ルナールは、「われわれがみずからに課したのは、文化と経済を結びつけ、国の文化産業の調和のとれた発展を確かなものにすること、そして何よりも創造と創意の機運を高めることだった」とも説明している(13)。社共連立政権による「大きな政府」の実験は、経済危機からの脱出への展望をいっこうにもたらさなかった。このなかで、大統領、文化大臣そして首相がたびたび強調したのは、「文化は経済再建に資する」という議論だったのである。一九八一年から八三年春までの、政権首脳の発言を検討してみよう。

五月の大統領選を控えた一九八一年三月にメキシコで開催されたユネスコ会議「社会変革と創造」でのミッテラン講演「政治家と創造者の関係」と、同年一一月の国民議会における文化大臣演説に共通するキーワードは、「創造」と「分権化」である(14)。翌八二年七月にメキシコで開催された文化大臣世界会議でも、ラングは「創造」に力点をおく講演を行った(15)。分権化については節を改めるが、ここでは創造をめぐるふたつの文脈と、国の文化政策の動機を確認する。

まず「創造」とは、一義的にはプロのアーティストによる芸術創造を指す。「[経済]危機の時代に文化予算を倍増することははたして適切だろうか?」という問いかけから始まる八一年一一月のラング演説は、国民議会での予算審議に際してアーティストや文化人を前に行われた。ここでは文化省が、全政府的に推進される「文明化を担う省」として、また「芸術と創造に奉仕する省」として定義されている。このときラングは、増加する文化予算を、前政権の文化省において低迷していた芸術組織への助成に振り向けると宣言した。

ラングは、二〇年後のインタヴューでこの演説を振り返り、アーティストと国家の間に「共生関係」が生まれはじめた時期だったと説明している(16)。一九三六年からの人民戦線期を唯一の例外として、社会党(PS)は、旧社会党(SFIO)以来の長い歴史のなかで、ほとんど芸術家と関わったことがなかった。ラング自身も、ミッテランの要請を受けて一九七七年に入党するまでは、芸術界との結びつきが深い共産党の方にむしろ魅力を感じていたという。社共連合政権の大統領は、芸術家と接点がない社会党の空白を埋めようとしていたのであるとラングは指摘し、むろん自身も芸術家と国家の関係性を変えたかったのだと述懐した。文化省を「アーティストとクリエーターのための省」とすることは、党のイメージを更新し、共産党との連立政府における社会党の十全な権力を象徴するうえでも重要だったのである。

第二に、「社会主義の実験」が経済再建につながらないなかで、「創造」を経済発展の牽引力とみなす言説が、時とともにより顕著に強調されていく。このとき個人の裡に眠る創造力は、経済危機克服のための「資源」として開拓されるべきだとされた。ラングは八一年一一月の国民議会演説において、省予算倍増を理由づけるかのように「経済再生と文化の再生は相互補完的である」と主張している。そして八二年七月の文化大臣世界会議での講演では、「経済再生に資する文化」をいっそう前面に打ち出した。「経済危機は、われわれの頭のなかや精神的なふるまいのなかにあるのだから、「精神に力を与え、創造と創作に力を与えて社会的闘いをすすめる」ことを通して「経済危機は阻止できる」という主張がなされたのである。

創作と創造の意味を再発見する社会は、この国で暮らす各個人が経済危機を克服するうえで必要な理念的作用をもたらすだろう。そしてもっとも重要な資源は、ここに、私たち自身のなかにある。われわれの知性のなかにある未開拓の鉱脈は、とても大きいのである。(17)

芸術創造を社会に位置づけることによって個人の潜在力を開花させる目的が、二年前の『社会主義プロジェクト』で論じられた市民的責任を担う主体の問題から、ここでは経済危機の克服に置き換えられている。本論でみてきた「文化行動」をめぐる歴史に照らせば、これは決定的な分節点だった。

ラングの側近であったルナールは、そもそもラングにとって、方向性や目標を定める理論やイデオロギー的前提は存在しなかったのだと指摘している(18)。文化大臣は、知識人というよりはむしろ直感の人であり、設定範囲に活動を封じ込めるような固定的な予断をいっさい認めなかったという。政権成立までの過程で集団的に積み上げられてきた理論と、文化大臣ラングの発言や決定には、少なからぬ乖離があった。

他方、現職の首相として、新政府の政策実施状況を現在進行形で著したピエール・モロワ（Pierre Mauroy 一九二八―二〇一三）は、七〇年代の北部地方で自身が文化政策に取り組んだ経験とその成果を強調している(19)。モロワもまた、文化省予算倍増の根拠を、文化が経済発展の手段となる点に置いていた。

私は、ノール＝パ・ド・カレ地域圏において、異例ともいうべき規模の文化政策を断行した経験がある。ジャック・ラングという推進力を得て、われわれは文化省の予算を倍増し、この取り組みを全国規模でふたたび行うのである。なぜなら、私は文化が経済発展の手段のひとつだと確信するからだ。他の投資が一〇年から一五年でようやく効果を生むのに対して、文化は、短期間での活性化を可能にする。(20)

一九八三年二月にパリ・ソルボンヌで、政府は、「創造と発展」と題したシンポジウムを開催した。エコノミスト、労組幹部、産業人、芸術家、作家、研究者、技術者、哲学者など、さまざまな分野で「クリエイティヴ」と見なされていた顔ぶれが招かれ、一堂に会している。ここでミッテラン大統領は、従来型の経済システムから知識社会への構造転換を図る政府の方針を披露し、国家による新しい文化政策をこの文脈に位置づけてみせた。

光ファイバーの敷設開始を昨年一一月に決めた時点で、政府はこの産業のためのプログラムを決定した。そしてここから全国を潤す一連の政策が始まったのである。産業的創造のための国立教育機関の設立、映画改革、若者の芸術教育法制化準備、音楽、演劇、美術の振興、非凡なイメージの鉱脈となる国の文化遺産の積極的修復、長年周辺的に扱われてきた芸術や技術の再認識（ポピュラー音楽、ロック、ジャズ、まんが、写真、モード、ガラス、玩具、家具）。地域圏、県、コミューンにおいて従来の中央集権を変えるよう努め、フランス国民の創造力が深部で覚醒するように促す。

そのために鎖の両端を結ぶべきである。一方でもっとも近代的な産業への投資を行い、もう一方でわれわれの社会のあらゆる繊維のすみずみにまで、創造的な精神をいきわたらせる。われわれのプロジェクトは確信に基づいている。文化産業は未来の産業だ。通信産業、知識産業、プログラム産業、レジャー産業。強調するが、文化への投資は経済への投資である。［後略］(21)

まもなくミッテラン政権は、同月に、「欧州通貨制度（ＥＭＳ）」離脱か残留か、という懸案に決着をつけた(22)。フランスが「残留」を選択し、ＥＭＳの枠組みを受入れて欧州統合に向かう決断は、社会主義の実現を断念して、市場経済における国際競争力の強化へと大きく舵を切る抜本的な方針転換を意味した。企業国有化などを通した政府統制の強化と、国内需要の創出によって経済を再建する国内経済重視の「一国社会主義」を掲げて成立した同政権は、二年後にはこうした経済政策を断念することを明確にしたのである。これは、フランス政治史上の重大な転換点とされ、「転回（le tournant）」と呼ばれる。「文化への投資は経済の投資」であると強調するミッテラン政権の文化政策は、「転回」の前後からいっそう明らかに経済への貢献に軸足を置くようになった。

文化政策史研究のポワリエは、この歴史的転換点をとらえて、「文化と経済の相乗作用が主張されたことはコペルニクス的転回であり、社会党の政治文化の核心を冒した」と述べている(23)。文化のミリタンたちによって草の根から積み上げられ、革新自治体の政策実践を支えた後に、七七年地方議会選挙の追い風を受けて社会党の文化政策理論に組み込まれた真正な民主主義を希求する文化政策の理念は、ミッテラン政権の中枢で急速に色あせたのだった。

第一次地方分権化がこうした転換期に行われたことは、文化政策の制度設計をめぐる中央政府と自治体の関係性を検討するうえで、きわめて重要だ。何故なら、一般にはラング文化大臣によってもたらされたと理解されてきた社会党政権期の文化省の新方針は、歴史的にみれば、自治体側から形成された層を少なからず含んでいたからだ。とりわけ、七七年の地方議会選挙で選出された首長と議員の任期が継続していた八三年までの六年間には、『社会主義プロジェクト』が高らかに打ち出してみせた文化政策の理念が、左派自治体政府内にたしかに息づいていた。そしてこうした考え方をめぐる賛否は、各地域社会において大きく分かれた。当時、「右派の文化政策と左派の文化政策が存在する」という対立は、いやがうえにも明確に意識されていたのである(24)。

第二節　第一次地方分権化改革と自治体文化政策を支える制度

一九八一年七月にミッテラン大統領は、「フランスは、建国のために強力な中央集権を必要とした。今日、フランスは解体しないために地方分権を必要とする」と宣言した。伝統的に国家中心主義の立場をとってきた左派が、地方分権に転向することが明らかにされたのである(25)。地方分権改革の推進を担当する内務大臣には、マルセイユ市長を兼職するガストン・ドフェール（Gaston Defferre 一九一〇—一九八六）国民議会議員が任命された。

1　第一次地方分権化改革の概要

地方分権化改革は、「コミューン、県および地域圏の権利と自由に関する一九八二年三月二日法」によって、ドフェール内務大臣のもとで着手された。自治体への権限委譲については、「コミューン、県、地域圏および国の権限配分に関する一九八三年一月七日法」およびこれを補完する同年の「七月二二日付法」で定められた。これらの法に基づく分権化改革は、（一）知事制度の廃止と県の組織改革、（二）市町村に対する国の事前監督の廃止、（三）地方自治体としての地域圏の創設、（四）国から地方自治体への大幅な事務権限の委譲、（五）財政改革、（六）地方公務員制度改革を主要な軸とした(26)。

（三）の地域圏《レジオン》（région）は、従来は「国家経済政策に関する地方側の権限と手段を与えられ、その限りで自治と責任をもつ」（一九六四年三月一四日政令）公設法人（établissement public）だったが、地方分権法によってその権限が拡大され、独自の議会と首長をもつ地方自治体となった(27)。このとき地域圏には、「文化的発展の促進」と「地域アイデンティティの確立」に資する役割が認められている。（四）の権限委譲においては、同一分野の権限を一括して最適なレベルの自治体に移譲することが原則であり、必要な財源は、国が全額を保障するものとされた。（五）の財政改革は、補助金

表８　文化分野の権限分配

コミューン／教育行政組織	県	地域圏
■ コミューン直営音楽・ダンス・演劇教育施設、美術教育施設の整備・運営 ■ コミューン直営貸し出し図書館 ■ コミューン直営博物館・美術館の運営と財政支出 ■ コミューンの公文書の保存と活用 ■ 一部公共建築の美術作品設置（投資費用の１％）	■ 県立音楽・ダンス・演劇教育施設、および教育施設の整備・運営 ☆ 中央貸し出し図書館 ■ 県立博物館・美術館の運営と財政支出 ☆ 県公文書の保存と活用、県立公文書館への財政支出 ■ 一部公共建築の建設時美術作品設置（投資費用の１％）	■ 地域圏現代美術基金（FRAC）の運営 ■ 地域圏立音楽・ダンス・演劇教育施設、および美術の公教育施設の整備・運営 ■ 地域圏立博物館・美術館の運営と財政支出 ■ 一部公共建築の建設時美術作品設置（投資費用の１％）

（注）下線部は県レベルに限定して委譲された義務的権限

［出典：Répartition des compétences Tableau synthétique septembre 2011, Ministère des affaires intérieuresおよび Jean-Luc Boeuf, Manuela Magnan, *Les collectivités territoriales et la décentralisation (2e édition) Découverte de la vie publique*, La Documentation française, 2006, p. 31–33 より 2004 年 8 月 13 日法以前の状況について筆者作成］

の包括一元化を進める方向で行われた。そのため使途を特定する補助金は例外的なものとなり、事業の選択と実施は、原則的に地方自治体の決定に委ねられることとされた。

2　自治体の自由裁量に委ねられた文化

「権限分配法」は、国、地域圏、県、コミューンの各レベルの責任に帰する権限を特定した。しかし、文化に関する行政権限のなかで、国家から一定レベルの自治体に限定的に委譲されたのは、県に義務づけられた公文書館と中央図書館に関する権限のみである。また全レベルの地方自治体に対して、芸術教育に関与する権限が認められた。つまり同一分野の権限を一括して、必要な財源とともに一定レベルの自治体に委譲することが権限分配の大原則であったにも拘らず、文化の権限はほとんど階層化されなかった。そのため文化の領域における公共政策は、ほとんどが、あらゆる自治体に同様に属する一般的権限によって実施されるものとなった。

したがって、自治体の義務としての文化行政の幅は、ひじょうに狭い。もともと分権化以前から自治体立だった図書館やミュージアムおよび芸術教育施設の整備運営、そして国から移管される公共建築に関わる「文化のための一パーセント」の実現が、全自治体に課せられた義務であり、県は、これに加えて、公文書館と中央図書館に関する義

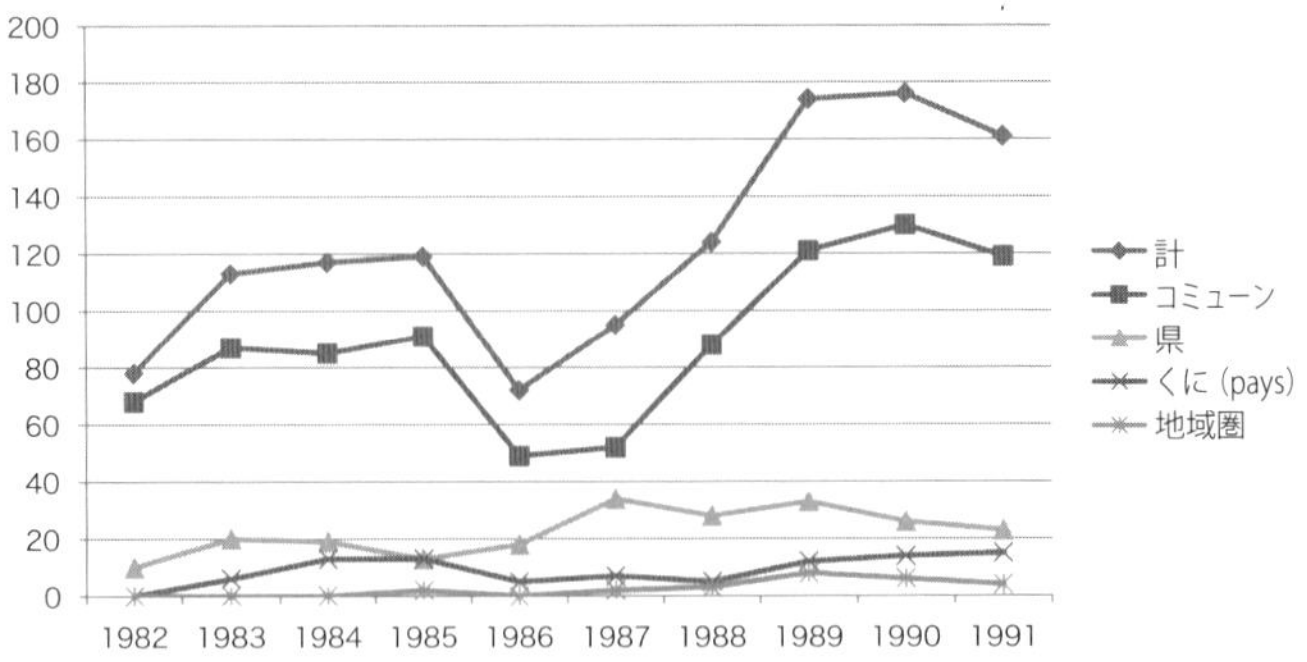

（注）この統計は1982年に署名された地域圏との協定25件を含んでいない。
［出典：*Développement culturel*. Supplément à la lettre d'information No.342 du11 mars 1993 より筆者作成］

図10　文化的発展協定署名件数の推移（1982–1991）

務を負う(28)。これ以外については、どんな文化政策にどのレベルの自治体が着手してもよいし、逆に関与しなくても構わない。文化に関わる公共政策の大部分は、各自治体が自主的な判断によって取り組む、自由裁量に委ねられたのである。

なお、「文化の家」のような公設民営の文化機関は、そもそも地方分権法の対象外であり、アソシアシオンによる運営理事会に国と複数の自治体の代表者が共存して方針を協議し、運営資金を分担する状況には変化がなかった。

3　協定に基づく国の助成

一九八二年三月二日法第九三条は、文化の地方分権化のために「地方自治体の文化事業負担を軽減し、当該事業の発展に寄与するために国が支給する特別交付金」の設置を定めており、その七〇パーセントが自治体の事業負担軽減のために使用され、三〇パーセントが「文化的発展基金（fonds de développement culturel）」として、各地域圏（régions）に配布されることが規定された。この条文に交付金の配布方法に関する規定はないが、文化省は、自治体に使途を一任するブロック・グラントではなく、国と自治体の双方が合意する事業計画をあらかじめ策定して使途を定め、自治体側の投入予算額を明記した上で、マッチング・グラントとして国の助成を交付する方式を選択した。

さらに同法は、自治体の文化事業負担軽減と事業発展のための特別交付金を設置した。ここでも文化省は、自治体に使途を任せず、国が合意した事業計画と自治体投入予算額を定めて助成を行う方式を選択した。両者の協力内容を明文化して契約を取り交わす「文化的発展協定」は、八二年からの一〇年間で計一二五四件成立した。これが、現在にまで引き継がれる「協力という政治的文法」を確立したと説明される(29)。

国と自治体が協定を結んでともに政策を推進する例は他領域でもみられるが、文化の分野では、権限が階層化されていないために、全レベルの自治体が国と協定を署名した点が特徴的である。また、成立した協定総数も多い。「文化的発展協定」は、八二年にまず全地域圏と署名された。八五年までの四年間で署名された四二七件の協定には、約一億八〇〇〇万フランの国家予算がつけられ、自治体側は約二億三〇〇〇万フランの予算を投入した。

4　地域圏重視

地方分権化によって自治体となり、一九八六年に第一回直接普通選挙が予定されていた地域圏は、文化省が新しい施策を全国展開する基盤となった。文化的発展基金を財源として、全地域圏との文化的発展協定が成立したほか、地域圏レベルに置かれた省の分散化組織である「地域圏文化局（ＤＲＡＣ）」が拡充され、ここから自治体文化政策への活発な関与が行われるようになった(30)。さらに、以下の組織が始動した。

•「地域圏現代美術基金（**Fonds régionaux d'art comtemporain** 以下ＦＲＡＣと略記）」。ＦＲＡＣは、現代美術の創造支援と普及を行う組織として、アソシアシオンの形態で設立された(31)。財源は、国家と地域圏が折半する。ＦＲＡＣの責務は、地域圏が保有する現代美術コレクションを形成することであり、作品購入を通じて同時代のアーティストを支援する。またＦＲＡＣは、写真やビデオ・アートを含む現代美術の多様な傾向を反映する展覧会を開催する。基金による購入対象は、存命作家の作品に限られる。

・「地域圏ミュージアム作品購入基金（Fonds régionaux d'acquisition des musées 以下FRAMと略記）」。ミュージアムのコレクションを形成する作品購入のための地域圏の基金であり、FRACと同様のシステムで運営される。
・演劇助成については、各地域圏に分散化された決定組織が設けられ、地方で活動する演劇人らが専門家委員会を構成した。

地方分権化後の地域圏は、都市文化政策を担う主体としての重要性を増した。また、拡充された地域圏文化局（DRAC）と新設組織に専門的な人材が配置されたことで、都市文化政策の策定実施の担い手の専門職化が進んだ。

第三節　文化の分権化を担った自主管理派の構想

文化省内で、文化政策の分権化プロセスを牽引したのは、グルノーブル出身者を中心に構成された「文化的発展局（DDC）」である。

1　文化的発展局（一九八二―八六）

文化的発展局（DDC）の組織は、一九八二年五月一〇日付の政令によって正式に発足した(32)。ラング第一期（一九八一―八六）の文化省は、八つの局（directions）、一代表部（délégation）と国立映画センター（Centre national de la cinématographie 以下CNCと略記）で構成されたが、七七年に設けられた文化的発展部（mission）を局のレベルに引き上げたことが、この改組の主柱であった。DDC以外の七局の担当分野は、公文書、図書館・読書政策、文化財、ミュージアム、演劇・舞台芸術、音楽、美術で、前体制から専門分野別の縦割り組織を引き継いでいる。新局であるDDCは、省の従来組織の枠組みに収まらない、政権が打ち出した新しい政策を中心的に担うことが求められた。

八二年一二月二三日付「大臣命令《アレテ》」が定めたDDCの業務は、(一)自治体との契約政策、(二)国が助成する全国の文化行動機関(EAC)の監督、全国芸術普及協会(ONDA)および文化行動技術協会(ATAC)の担当、(三)一定の観客層に向けた芸術活動や文化行動に関する支援、および地域文化およびマイノリティ文化の担当、(四)文化産業政策、(五)文化的発展を担う人材の雇用政策構想、(六)調査研究、(七)国際問題、と広範囲にわたっている。

DDCの活動範囲は複雑で、省内の部局間の境界をまたぎ、さらに文化省以外の省の担当分野にも及んでいた。新政府が注力した地方分権化や新しい文化分野の認知、そして文化産業などを担当した一方で、「文化の家」をはじめとする地域文化機関であるEACの管轄も担っていたからだ。このため文化省内では、異端扱いされ、多くの異論を向けられて、イデオロギー的にもかなり問題視された部局だったと指摘されている(33)。

同局が存在した四年の間に、担当業務の範囲は二度修正され、公式に付与された役割は徐々に変化している。一九八三年には、文化経済と雇用対策を強化する方向で局内の組織変更が行われた。続いて八四年四月には、DDCの責務が見直され、主導的な事業実施よりも、省内の他部局や地方自治体との協議による「促進と調整」の役割が強調された。また八二年の政令で「文化的発展と経済技術的発展を関係づける政策を提案し実現する」と規定された部分は、「経済生活に文化的活動を組み込む事業や、科学、技術および産業に関わる文化の発展に寄与する活動の調整」と書き換えられた。これはこの二年間で、経済発展に資する文化政策がより強調されるようになった変化を反映している。

DDC局長に就任したのは、七〇年代後半を過ごしたグルノーブルから首都にもどり、新政権の文化省で技術参事官となっていたドミニク・ヴァロンだった。前章に登場した、個人のヴォランタリーな活動としてグルノーブル文化の家アソシアシオン理事長を務めた国家公務員であり、ジスカール＝デスタン政権期の政府への抗議行動では、全国文化の家連合を率いた人物であった(34)。また、デュブドゥ市政の初代文化担当副市長で、七〇年代末には文化の家のディレクターを務めていたベルナール・ジルマンも、文化的発展局に招かれた(35)。新組織にはこのほかにも、地方都市で文化政策の実践を担った経験のある者が登用され、彼らが中央政府内での推進力となって、全国の自治体との間に新

表9　文化的発展局（DDC）の予算推移

（年）	
1981	1億1080万フラン
1982	6億7530万フラン
1983	7億4830万フラン
1984	7億3900万フラン

（注）1981年は前身の文化的発展部の数値
［出典：Guy Saez, *Changement politique et politique culturelle*, Le cas de Grenoble, CERAT, 1985, p. 20より筆者作成］

しい関係性を築いた。

ＤＤＣの特徴は、迅速かつ直接に地方議員と交渉を進めた点にあり、その仕事のスタイルは「ひじょうに集権的だった」といわれる(36)。「実践的であると同時に政治的な現場の人間」で構成されたＤＤＣは、「まったく行政らしくないリズムで」仕事に取り組み、かなり「活動家的《ミリタン》」だったとも記録されている(37)。

ＤＤＣの予算は、発足初年度には前身の部時代との比較では約六倍に増加した。しかし、文化省の予算がその後増額されたのに対して、一九八四年以後の局予算は減少に転じたため、省予算全体に占める割合は、一九八二年の一二・一パーセントから八五年には七・三パーセントにまで低下した(38)。

2　当初構想における目的と手段

一九七〇年代の地方都市で文化政策の実践に関わっていた文化的発展局（ＤＤＣ）のメンバーは、新政権の中央政府内で、地方分権化改革とともに何を実現しようとしたのだろうか。文化的発展局の新設が決定された八一年夏に、ヴァロンがラングに宛てて局長職への立候補を表明した文書から、当初の構想をみることができる(39)。

ここでヴァロンは、まず七七年地方選挙後の自治体文化政策が、地方分権化改革とともに拡大することへの期待を表明している。そして文化省は、自治体と仕事を分かち合うために、自治体文化政策の問題意識と方法論に沿った体制をつくるべきだと主張した。具体的には、文化省内に領域横断的な組織を設けて総合的な文化政策実行を可能にし、多様なアクターとの関係性を同時に取り扱うべきだと提案している。ＤＤＣへと結実するこの組織構想がグルノーブルでの経験に多くを負っていることは明らかであろう。

文化的発展を実現するための戦略軸は、以下の三項目であった。

・芸術創造を重視し、都市に芸術創造の場を設ける。普及にも力を入れる。
・すべての社会層と、すべての地域における文化的実践を豊かにする。
・自治体と地域圏レベルでの文化政策を、より強力で総合的なものにする。

すなわち、ＤＤＣは、文化省が自治体による総合的な文化政策の策定を支援することを通して、全国の都市や地域において芸術創造が行われ、すべての人の文化的実践が豊かになる社会を実現しようとしていた。

また同文書は、文化的発展を実現するために、文化省は次のふたつの手段によって自治体との関係性を構築すべきだとも提案しており、いずれも実際に新局ＤＤＣの担当とされた。

第一の手段は、文化的発展協定である。文化省が、すべての地域圏と一部の自治体と文化政策プロジェクトを協議するための協定が、新局の「戦略的ミッション」として提案された。この交渉のために、新局が地方分権法の定める特別予算（dotation spéciale）を管理することが求められた(40)。

次年度から実行された文化的発展協定は、すでにみたように、地方分権化における権限配分の原則から外れる例外的な制度である。八一年秋には、ヴァロンから内務省宛に分権化法法案の修正を求める文書が送付されているが、ここでは、文化領域に関与する権限を全自治体の自由裁量のもとにおく文化省の選択の正当性が、以下のように説明されていた(41)。

文化の領域では、「他の領域と異なり」国家は直接管理するのではなく「国の方針に」招くことによって関与するのだから、国家から自治体への権限委譲は、必然的に限定される。わが国の文化的な社会構造は、財政手段の多元性と、多様で豊かな発意をもつパートナーたちの行動の連携によって成立している。革新と実験を可能にするという意味で、この二点は、生きた文化を支えるために不可欠であり、クリエーターとアーティストの自立性に対する基本的な保証でもある。［中略］国家は、議論と契約を通して、自治体との関係性をともに発展させることを提案する。［中略］国家はまた、国内の文化施設設置における遅れを取り戻すためのあらゆる責務を引き受ける。

ヴァロンは、文化政策は、一定レベルの自治体への限定的で階層的な権限配分に合理性がある一般的な政策分野とは性質が異なる、と強調している。行政は、芸術や文化を直接担ってはいないからである。

中央政府であれ自治体政府であれ、行政はさまざまな活動主体への支援を通して文化政策を実施するが、活動への評価は分かれる。あらゆる行政主体が、独自の判断によって自由に文化創造の担い手を支えることができる状況を保持し、財政的な多元性を確保することが、文化の多様なあり方にとって不可欠であるという見解がここで示された。また、文化省が自治体との合意形成の調整者となることが提案されている。一方、行政が設置運営する文化施設に関しては、国が地域格差の解消に責任をもつとも述べられている。

この見解は、フランスの文化政策の歴史に裏付けられたものとして読むことができる。第一章でみたように、「国立演劇センター（ＣＤＮ）」を嚆矢とする第二次世界大戦終結直後の演劇の地方分散化政策は、地方に拠点をおく芸術団体の活動を国が認証し、国と自治体がともに継続的に助成する制度だった(42)。国民教育省の官僚ジャンヌ・ローランは、地方で活動する演劇人に働きかけて、ＣＤＮの名称のもとに彼らの創造拠点を公共劇場ネットワークとして体系化した。国家がこうして民衆演劇を公共サーヴィスに組み込んだとき、国の政策に合流するよう招かれた自治体は、各自の自主的な選択として、芸術創造活動の公共化プロセスの一端を担った。あるいは逆にみずからの判断で、合流を拒否したケースもあった。その意味において、第四共和政期の「演劇の地方分散化」政策は、自治体側の決断と参加の意志を問う「分権化」を内包していたと言える。これはマルロー時代の文化省が文化の家の組織を構想した際のモデルとなった。芸術活動に関わる文化行政は、このように意図的に法的な規制力を避け、行政主体側の判断の自由に配慮しながら行われてきた側面がある。

地方分権化に際して、文化を支える「共治《ガヴァナンス》」があらためて選択されたことは、戦後の社会再建に取り組んだ政治家や官僚が、「使命の行政（administration de mission）」を自任してみずからの政治的姿勢を明らかにし、法で明確化された権限を根拠とせずとも、共有される方針を実現するために立場を超えた協働のリーダー役（chef de file）を担ってきた歴史と無縁ではなかった(43)。一九七七年から八三年にグルノーブル文化担当副市長を務め、文化の地方分権化に関する政府報告書調査を担当したリザルドは、文化ガヴァナンスが構築された経緯を論じるうえで、レジスタンス出身の政治家で、農業大臣を務めたエドガール・ピザニ（Edgard Pisani 一九一八―二〇一六）の五六年の著書から、次の部分を引用している(44)。

> 使命の行政は身軽だ。彼女には人を動かす魅力がある。現実的で、軽やかに事象に向かう。提唱を待たずに率先して行動を起こす。彼女は、試みを開花させるために必要な法人をつくる。彼女は、ダイナミックにリスクをとる。慎重な姉［管理の行政］はあらゆるリスクを避けようとするのだが。姉は匿名的で、その定義からして慎ましやかである。姉を担う公務員は交替可能だ。妹は賛同を求めるが、服従には甘んじない。妹は、人間と集団の思想の動きに立脚する。管理の行政は判事であり、使命の行政は役者《アクター》だ。前者はデカルト的で、後者は具体的である。前者は中立的に機能するが、後者は明らかに政治的である。前者が体制や〝権力〟を形作るのに対して、後者は公法の限界を超える力と手段を実現する政府に属している。(45)

第一次地方分権化とともに導入された文化的発展協定は、法的な義務規定に根拠をおく「管理の行政」を通して全国一律に実行するナショナル・ミニマムの保障としてではなく、方針を同じくする多様なアクターをつなぎ、彼らの自由選択と自発性に基づく協議を通して、「ともに」文化的発展を実現するための「使命の行政」の手段として選択されたのだった。この選択は、一九七七年体制の自治体文化政策が分権化後に進展することへの期待のなかで、「使命」を共有する者の連帯を前提に行われたと推定される。文化的発展局（ＤＤＣ）による制度運用の実態が、ひじょうに選択的かつ戦略的で、「明らかに政治的」でもあったことは、第五節で具体事例に沿って検証する。

文化的発展を実現するための第二の手段としてＤＤＣに任せられたのが、文化行動機関（ＥＡＣ）の管轄であり、当時は全国に約六〇の「文化の家」と「文化行動センター」が存在していた。ヴァロンは、総合的な都市文化政策の実現には、ＥＡＣの管轄が不可欠だと主張し、結果的にはＤＤＣがＥＡＣを担当することになった。だが、これを新局に任せるのか、あるいは演劇・舞台芸術局の管轄とするのかは、省内でも大いに議論が分かれるところだった。そしてＥＡＣの多くが、各地域随一の舞台芸術施設であっただけに、この決定の是非は、文化省が「アーティストとクリエーターのための省」であることの自覚を強めるなかで、論争の対象であり続けたのである。

第四節　文化省方針の変容と葛藤

文化的発展局（ＤＤＣ）は、ふたつの手段をいかに用いたのか。まずは協定制度をみてみよう。

1　文化的発展協定

文化的発展協定策定のプロセスを、図11に示す。原則的には、文化省の分散化機関である地域圏文化局（ＤＲＡＣ）と当該自治体のいずれからでも協定作成を提案することができ、ＤＲＡＣが作成する原案に基づいて両者が交渉し、署名に至る。このプロセスは、すべての自治体に開かれているように見える。しかし実際には、文化省から省の方針と協定対象となる優先事業が各地のＤＲＡＣへあらかじめ通達されるので、これに合致する方向性をもつ自治体に有利にはたらいた。逆に、自治体が独自プランの実現のために国の交付金を活用するには、総合的な文化政策構想を説得的に示す力が必要となる。したがって、自治体の交渉力が問われるしくみでもあった。

一九八二年から九一年に署名された約一二〇〇件の協定を分析した外部評価報告書は、文化的発展協定は、本来は国の予算を交付する手段だが、現実にはより多くの自治体財源を両者の協同事業に振り向けたと指摘している(46)。つまりDRACに通達された優先事項を含む協定に応じる自治体への助成を通して、国の政策目標を個別に押しつけることなく、文化省の方針を展開できるシステムであった。

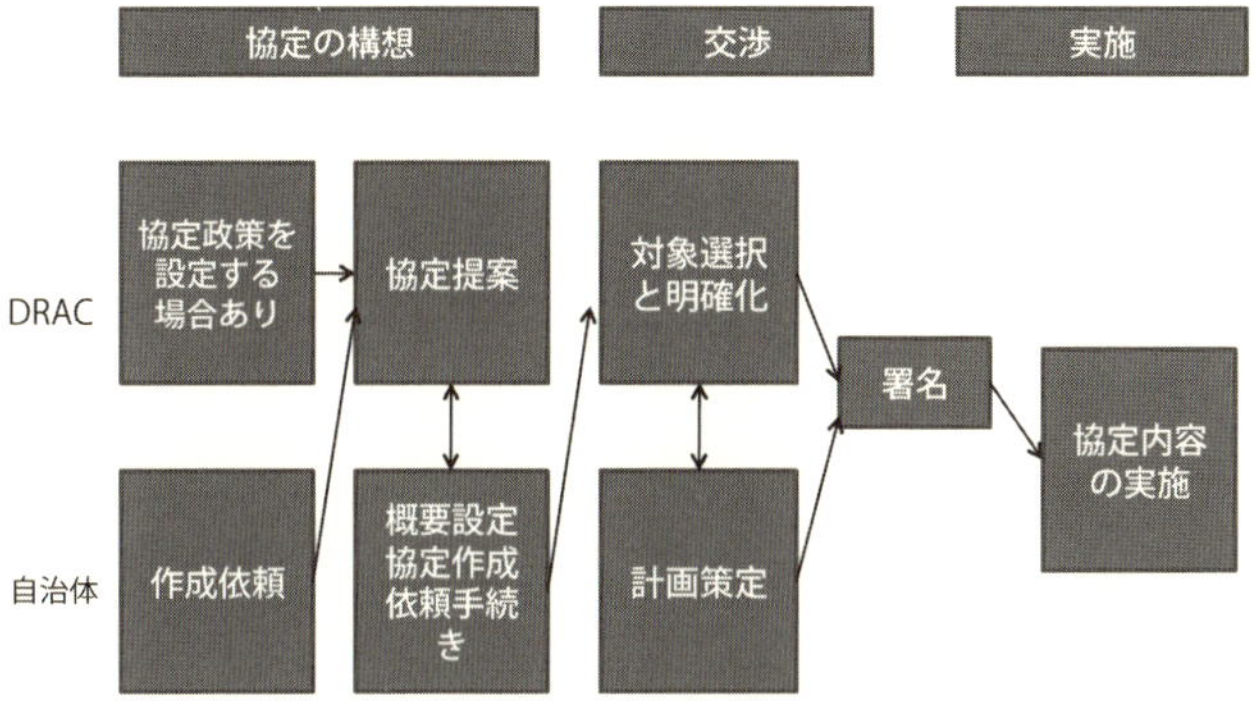

［出典：*Développement culturel.* Supplément à la lettre d'information No.342 du11 mars 1993 より筆者作成］

図11　文化的発展協定の成立プロセス

本格的な協定政策は八二年夏に開始され、文化的発展局は同年一〇月に、文化的発展協定の締結見込みと今後の見通しをまとめた内部文書を作成している(47)。このとき大臣にアピールされたのは、協定によって「文化省の影響力が拡大する」点だ。二五の地域圏、六〇ないし七〇のコミューン、そして八ないし九の県との協定締結が、年内に予定されていた。この文書でヴァロンは、協定締結そのものに重要な政治的意味があると説明し、形式的な行政手続きでしか文化省を知らない自治体に、省の新しい姿勢と方式を周知することが重要であるため、協定を通してのみ関与できる自治体を選択すると述べている。また、交渉プロセスにおける協議は、より多くの地方議員を文化省の政策に巻き込むという意味で、それ自体が目的であるとも記されている。八三年三月の統一地方議会選挙を念頭に、文化省の影響力拡大が図られていた。

だがこの頃、文化省内で「文化的発展」が意味するところは徐々に変化していた。文化的発展局長が一九八二年一〇月に示した国側の優先領域は、創造、芸術教育、文化行動が届かない社会層への働きかけ、そして図書館・読書振興の各項だった。都市に芸術創造の場をつくり、あらゆる人々の文化的実践を発展させようとした文化的発展局の当初構想に通じる優先事項である。翌年も引き続き、地域間バランスを考慮し、省内他部局との連携や国民教育省との協力を進めながら、上記領域を優先して協定政策を全国に拡大する方針がここで確認されていた。

だがこの方針は、八三年二月の公式文書では変更されている。文化大臣名で地域圏と県の長官《プレフェ》、全地域圏文化局（DRAC）宛に出された通達では、文化政策の経済的役割を強化することがその年の契約政策における優先事項とされた(48)。ミッテラン大統領が、ソルボンヌでの「創造と発展」会議で知識型社会への構造転換を打ち出し、「文化への投資は経済への投資である」と宣言した直後のことだ。この通達では、とくに雇用拡大と文化企業を振興する政策が協定の優先対象とされ、また芸術創造組織の強化と、地域圏レベルでの表現普及活動を新技術に適応させる事業を重視するように指示が出された。

翌月の地方議会選挙では左派が大敗し、人口三万人以上の左派自治体一五五のうち約三〇の自治体で政権交代が起きた。これを受けた第三次モロワ政府は、第二次緊縮措置を発表した(49)。

まもなく文化的発展局長名で、地域圏と県の長官《プレフェ》、各DRAC宛の通達が出されている(50)。緊縮予算を前提としたこの通達には、協定交渉を行うべき自治体を指定するリストが添付されており、省内部局の担当分野ごとに協定内容に関する詳細な指示が出された。DDCが示した優先事項は、文化政策の経済的役割の拡大、文化の創造と普及を担う組織の強化、優先層のための社会的介入、地域文化アイデンティティの価値づけ、科学・技術的文化の振興、文化的発展を担う人材養成、国際事業と地域間協力の拡大、そして文化的表現と普及への新技術適用、の各項目であった。こうした八三年初頭の一連の動きからは、政治状況の変化を受けて、文化的発展協定が自治体で展開する政策目的を広げたことが確認できる。

しかし、文化政策の経済的役割が強調されるようになっても、地域における芸術創造の発展と万人の文化的実践の発展の双方の実現を追求する方向性が放棄された訳ではない。むしろ政治状況の変化によって継続が難しくなった左派自治体の文化政策を継続させる手段として、同じ意志をもった中央と地方の「パートナー」同志が協定を用いた側面も観察できるのだが、この点は次節で具体的に検証する。

2　文化行動機関

文化的発展局（DDC）は文化行動機関（EAC）の管轄を担当したが、省内ではこの役割が十全に認知されない状況が続いた。キム・エリング（Kim Eling）は、EAC管轄をめぐる文化的発展局と演劇・舞台芸術局の競合が、省内に強い緊張を生み、とくに芸術創造活動のためのEAC政策改革を望んだ大臣と文化的発展局の関係性を悪化させたことを、関係者への聞き取りから明らかにしている(51)。たとえば、次のようなラングの発言が紹介されている。

文化的発展局は、ほかの多くの分野では革新的だったが、文化の家に関してはひじょうに保守的だった。金のかかる惰性的な官僚主義を、私はもっと早く自分で変えたかったのだが、何年もかかってしまった。なぜなら、文化の家は考えられないほど硬直化し、官僚化していたのだ。だから、私が文化的発展局につねに闘いをしかけていたのはほんとうだ。ヴァロンには「改革すると言いながら、何もしていないではないか」と言い続けた。

［一九九六年一月二五日ラング・インタヴュー］(52)

アーティストに近い立場をとる大臣のもとで、この時期の文化省の演劇関係予算は増加している。演出家中心の新しい演劇が開花しつつあった当時の演劇界から、国立劇場や国立演劇センター（CDN）ディレクターを任命する斬新な人事が相次いで行われ、文化省は、彼らに多額の助成金を与えて創造の可能性を大きく広げていった(53)。当時のメディアがしばしば取り上げた「クリエーターに権力を」というスローガンの背景には、文化省に対して実際に芸術創造活動のスペースと予算の要求を強めた舞台芸術関係者の存在があったのである。

その一方で文化的発展局（ＤＤＣ）は、文化行動機関（ＥＡＣ）を都市文化政策の担い手としていかに位置づけ、どのような改革を行おうとしていたのか。充実した舞台芸術設備をもつＥＡＣを、演劇・舞台芸術局ではなくＤＤＣが管轄することは、プロのアーティストによる芸術創造の振興とかならずしも矛盾しない。ただし、ＤＤＣがつねに、ＥＡＣを都市全体の社会構造との関係のなかでとらえていた点は、舞台芸術創造の振興に特化する前者の立場とは異なる。後者の特徴は、都市における芸術創造と各個人の文化的実践がともに豊かになるためには、ＥＡＣの運営方針に地域固有の状況が反映される必要があり、文化省が、その条件整備を担うべきだと考えた点にある(54)。

ＥＡＣ政策に関する一九八二年一一月の記者発表で、文化的発展局長は、「［ＥＡＣは］地域と国の文化政策にとっての戦略的要素であり、政治的、社会的、芸術的なさまざまな力が交わるところにある」と述べている(55)。運営に関わる複数自治体や諸団体間の摩擦を潜在的に含み、複雑で不安定な組織であればこそ、「対決から弁証法的に豊かさを生み出す」ために、文化省が主導して各機関のミッションを明確化する方針が示された(56)。

このときＤＤＣが提唱した改革とは、組織ミッションの再定義を試みることによって関係者間の対立を引き出し、その争点を明らかにしたうえで、文化省が各地での議論に介入して新たな方向性を引き出していこうとするものだった。だが、こうした改革の実行を担保するしくみが整わないまま八三年三月の統一地方議会選挙が行われ、ＥＡＣの運営方針をめぐる各地の対立は、ますます苛烈なものになった。かつてジャンソンが設立準備を担当したシャロン＝シュル＝ソーヌの「文化の家」をはじめ、ヴィルプル（Villepreux）、ブレスト（Brest）、ナント、サンテティエンヌ、トゥールコワン（Tourcoing）など、左派市政が敗退した各都市では、軒並みＥＡＣの運営組織が解消されたのである。また、理事会から市政府が撤退する例も続出した。

3　文化的発展局の解消

エリングの研究は、一九八一年大統領選挙で社会党が文化政策の方針とした「文化的発展」は、政治状況の変化に加えて、省内の人間関係によっても力を失ったという見方を示している。とりわけ省内に軋轢を生んだとされるのが、文化的発展局（ＤＤＣ）の文化行動機関（ＥＡＣ）政策である。ＥＡＣは、後にラング在任中の九一年に「国立舞台（ＳＮ）」に改称され、「文化行動」の名称は公共劇場制度から姿を消すことになる。

アーティストの創造活動支援と芸術性を重視する文化大臣は、政権成立以前に社会党内で議論された文化的発展の政策方針には関心が薄かった。文化的発展局の存在を、文化省の倍増予算を一時的に備蓄して、徐々に他部局へ振り分けるための「貯蔵所」とみなしていたという指摘さえある(57)。

実際のところ、文化省の新しい責務を担当する部局として立ちあげられたＤＤＣは、大統領と文化大臣が「文化と経済再建」の言説を積み上げた八二年から八三年に実施された雇用創出事業をはじめ、多くの期限付きプロジェクトを担当している。しかし、後には予算を削減され、八六年の国民議会選挙後の保守共存《コアビタシオン》政権成立とともに、この組織は解消された。そして、八八年にラングがふたたび大臣として文化省に戻った後も再建されなかった(58)。

だが、当時の文書から知られるのは、都市における主体としての市民のあり方を問う文化政策の議論と、七〇年代の革新自治体の政策実践に裏打ちされた「文化的発展」実現への意志は、政治状況の変化や、文化の経済への貢献を重視する文化省の方針にも拘らず、少なくともＤＤＣにおいては失われていなかったということだ。ＥＡＣ改革失敗の一方で、ＤＤＣは、もうひとつの手段である文化的発展協定を用いながら、地域で対立する政治的な力の交差に介入していた。文化省による戦略的な関与は、政治的意思を共有する地方議員や文化行動の専門家とともに、左派の都市文化政策を支えていたのである。

第五節　「使命の行政」が結んだ文化省と自治体の関係

1　一九八三年地方議会選挙後の「文化戦争」

ふたたび地方都市の状況に寄り添う。

一九八三年三月の統一地方選挙後、自治体文化政策は、複数の地方都市であらためて政治問題化した(59)。政権交代が起こった地域の新旧市政府間でみられた衝突の多くは、文化行動機関（EAC）の運営をめぐるものだった。文化的発展局（DDC）が、八四年七月に文化大臣に宛てた文書によれば、設立準備中だった文化の家三件と文化行動センター一件の計画から、右派の新市政が撤退した(60)。そのなかで唯一、ナントにおけるEAC新規設立計画は、近隣と地域圏内の八自治体の支援を受けて続行され、八四年七月に「文化行動と文化的発展のための研究センター」が創設された、と報告されている。

以下では、協定政策の政治性が高度に発揮された例として、当時のナント都市圏における協定交渉プロセスを分析し、DDCが地方自治体の政策にいかに関与したかを明らかにする。

フランス北西部の人口二九万八〇二九人の都市ナントは、ペイ＝ド＝ラ＝ロワール地域圏の圏都であり、ロワール・アトランティック県の県庁所在地である。東京二三区の八割強（五二三・四平方キロメートル）の圏域に、周辺の二三の基礎自治体《コミューン》とともに人口約六二万人の都市圏を形成している。

八三年三月選挙後の各地での摩擦は、「文化の闘い」として全国的に報道されたが、ナントでは、前年に設立されたばかりの「ナント文化の家（MCN）」準備組織が存続の危機に立たされていた。ナントの新首長は、一九五九年から七七年まで隣接自治体サン＝テルブラン（Saint-Herblain）の首長を務めていた、右派共和国連合（RPR）に所属するロワール＝アトランティック県選出上院議員ミシェル・ショティ（Michel Chauty）だった。一方、このときのサン＝テ

表10　ナントおよびサン＝テルブランの歴代市長（1期6年）

選挙年	ナント	サン＝テルブラン
1965	André Morice (PRRS, GD)	1959– Michel Chauty (PPR)
1977	Alan Chenard (PS)	Jean-Marc Ayrault (PS)
1983	Michel Chauty (PPR)	Jean-Marc Ayrault (PS)
1989	Jean-Marc Ayrault (PS) –2012	Charles Gautier (PS)

（注）PRRS＝社会主義急進共和党　GD＝左派連合　PS＝フランス社会党　RPR＝共和国連合
［出典：筆者作成］

ルブランの首長は、七七年の地方議会選挙でこのショティを若干二七歳で破ったジャン＝マルク・エロー（Jean-Marc Ayrault 一九五〇―）であり、八九年にはナント市長となる(61)。八三年選挙における左派の敗北で、七七年以来のナント市の文化政策は大きく揺らいだ(62)。ある若手劇団の作品を「冒涜的」だとして、左派市政による公費助成を選挙戦で攻撃していたショティ候補が、市長に就任するとただちにこの助成を打ち切り、続いて都市圏内にふたつの「文化の家」組織が存在した問題の決着へと乗り出したからだ。

「文化の家」をめぐる同地の政治対立は、すでに八一年から顕在化していた。当時のナント市長が、「ナント-ロワール＝アトランティック文化の家（ＭＣＮＬＡ）」における芸術創造が不十分だという理由から市の助成を打ち切り、市と県が理事会に共存する運営体制に終止符を打ったためである。ナント市は、新たに近隣左派自治体とともにアソシアシオン「ナントおよびナント都市圏文化の家（ＭＣＮ）」を設立し、ボルドー近郊の文化機関での実績があったジャン・ブレーズ（Jean Blaise 一九五一―）をディレクターに起用して、八二年六月に文化省より認定と助成を受けた。一方、右派が多数派を占めていた県の助成を多く受けていたＭＣＮＬＡは、「ロワール＝アトランティック文化の家（ＭＣＬＡ）」と改称して、ナント市内に活動拠点を新設したので、以後の同地域にはふたつの「文化の家」が併存していた。

八三年選挙後に、ショティ新市長が「ナントおよびナント都市圏文化の家（ＭＣＮ）」への助成契約を破棄することが明らかになると、市内には大規模な抗議デモが起こった。だが結局ＭＣＮはナント市外に移転し、「文化的発展研究センター（Centre de recherche pour le développement culturel 以下ＣＲＤＣと略記）」と改称した。

一九八九年以後長くナント文化担当副市長を務めたナント大学教員の歴史学者ヤニック・ガン（Yannick Guin 一九四三―）は、CRDC設立当時の状況について「レジスタンスを開始した」と後に語っている(63)。一方、MCNディレクターのブレーズは、八三年夏の報道で「市が困るのは、文化行動が人々に思索を促して都市を変化させるために、いずれは状況が動くことだ」と述べている(64)。人々の議論を喚起する芸術創造を原動力として社会を変革する、七〇年代以来の革新自治体の文化行動の本質を示した発言である。

こうした文化行動を地域に存続させようとする意志は、まもなく左派自治体連合による公設法人設置として結実した。ナントに隣接するサン＝テルブラン、ルゼ（Rezé）、サン＝セバスティアン＝シュル＝ロワール（Saint-Sébastien-sur-Loire）に、約六〇キロメートル離れたサン＝ナゼール（Saint-Nazaire）、そしてラ・ロッシュ＝シュル＝イオン（La Roche-sur-Yon）を加えた左派五自治体が、八四年一〇月に文化事務組合を結成し、CRDCを共同運営する体制を整えたのである(65)。このとき文化省文化的発展局（DDC）は、事務組合の拠出を上回る一六五万フランを提供している(66)。

文化的発展研究センター（CRDC）は占有施設をもたなかったが、国のEACネットワークに「文化行動センター」として組み込まれた。CRDCは、構成自治体のために文化事業を企画し、ロワール川沿いのまちを仮設テントで移動しながら、数々の舞台芸術作品を上演したが、その観客の半数はナント市民であると推定されていた(67)。

CRDCの活動は、左派の「文化の家」を斥けたナント・ショティ市政への抵抗を可視化し、地域に存続させた。ブレーズのすぐれた企画力と人脈を備えたCRDCは、力のある若手アーティストを多く起用し、サン＝テルブラン・グルヌリー演劇祭などの実験的事業を立ちあげて、全国から注目を集めた(68)。当時はトゥールーズを拠点に活動していた機械仕掛けの巨大人形を用いる野外演劇劇団のロワイヤル・ド・リュクス（Royal de Luxe）、馬術、音楽、舞踊を組み合わせた舞台芸術創造を八四年に開始した「ジンガロ（Zingaro）」、後に「カン国立演劇センター」芸術監督となった演出家のエリック・ラカスカード（Eric Lacascade 一九五九―）らのほか、九〇年代以後は国際的に活躍するヌーヴォー・シルクの複数の新進グループも、このフェスティヴァルのプログラムに名を連ねている。

一方ナント市内の「ロワール＝アトランティック文化の家（ＭＣＬＡ）」では、八五年にディレクターに就任した演出家のジャン＝リュック・タルデュー（Jean-Luc Tardieu）が、パリから著名な俳優を招いて年二本のペースで演劇作品をつくっていた。

ナントの「文化の闘い」では、ＣＲＤＣを通じた左派自治体連合の抵抗によって、市民を動かす強い喚起力をもつ芸術創造を地域に根付かせる都市文化政策への希求が鮮明に打ち出されたのである。そして当時成立した文化的発展協定は、文化省ＤＤＣが左派連合を強力に支援したことを裏付けている。

2　ナント都市圏内の文化的発展協定

現在のナント・メトロポールを構成する二四自治体のうち、一九八六年までに文化的発展協定に署名したのは、ナント市に隣接するサン＝テルブラン（八四）、ルゼ（八五）、サン＝セバスティアン＝シュル＝ロワール（八六）の三自治体であり、いずれも文化事務組合を構成した自治体だった(69)。八六年までに地域内で文化省と協定を結んだ自治体はほかになく、八三年五月の文化省通達がサン＝テルブランとの交渉を指示している事実からも、これが偶然の一致ではないことは明らかである。

三件の協定には、文化省の各専門部局への照応によってほぼ分類できる事業が記されている【別表2】。各市固有の状況とニーズに応じて個別の事業内容は異なるものの、いずれにも芸術作品の公費購入やアーティスト・イン・レジデンス事業が盛り込まれている。また、創作環境を整備して地域におけるプロの芸術創造を振興し、同時に芸術教育、読書振興、在住・在勤者への顕彰などを通して一般の人々の芸術的文化的な実践の環境を整えようとする枠組みが、三協定に共通している。組織面での決定にも共通性があり、市内外のアクターとの協力によって企画調整を担当する専門職の雇用が予算化されている。さらに、ＣＲＤＣと各自治体の協力内容が、全協定に書き込まれている。このほか、サン＝テルブランの協定には、ブルターニュの地域言語／地域文化を振興する事業や、地域内の外国人コミュニティに働きかける事業が組み込まれており、少数者に目を向けて多様な文化を多元的に尊重しようとする姿勢が確認できる。

ナント文化の家をめぐる政治対立に端を発した「レジスタンス」を通して、隣接する左派自治体の議員たちは、協定交渉による文化省との協働作業を経験した。彼らは、協定に添付する事業計画の策定作業において、地域事情の検討と固有のニーズ抽出から都市文化政策を総合的に構想する経験を積んだのであった。その傍らでは、ブレーズが率いたＣＲＤＣの斬新な活動が、自治体連合と文化省協定の支えによって、都市圏内で活発に展開され、次の地方議会選挙に向かって文化政策がふたたび選択の争点になることを示し続けていた。

そして、一九八九年三月の市議選では、八六年から国会議員も兼職したサン＝テルブラン市長ジャン＝マルク・エローを筆頭とする議員リストが選出されて、ナントに六年ぶりの社会党市政が誕生した。

3　ナント・エロー市政の協定交渉

エローを首長とする新市政の文化担当副市長ガンは、ナント市文化的発展協定の素案を携えて、選挙の翌月に文化大臣官房を訪れている。これを受けて副官房長は、一九八九年四月二〇日付で文化省の各部局長宛に、市が作成した協定原案を添付した文書を送付し、以後はナント市の責任者を各部局へ受け入れて地域圏文化局（ＤＲＡＣ）と連携しながら速やかに交渉を進めるよう指示した(70)。

ナント側が作成した原案は、七ページにわたって協定希望事項を挙げ、読書振興、ロックコンサート用ホールの整備、芸術教育、演劇創造、芸術作品の公費発注、文化的発展研究センター（ＣＲＤＣ）による文化行動の強化、大規模フェスティヴァル開催、旧造船所の産業遺産整備、都市整備と連動して行われる公共空間での現代美術振興などの軸を示している(71)。後に実現したことが知られる都市文化政策の基本構想は、市政の発足時にはほぼ定まっていた事実をここに見ることができる。

原案前文には、多元的な創造を支援し、全住民の文化的発展のために市民の文化的生活を変化させる新市政の文化政策方針が記されている。そしてとくに緊急性のある分野（図書館・読書振興、演劇振興、市内住区における文化行動）に文化省の協力を得るために、年内の文化的発展協定成立を求める、と要望書は述べている。ここでは、通常であれば市とペイ＝ド＝ラ＝ロワール地域圏文化局（ＤＲＡＣ）の間で開始されるはずのフローは顧みられておらず、市議の大臣官房への訪問によって、交渉が開始された実態をみることができる。

八九年一一月には、会談準備資料として、エロー市長からラング大臣宛に、実施プロジェクトの詳細と市と国の予算負担額を示す一三ページの提案書が送付された(72)。この資料は、文化的発展協定以外にも、中央政府がもつ複数の財源を市の文化政策実施に用いることを想定している。協定案とは別に、国際会議場内のホール建設への助成申請、文化省の部局別予算による助成要求、第一〇次国家計画における国‐地域圏契約を財源とするブルターニュ公城修復計画案などが示され、市予算から拠出する設備投資計画が添付されており、市の文化政策の全望を示す構成をとっている。資料は、省内全部局と担当ＤＲＡＣに翌月一五日付で送付され、ラング大臣とエロー市長の会談は、九〇年二月ごろに実現したと推定される(73)。

まもなく、八九年一一月のエロー市長送付資料に準じる内容で、ナント市文化的発展協定が成立した(74)。協定は、市の文化政策の八つの軸、すなわち、新進のプロフェッショナルな芸術創造組織への支援、全国規模のアート・イベント開催、ロック・ミュージックの振興、ダイナミックな文化普及事業、「住区の社会的発展政策（ＤＳＱ）」の対象住区で行う文化行動、学校における文化行動、科学・技術に関わる文化と労働界向けの文化行動、知的生活の活性化、の各項目を前文で確認している(75)。本書巻末に、協定が列記した市の文化政策として実施される具体事業を整理した【別表3】。市が実施する九事業に対して、国は一六七万八五〇〇フランを助成し、市は三九五万五五〇〇フランを拠出することが決定されている。このほか、文化省の各部局（演劇・舞台芸術局、音楽・舞踊局、国立映画センター〔ＣＮＣ〕、国立文学センター〔ＣＮＬ〕、ペイ＝ド＝ラ＝ロワール地域圏文化局〔ＤＲＡＣ〕）が、計画の枠組み内で選択した事業に計六一八万七〇〇〇フランを助成し、同一事業に市は一一八九万二二〇〇フランを拠出することが書き添えられている。

九〇年の協定成立までの過程を示す一連の文書から検証できるのは、ナント側が文化省に対して交渉をリードした異例の展開である。協定交渉プロセスに精通していたエロー市政は、文化省が自治体に提供できる財源の所在と活用法を心得ており、協定締結において求められる総合的な政策構想と、現状分析から完成度の高い協定原案を作成する行政的専門能力もすでに備えていた。また、原則フローと比較すればはるかに迅速な、中央発の意志決定ルートに案件を載せる人脈を、市政開始時にはすでに文化省内に築いていたことも看取される。

エロー市政は、発足と同時に「文化的発展課」を市の行政内に新設し、ペイ＝ド＝ラ＝ロワール地域圏における演劇政策と文化行動を担当していた元ＤＲＡＣ職員を新部局のリーダーに迎えていた。ＣＲＤＣが企画するフェスティヴァルの開催や市内の劇団助成は、一カ月足らずの間にここで決定されたと証言されている(76)。これらは協定原案にただちに盛り込まれた。さらに一一月のエロー市長提案では、野外劇団ロワイヤル・ド・リュックスのナント転入と活動拠点設立への支援、国立振付センター（ＣＣＮ）設立に向けたダンス・カンパニー招致などの事業が追加され、翌年の文化的発展協定で予算化されたのだった。

ナントにおける文化による都市再生は、一九八九年にゼロから始まったのではなかった。主力産業である造船所閉鎖後に深刻な経済的衰退に苦しんでいた地方都市の自治体が、野心的な文化政策に直ちに取り組むことができた背景には、国家予算の活用を可能にする協定制度があったのである。また、先行した「文化戦争」において、近隣自治体議員が行政上の境界を越えて協働し、社会変革の原動力たりえる芸術創造と人々の文化的実践を培う環境づくりに取り組んだ経験があった。そして三件の文化的発展協定が、八三年以後ナント右派市政への抵抗を続けた左派連合に対して、文化省からもたらされた外援であったことは明白であろう。

文化的発展協定は、八一年の時点でナント新文化の家プロジェクトが目指していた、芸術創造を都市における人々の交流のなかに位置づけて地域社会を変革する文化行動を、施設をもたない組織ＣＲＤＣの活動として存続させた。人口二万人から三万人規模の小自治体が、文化省との協定を用いて実現した文化政策の主要方針と実行組織は、九〇年の「ナント文化的発展協定」に大きく拡大された相似形で受け継がれている。そしてこれは、七〇年代の革新自治体の文化政策実践と理論を全国的に展開しようとした、文化的発展局（ＤＤＣ）の初期構想に通じる政策であったこともまた確認できる。

第六節　文化の分権化制度設計の企図と蹉跌

１　文化省内に反映された革新自治体の経験

本章では、一九八二年から八六年まで文化省内に存在した「文化的発展局（ＤＤＣ）」に焦点をあてて、七〇年代革新自治体の経験が、第一次地方分権改革で設計された自治体文化政策を支える国の制度にいかに反映されたかを検討した。

文化省の新しい責務を定めた一九八二年五月の政令は、国民の創造性重視と、文化的多元的主義の立場を明らかにした。八〇年社会党綱領『社会主義プロジェクト』の文化政策ヴィジョンは、個人の市民的責任力の基盤としての文化を意識していたが、ここには七〇年代の自治体文化政策からの連続性をみることができる。

ラング文化省には、七〇年代の地方都市で活動した人材が集結していた。自治体文化政策と文化行動機関（ＥＡＣ）を管轄したＤＤＣは、グルノーブル出身者を中心に構成された省内の自主管理派である。同局は、「文化的発展」を芸術創造とあらゆる人々の多様な文化的実践の相互的発展として定義し、地方分権化とともに七七年体制左派自治体の文化政策を全国に拡大する期待と意志をもっていた。「個人と集団により多くの権力を与える」思想は、社会党政権の文化政策を導いたひとつの理念だったのである。

だが、当時の文化省が実際により注力したのは「文化と経済を結びつけ、創造と創意の機運を高める」政策の方だった。経済危機の克服が最大の課題であったなかで、政権中枢は経済発展に資する文化政策により力点を置くようになる。知識社会への移行においてはプロの芸術創造が経済と雇用の成長を牽引する、という議論が芸術創造を振興する政策を裏付け、「アーティストとクリエーターのための省」を自任したラング文化省の予算倍増の根拠とされた。

経済再建への文化の寄与が強調されるにつれて、文化的発展局（ＤＤＣ）の公式責務に関しても経済や産業と文化を結びつける側面が次第に強化されていったから、自治・分権型社会の構築を目指した七〇年代の政治運動とともにあった「文化的発展」の理念が、省内で広く共有されていたと単純にみることはできない。「文化の家」をはじめとするＥＡＣの管轄をめぐって省内での葛藤を経験し、発言力を弱めた文化的発展局の組織は、八六年の国民議会選挙後にまもなく解消された。

2　共治を支える協定制度

第一次地方分権化は、中央政府の権限を大規模に自治体に移転し、フランス革命以来の中央集権国家を大きく変容させた。しかし文化領域の自治体権限は、分権化改革の例外としてほとんど階層化されず、このなかで文化省は、全レベル自治体との協定推進を選択した。このとき文化的発展局（ＤＤＣ）は、「活動家的《ミリタン》」な熱意をもって地方議員との協定交渉を中央からリードし、国と複数の自治体が、各自の選択に基づいて「ともに」政策実践に関与する方式を拡大させた。この制度的枠組みは、以後長期にわたって都市文化政策を支える基本構造となった。

ＤＤＣは、分権化法案を準備していた内務省に対して、国の文化政策が方針を提案して「招く」ことを通して多様な「パートナー」たちの連携を促してきた歴史を示し、文化の分権化における例外的選択の正当性を説得した。明確に権限を配分する法制度上の地方分権化の原則に反してでも、利害関係者の協働を重視して調整と合意形成をはかる「共治」としてのガヴァナンス構築が意図的に選択されたことがわかる。

その前提において、あらゆる芸術創造と文化的実践が、基本的には個人や集団による自発的な活動であることが確認されている。つまり芸術文化を振興する政策は、本来的に「管理行政ではない」という基本認識があった。これが、この制度設計の第一の理由である。都市文化政策の大きな部分は、ほとんどがアソシアシオンの形態をとる活動主体への助成や、その活動環境を整備する事業として行われる。したがってあらゆる自治体が権限規定に縛られることなく、国とともにそこに関与できるフラットなしくみは、複数の公的財源が投入される可能性を担保し、市民社会や芸術家の活動の多元性を結果的に支えることになる。つまりある自治体の助成が得られない場合でも、他の自治体や国の助成によって、活動の継続性が保たれる可能性が見込まれるということだ。ナント都市圏のケースでは、行政間協力なくして文化的発展研究センター（ＣＲＤＣ）は存続し得なかったから、制度設計に込められた企図がうまく実現した例であると言える。

もうひとつの理由は、一九八〇年代初頭のフランスで「右派の文化政策と左派の文化政策が存在する」事実が明確に意識されていた点に求められる(77)。文化問題をめぐる当時の厳しい政治対立を踏まえるなら、社会党政権に参加した自主管理派には、地域から民主主義を再建する政治闘争の課題として文化に取り組んだ革新自治体の文化政策を、協定を通して全国に拡大する野心があったことが推定される。初期のＤＤＣは、協定交渉に政治的意味を与えており、地方議員を協議に巻き込みながら影響力の拡大を図っていた。また八三年地方選挙後の状況変化のなかでも、同局は、協定制度や文化行動機関（ＥＡＣ）を戦略的に用いて、文化による社会変革を推進しようとした。その政治的意思は、本章で検討した事例からも明らかである。七〇年代革新自治体の実践と理論に連なる都市文化政策が、九〇年のナント協定において実現をみたことは、「文化的発展」をめぐる中央政府の言説と地方政治状況の変化を考えれば、けっして当然の帰結だった訳ではない。

「社会主義の実験」の失敗が明らかになり、深刻化する経済危機のただなかで行われた八三年地方選で左派が大敗するとまもなく、ミッテラン政権は、社会主義の実現を事実上断念して経済政策の根本からの変更を選択した。これは、「転回」と呼ばれるフランス政治史上の転換点である。中央政府が、市場原理に則った競争力強化へ方向を転換すると、政権成立のプロセスを支えた六八年以後の社会運動の多くは、離脱や変容を強いられた。グルノーブル・デュブドゥ市政は八三年に保守新人候補に敗れて幕を下ろし、自主管理運動も縮小している(78)。理念を共有する自治体とともに、文化による社会変革を進めようとした、「使命の行政」の政治的意志をもつ文化的発展局もまた、八六年に文化省の組織図から消えた(79)。

「転回」後のミッテラン政権は、欧州統合を、社会主義に代わる新たな政治プロジェクトに定め、経済再生の活路を国境を越えた産業再編に求めるようになったことが近年の政治史研究によって明らかにされている(80)。この不可逆的な大きな流れのなか、地方都市の自治体が文化によって解決を図ろうとする課題もまた変化していった。九〇年のナント文化的発展協定が、都市の国際的地位の向上を目的のひとつとして、「国際的イベント」の開催が実施事業に組み込まれたことは、その現れとしてみることができる。

地方都市が直面した現実のなかで、分権化後の都市文化政策はどのような目的に向かったのか、またそこでは文化のどのような側面が注目されたのか。次章では、文化省と自治体が結んだ協定に沿って、具体的に検討していく。

註

（1）Pierre Moulinier, *op. cit.*, p. 32.

（2）Robert Abirached, Jack Lang, in Emmanuel de Waresquiel (dir.), *op. cit.*, p. 353–359.

（3）Collectif, *Culture publique*, 4 vol., Mouvement SKITe – Sens & Tonka, 2004 et 2005. *Opus 1– L'imagination au pouvoir*, p. 31 および *Opus2 – Les visibles manifestes*, p. 128.『公共の文化（Culture publique）』シリーズ全四巻は、ラング自身がＩＭＥＣ（Institut mémoires de l'édition contemporaine）に新たに託したアーカイヴを収めた史料集であり、これを検討した研究者の見解や関係者の証言をまとめた研究書でもある。

（4）通常の予算要求は、各省から財務省に対して行われる。ラングは、ミッテランに直接文書を送って「一パーセント」水準の予算確保を要求していた。*ibid.*, *Opus. 1*, p. 47–53.

（5）*ibid.*, p. 109. ローラン・ファビウス（Laurent Fabius 一九四六—）はＥＮＡ出身の若手テクノクラートであり、ピエール・モロワは北部地方の歴史的支持基盤を持ち、旧社会党（ＳＦＩＯ）時代からの伝統的なプラグマチズムと社会民主主義を代表する首長兼職議員だった。またジャック・ドロールは経済政策に通じたフランス銀行出身の実務家で、キリスト教民主主義に親しい政治家だった。渡辺和行、南充彦、森本哲郎、前掲書、二一四―二一五頁。

(6) フランス社会党編(大津真作訳)『社会主義プロジェクト』合同出版、一九八二年、四五―四六頁。

(7)『社会主義プロジェクト』の行動方針は、(一)社会的成長――就業権、(二)責任を担う男女、(三)生活時間と生活の味わい、(四)独立し世界に開かれたフランス、の四項目にわたる。

(8) フランス社会党編、前掲書、二三七頁。

(9) 同、二三八頁。

(10) David Wachtel, *Cultural policy and socialist France*, Greenwood Press, 1987,

(11) Pierre Ducros, Pierre Frappat, François Lalande (coordonné par), *op. cit.*, p. 115.

(12) Jacques Renard, *op. cit.*, p. 224.

(13) *ibid.*, p. 224.

(14) François Mitterrand « Les relations entre l'homme politique et le créateur... » Allocution prononcée à Mexico, le 19 mars 1981, dans Collectif, *op. cit. opus.1*, p. 19–23. Jack Lang « Monsieur le président, Mesdames et Messieurs les députés... » Discours du ministre de la Culture à l'Assemblée nationale, le 17 novembre 1981, dans *ibid.*, p. 37–46.

(15) Jack Lang « Nous savons bien aujourd'hui que la culture... » Discours prononcé à Mexico, le27 juillet 1982, lors de la conférence mondiale des ministres de la Culture., dans *ibid.*, p. 25–29.

(16) Jack Lang « Traversées » Contribution : décembre 2003., dans *ibid.*, p. 103–104.

(17) 註(15)と同じ。

(18) Jacques Renard, *op. cit.*, p. 8. ルナールは、まず技術顧問(文化的発展局、音楽舞踊局、演劇・舞台芸術局担当)として、続いて大臣官房長として、ラング文化大臣を支えた政府官僚である。「実のところ、私は文化プログラムの価値を信じていない。私が信頼を置くのは、責任者たちの大胆かつ聡明な決断であり、民衆のイマジネーションを動かすユートピアである。ほかのことは結果としてついてくるだろう。ミュージアム政策や図書館政策、映画政策、造形美術政策を策定するほど単純なことはないのだ」という大臣の発言が、ここでは紹介されている。

(19) ミッテラン政権の第一期から第三期政府の首相であるピエール・モロワは、七〇年代後半から首相就任まで、ノール＝パ・ド・カレ地域圏議会議長を務めていた。また、首相就任後もリール市長、リール都市圏共同体副議長の兼任を継続した。彼が主導した自治体文化政策については、第四章で詳述する。

（20）Pierre Mauroy, *C'est ici le chemin*, Flammarion, 1982, p. 122–123.

（21）Allocution de François Mitterrand au cours du colloque « Création et développement » à la Sorbonne 13 février 1983, dans Philippe Poirrier (Textes rassemblés et présentés parr), *op. cit.*, p. 408.

（22）欧州通貨制度（EMS）は、欧州統合の進展に向かって金融通貨面での安定を図る枠組みであり、一九七九年三月に発足した。

（23）Philippe Poirrier, Démocratie et culture. L'évolution du référentiel des politiques culturelles en France, 1959–2004, dans Annie Bleton-Ruget et Jean-Pierre Sylvestre (dir.), *La démocratie, patrimoine et projet*, Editions universitaires de Dijon, 2006, p. 105–129. ポワリエはこの論文において、中央政府の政策と言説の歴史を分析し、「文化の民主化」「文化的民主主義」「文化的例外」「文化多様性」の四概念を検討した。

（24）Jacques Renard, *op. cit.*, p. 224.

（25）山崎榮一『フランスの憲法改正と地方分権 —— ジロンダンの復権』日本評論社、二〇〇六年、四六―四七頁。

（26）大山礼子『フランスの政治制度〔改訂版〕』東信堂、二〇一三年、一七六―一七九頁。後に一九九二年の法改正で、地方議会の改革と住民参加の促進が七番目の軸として加えられ、少数派の発言権強化や、住民に対する情報公開拡充、諮問型住民投票制度の導入がなされた。

（27）Etablissement public とは、一定の公益性をもつ活動を行う法人格である。「公施設」と訳されることもある。

（28）「文化のための一パーセント」とは、公的建築物の建設あるいは更新にあたり、その費用の一パーセント相当を、建築物のために構想された現代美術作品の制作に充てることを義務付けた規定である（一九八三年七月二二日付法第五九条）。

（29）序章註（24）と同じ。

（30）文化省は一九六九年から省の代表を各地に置き、一九七七年にはDRACの全国的配置を完成していた。だが、七〇年代のDRACでは数的にも分野的にも文化財保護の人材が主流を占め活動範囲は限られていた。地方分権化による地域圏の自治体移行時にDRACは強化され、地域圏長官に予算が預けられた。

（31）Jean-Marie Pontier, Fonds régionaux d'art contemporain (FRAC), dans Emmanuel de Waresquiel (dir.), *op. cit.*, p. 295.

（32）Bernard Beaulieu Michèle Dardy, *Histoire administrative du ministère de la culture 1959–2002*, La Documentation française, 2002, p. 142–143.

（33）David L. Looseley, *The politics of fun : cultural policy and debate in contemporary France*, Berg Publishers, 1995, p. 113.

（34）フランスの公務員制度において、幹部官僚は、国家公務員としての身分保障を定年まで維持しながら、大臣官房スタッフや本省局長などの「高級職」を異動する。これらは、大臣が候補者を選定し、閣議を経て大統領が任命する政治任用ポストであるため、政権交代には多くの幹部公務員の異動が伴うことになる。ヴァロンは、財務省で第六次国家計画を担当した後、ジスカール＝デスタン政権期には地方勤務を希望して、グルノーブル政治学院の講師を務めていたが、ミッテラン政権成立時に中央政府にもどり文化大臣官房の技術参事官となった。ヴァロン自身は社会党員ではなかったが、自主管理派の社会党議員ミシェル・ロカール（Michel Rocard）に近い政治的立場にあったことが知られている。国立行政学院（ＥＮＡ）出身のロカールは、学生運動から統一社会党（ＰＳＵ）を経て社会党（ＰＳ）に合流し、ミッテラン政権では国土開発計画大臣、農業大臣、そして首相を務めた。

（35）Geneviève Poujol et Madeleine Romer, *op. cit.*, p. 160.

（36）Jean-Luc Bodiguel, *L'implantation du ministère de la Culture en région*, La Documentation française, 2001, p. 213.

（37）「朝六時半には出勤した。八時にはもう一五人ほどが仕事をしていた」というヴァロンの発言が紹介されている。*ibid.*, p. 213.

（38）Kim Eling, *The politics of cultural policy in France*, Macmillan, 1999, p. 163. 文化省の策定プロセスの解明と政治システムのモデル化を課題とした同書は、ラング文化省の多数の関係者とラング本人へのインタヴューによって、意思決定プロセスの再構成を試みている。

（39）Dominique Wallon, Note à l'attention de M. le Ministre de la Culture, Objet : Objectifs et moyens d'une Direction du Développement Culturel, le 8 septembre 1981.［ＤＷ文書］

（40）一九八二年三月二日法の第九三条にあたる。

（41）Pierre Moulinier, Naissance et développement du partenariat contractuel dans le domaine culturel, dans Philippe Poirrier et René Rizzardo (dir.), *op. cit.*, p. 49–50. 一九八一年一一月一三日付歴史委員会保管文書からの引用。

（42）Emmanuel Wallon, Critères et dilemmes du service public, dans *Du Théâtre, Dossier « Service public »*, Actes Sud, no. 19, hiver 1998, p. 62–88.

（43）立場の異なる主体をまとめるリーダーは、chef de file と表現される。直訳すれば、列の先頭という意味である。

（44）René Rizzardo, Comment construire et légitimer l'action publique culturelle, dans Philippe Poirrier et René Rizzardo (dir.), *op. cit.*, p. 466–467.

（45）引用文原文は、Edgar Pisani, Administration de gestion, administration de mission, dans *Revue française de science politique*, 6e année, n°2, 1956. p. 325. <http://www.persee.fr/web/revues/home/prescript/article/rfsp_0035-2950_1956_num_6_2_402692>（高

等教育研究省ウェブサイトより、二〇一一年一〇月二三日ダウンロード）で参照。

（46）« Les conventions de développement culturel: un milliard en dix ans », Supplément à la lettre d'information *Développement culturel* No.342 du11 mars 1993.［DAT文書］

（47）Circulaire du 19 juillet 1982 relative à la mise en place et à l'exécution des conventions de développement culturel, および« La politique des conventions avec les villes et les départements », Note à l'attention de Monsieur le Ministre, le 8 octobre 1982.［CH文書］

（48）Mise en œuvre de la politique contractuelle de l'Etat avec les régions, les départements et les communes pour 1983, le 25 février 1983.［CH文書］

（49）渡辺啓貴、前掲書、二二〇―二二一頁。

（50）Mise en oeuvre de la politique contractuelle de l'Etat avec les départements et les communes en 1983, le 19 mai 1983.［CH文書］

（51）Kim Eling, *op. cit.*, p. 160–162.

（52）*ibid.*, p. 162.

（53）岩瀬孝・佐藤実枝・伊藤洋、前掲書、三三八―三三九頁。

（54）註（39）と同じ。

（55）«La politique des établissements d'action culturelle », Conférence de presse du 25 novembre 1982, Dominique Wallon, Directeur du Développement Culturel, Ministère de la Culture.［DW文書］

（56）組織定款の変更や、芸術監督からの提案に基づく文化省との協定署名といった改革案は、投入予算不足と現場側からの反対のために実現に至らなかった。Jean Caune, *La culture en action – De Vilar à Lang : le sens perdu*, Presses universitaires de Grenoble, 1999, p. 319.

（57）Kim Eling, *op. cit.*, p. 157. もと大臣官房スタッフへの聞き取りから、「私が獲得した倍増予算を部局別に割り振れば、砂にしみこむ水のようにたちまち消えてしまうだろう。まずは貯蔵所に置いて、新構想を立ち上げるのがよい。一気には実現できないから、貯蔵所は数年間必要だが、その後は少しずつ空にできる。」というラング発言が示されている。

（58）ラング自身が、一九八六年の選挙前に文化的発展局を廃止または縮小する組織改革を構想していたとされる。「一九八五年から八六年に、文化的発展局の予算を各部局に振り分けておけばよかった。この予算をアーティストに投じてもっとうまく保持しただろう」［一九九六年一月二五日ラング・インタヴュー］、*ibid.*, p. 164.

（59）Roger Beaunez, *Politique culturelle et municipalité. Guide pour l'action. Recueil d'expériences,* Les éditions ouvrières, 1985, p. 12.

（60）« La politique du Ministère à l'égard des Maisons de la culture et des centres d'action culturelle », Note à l'attention de Monsieur le Ministre de la Culture, juillet 1984.［ＤＷ文書］

（61）エローは一九八九年から二三年間ナント市長を務めた。二〇一二年五月、社会党のフランソワ・オランド大統領政権の首相となったエローは、議員兼職を避ける政府方針に従って市長職を辞した。

（62）一九八三年ナント市長交代の文化政策への影響の事実関係はおもに次の記事情報に拠る。Villes au futur, Nantes.Supplément au *Monde* du jeudi 17 décembre 1987. "Fin de bataille sur le front des cultures. Ni la gauche ni la droite ne souhaitent ranimer le conflit qui les a longtemps opposés."

（63）Thierry Guidet - Michel Plassart, *Nantes saisie par la culture*, Editions Autrement, 2007, p. 25.

（64）« Bataille culturelle », Journal de 20h, Antenne 2, 27 juillet 1983. <http://www.ina.fr/art-et-culture/musees-et-expositions/video/CAB8301384001/bataille-culturelle.fr.html>（二〇一八年五月九日最終閲覧）

（65）事務組合（syndicat de communes）は、小規模コミューンが特定の事業を実施するために設立するコミューン間協力公施設法人（ＥＰＣＩ）である。文化の領域では、おもに図書館や映画館などの運営のために作られる。

（66）Roger Beaunez, *op. cit.*, p. 162.

（67）*Le Monde*, jeudi 17 décembre 1987(supplemént) 記事中でのブレーズの見解である。

（68）エロー市政期のサン＝テルブランで、ＣＲＤＣが「前衛的で民衆的」なフェスティヴァルとして一九八六年に立ちあげた演劇祭は、市内グルヌリー城公園で一九九五年まで毎年開催された。

（69）文化省文書課でペイ＝ド＝ラ＝ロワール地域圏内自治体との全協定のファイルを確認したうえで、現ナントメトロポール域内の三自治体による協定文を参照した。

（70）Jacques Renard, « Relations avec la ville de Nantes », Note à M Mrs le Directeur de l'Administration Générale et de l'Environnement Culturel, le Directeur du Livre et de la Lecture, le Directeur de la Musique et de la Danse, le Directeur du Théâtre et des Spectacles, le Directeur du Patrimoine, le Délégué aux Arts Plastiques, le Directeur du Centre National du Cinéma, le 20 avril 1989.［ＳＡ文書］

（71）Yannick Guin, Adjoint Chargé de la Culture, « Avant-projet pour une convention de développement culturel », avril 1989.［ＳＡ文書］

(72) Lettre de M.Jean-Marc Ayrault, Maire de Nantes, du 24 novembre 1989.［SA文書］

(73) 一九九〇年一月三一日付で、総務・文化環境局が作成した会談準備資料が大臣官房技術顧問へ送付されている。

(74) Ville de Nantes/Ministère de la Culture, convention de développement culturel 1990, signée par Alain Orhel, le Préfet Région des Pays de la Loire. pour le Ministre de la Culture, et Jean-Marc Ayrault, le Député-Maire, pour la Ville de Nantes.［SA文書］

(75) 一九八一年夏にリヨン郊外で発生した暴動事件を契機にミッテラン政権が取り組んだ「住区の社会的発展（DSQ）」は、九〇年代以後に本格的に展開されるようになる「都市社会政策（politique de la ville）」の先駆けである。都市社会政策では、困難を抱える住区を特定して、生活環境の改善や社会的再生のために複数省の予算を合わせて投入する。文化政策もその一環で実施された。

(76) Laura Delavaud, "Espace politique/espace culturel: les intérêts d'une alliance. L'art contemporain à Nantes (enquête)", *Terrains & travaux*, ENS Cachan, 2007/2 no.13, 2007, p. 141.

(77) 註（16）と同じ。

(78) 市議会選挙で敗れたデュブドゥは、国会議員も辞職して政界を引退し、技術者の職にもどった。その三年後の一九八六年七月二五日、モンブラン山塊における登山事故で、彼は六三年の生涯を閉じた。

(79) 保革共存政権期の文化省では総務局（DAG）がDDCの協定業務を引き継ぎ、一九八八年には「総務および文化的環境局（La Direction de l'administration générale et de l'environnement culturel, DAGEC）」に改編された。またEACや助成を受ける舞台芸術組織の管轄は、演劇・舞台芸術局に移管された。

(80) 吉田徹『ミッテラン社会党の転換――社会主義から欧州統合へ』法政大学出版局、二〇〇八年、および、渡邊啓貴『現代フランス「栄光の時代」の終焉、欧州への活路』岩波現代全書、二〇一五年。

第四章

地方分権化と欧州統合のなかで

第四章　地方分権化と欧州統合のなかで

フランスの地方分権化は、欧州統合の深化と同時に進行した。「ひと」「もの」「資本」「サーヴィス」が域内をボーダーレスに移動する単一市場形成の方針は、一九八五年六月のミラノ欧州理事会で正式に承認されている。また、一九九二年末までの欧州単一市場完成を正式目標日程として定めた単一欧州議定書は、八七年に発効した。国境を越えた地域間競争に向かうことになった地方都市は、地方分権化後の制度を用いながら、従来のナショナルな経済の枠組みを離れて、都市や地域を単位とする新たな経済発展の可能性を模索し始めた。

以下では、二〇世紀末までを射程として、ふたつの都市および地域における文化政策の展開を検証する。当時の地方都市が対峙した現実のなかで、実際には誰が、またいかなるヴィジョンに基づいて、文化省に提示された協定政策を活用したのか。また、それによってどのような地域の文化ガヴァナンスが構築されたのかを明らかにすることが、ここでの目的である。

第一節　経済発展の単位としての都市と地域

ミッテラン政権初期の首相ピエール・モロワが一九七〇年代に地元で展開した文化政策は、経済と文化の相乗効果を強調する八〇年代前半の政権中枢の言説のなかで、二重の意味をもって参照された(1)。リール市長モロワの経験が、都市の文化的風景を一新した革新自治体文化政策の典型とされた一方、ノール＝パ・ド・カレ地域圏議会議長としての彼の決断は、分権化後の地域圏文化政策のモデルとされたのである。

1　ノール＝パ・ド・カレ地域圏およびリール市概要

ベルギーと国境を接し、フランス北端に位置するノール＝パ・ド・カレ（Nord-Pas-de-Calais 以下ＮＰＤＣと略記）地域圏は、ノール県とパ・ド・カレ県の二県からなる(2)。石炭や鉄鉱石を産出する同地方は、近代フランスにおけるもっとも重要な工業地帯のひとつだった。地域圏内には、パ・ド・カレ県庁所在地のアラス（Arras）、ルベ（Roubaix）、トゥールコワン、ダンケルク（Dunkerque）、カレ（Calais）、ヴィルヌーヴ＝ダスク（Villeneuve-d'Ascq）、ヴァランシエンヌ（Valenciennes）といった諸都市が点在している(3)。

人口二三万三八九七人のリール市（面積三四・八平方キロメートル）は、二〇〇四年に欧州文化首都を経験して以後、アートで地域を変容させた事例として、日本でも知られるようになった(4)。同市は、一九九三年に開業した高速鉄道ＴＧＶ北線と翌年開通したユーロ・トンネルによって、パリから約一時間、ロンドンから約一時間二〇分、ブリュッセルからは約三〇分で結ばれる好立地にある。行政的には、ノール県の県庁所在地であり、ノール＝パ・ド・カレ（ＮＰＤＣ）地域圏の圏都である。

リール市は、近隣の八四基礎自治体とともに約一一〇万人規模の都市圏（面積六一一・五平方キロメートル）を構成している。リールの特徴は、その都市圏全体に占める比重が、ほかの都市圏中核都市と比較した場合に、人口においても面積においてもかなり小さい点にある。リール都市圏共同体は、海峡トンネル工事の国際入札に際して自治体間連携の機運が高まるなかで、一九六七年に創設されたが、以後三代のリール市長は、都市圏全体を牽引するリーダーとしての役割を求められてきた。

リール（Lille）の語源は、島（L'Isla）である。リールはかつて運河水運の要所であった。かつてはフランドル伯領の首都として栄えたが、ブルゴーニュ公国領、ハプスブルク帝国領、スペイン領と、その後の帰属は変遷している。集権的な絶対主義国家を形成したルイ一四世の領土拡張戦争によって、最終的には一六六七年にフランス領に編入された。

以後、辺境の都市は、戦時には前線となり、スペイン継承戦争では、一七〇八年から一七一三年までヨーロッパ同盟に占領された。そして二〇世紀の二大戦では、ひときわ厳しい経験を強いられた地方である(5)。

産業面におけるリールは、中世には、毛織物生産と定期市開催などの大陸都市間交通の要所としての商業活動によって栄えた。一九世紀以後は、綿工業や機械工業の発展とともに急速な都市化が進み、二〇世紀前半に繊維産業、金属、機械産業、化学、消費財、出版業などの産業が栄える工業都市となった。しかし一九七〇年代に、繊維、石炭、鉄鋼などの産業がことごとく斜陽化すると、北部工業地帯の中心都市は、製造拠点の海外移転と地元企業の閉鎖にあえぐ、国内でももっとも疲弊した地域となった。

第二章でとりあげたグルノーブルが研究機関や大学の集積地であり、七〇年代に脱工業化時代の先端を走っていたのとは対照的に、同時期のリール市とノール＝パ・ド・カレ（ＮＰＤＣ）地域圏は、ひじょうに深刻な産業空洞化に直面していた。当時の地域にとって最大の課題は、余剰労働力を吸収するための新しい産業セクターの創出だったが、七五年一月に英国政府が英仏海峡トンネル工事契約を破棄したために高速鉄道ＴＧＶ北ヨーロッパ線着工の可能性が消えた(6)。リールに予定されていた、第三次産業に特化した国際テクノポリス建設の計画も、続いて廃案になった。海峡トンネルの建設を機に、地域をあげて経済構造改革に向かおうとしていたフランス北部地方の苦境は、七〇年代半ばに最悪の状況に陥ったのである。

ピエール・モロワは、一九七三年から二八年間の長期にわたってリール市長を務め、都市圏では七一年から、そして地域圏では七四年の創設から、議員または議長として活動した【表11】。さらにこれらの地方公選職にあったほぼ全期間を通して国会議員を兼任し、ミッテラン政権では成立から八四年七月までの三つの内閣で首相を務めた社会党の最有力政治家のひとりであった(7)。以下では、モロワの発言と行動に注目して、ＮＰＤＣとリール市が八〇年代に成立させた文化省との協定の分析から、都市文化政策の展開をみる。

2　地域経済再生の原動力

「栄光の三〇年」が終焉したとき、リール市長が直面した最大の課題は、地域の経済構造転換という難題であった。

表 11　ピエール・モロワ公職兼職年表（1967–2011）

年	市	都市圏	県	地域圏	国会	首相	欧州議会
1967			県議				
68			副県議会長				
69							
1970							
71	市議	都市圏共同体					
72		副議長					
73	市長				下院議員		
74				地域圏議員			
75				議長			
76							
77							
78							
79							欧州議会議
1980							
81						首相	
82							
83							
84							
85							
86				地域圏議員	下院議員		
87							
88							
89		都市圏共同体					
1990		議長					
91							
92					上院議員		
93							
94							
95							
96							
97							
98							
99							
2000							
01							
02	市議						
03							
04							
05							
06							
07							
08							
09							
2010							
11					引退		

［出典：INSEE 国勢調査より筆者作成］

一九七三年の就任時モロワは、公約「リールの契約（contrat lillois）」で産業構造を転換し、第三次産業を基盤とする都市へ再生することを宣言している。リールを「芸術の都市」にする方針は、ここではじめて示された(8)。モロワが牽引した市の文化政策は、はじめからこの総合方針のなかに組み込まれていたのである。前市政との最大の違いは、市内諸団体への助成を中心とした従来の文化政策に対して、市政府もまた民間主体と「同等な文化的主体である」と位置づけた点にある(9)。このときから市政府は、専門家や利用者との協議を通じて、みずから文化事業を立ち上げるようになった。

一九七七年に再選された市長の「新リールの契約」では、「産業危機のなかに埋没している都市に魅力的なイメージを付与する」文化政策の継続が公約された。同年の市の文化政策白書では、プロのアーティストによる創造活動を重視するとともに、住民の文化的ニーズを引き出す働きかけを行い、フェスティヴァルなどの先端的な文化事業と一般市民の文化活動をバランスよく実現するという基本方針が示された。その結果、七〇年代後半のリールは、新音楽監督ジャン＝クロード・カサドシュ（Jean-Claude Casadesus 一九三五―）のもとで新生を遂げたリール・フィルハーモニック・オーケストラや、後の「音楽の祭典」の原型として知られる現代音楽の「フェスティヴァル・ド・リール」によって、広く注目を集めるようになる(10)。

だが経済構造改革は、市の規模で完結する課題ではない。七四年に始動した地域圏議会の議長に就任したモロワは、ここでも同様に文化の重要性を主張した。首相時代の著書には、以下のように記されている。

私は、フルレやカサドシュのような人物の力で、われわれの音楽祭が数年のあいだに全国的な催しとなり、フィルハーモニック・オーケストラが卓越した地位を獲得するのをみた。その一方で、解散が決まっていたＯＲＴＦオーケストラに地域圏から支出させるために、何年も闘わねばならなかった。というのも、国家は自分が手を引いただけでなく、地域圏議会が国家を代行する権利さえも否定したからだ。リールと地域圏住民による受容と感

受性は素晴らしいものだった。真のムーヴメントが生まれ、美術などほかのセクターも連動したのである。(11)

すでに前章で引用したが、モロワは同書において、「ほかの投資が、一〇年から一五年でようやく効果を生むのに対し、文化は、短期間での活性化を可能にする」と述べている。NPDC地域圏とリール市が七〇年代に展開した文化政策は、卓越した芸術活動による知名度をもって斜陽地域のイメージを払拭するとともに、都市と地域圏住民の意識に変革の動きを生み出すことを狙っていたのであり、一定の成果を得ていたことがわかる。

この経験は、ミッテラン政権成立前後から、分権化後の地域圏文化政策のモデルとされた。八二年の文化省による地域圏文化政策調査報告書は、NPDC地域圏のケースをとりあげ、文化によって地域圏のアイデンティティを確立、地域圏内の地域間格差を是正し、さらに地域圏のイメージを更新して雇用を創出する先進例として示している(12)。ミッテラン政権が文化と経済の結びつきを前面に掲げるようになると、地域経済再生の原動力として文化に着目する政策構想はいっそう脚光を浴びた。

NPDC地域圏による当時の文化政策とは、具体的にはどのようなものだったのか。八二年六月に成立した「ノール＝パ・ド・カレ地域圏文化的発展協定」をみてみよう(13)。進行中の事業を総覧し、分権化後に策定された新しい施策を加えて、中央政府による協力内容を明記した協定である【別表4】。ここではまず、地域圏による文化政策の基本方針が明らかにされている。また、芸術創造と普及、文化行動、文化施設の整備といった各領域で重視される分野と具体的な実施事業、そして地域圏が新設する文化政策推進組織に関する決定が示された。さらに付属資料として、地域圏と文化省の予算分担表と、創出予定雇用数の一覧が添付されている。

協定序文によれば、同地域圏は、すでに七四年初年度予算の段階から、経済発展、生活環境の向上とともに、文化を施策の第三の柱とし、八一年までに一・七億フランを文化に支出した。そしてこれは、地域圏議会議長モロワの「明白な政治的意思」を議会が支持したためだと特筆されている。分権化以前、公設法人時代の地域圏議会議員は、半数が地域圏内から選出された国会議員で、残りが県議会の代表者と圏内の主要自治体の代表者によって構成されていた。七七年から八三年当時のノール＝パ・ド・カレ（NPDC）地域圏では、主要自治体のほとんどが社会党市政だったから、意志共有はさほど困難でなかったことが推定される(14)。協定には、域内自治体によって七〇年代に立ち上げられた文化事業や文化機関に対する、国と地域圏の財政参加が列挙されているが、そのすべてが社会党市政によるものだ(15)。

文化省は、一九八二年に全地域圏との文化的発展協定を成立させた。そのためNPDC地域圏の八二年協定には、文化省側が全地域圏に提示した共通の枠組みと、NPDC地域圏による独自の施策が混在している。地域圏文化政策を推進する専門機関として新設された「地域圏文化・生涯教育事務所（ORCEP）」と、現代美術作品購入のための地域圏基金（FRAC）は、ほかの地域圏でも同様に設けられており、いずれも文化省の地域圏レベルの分散化機関である地域圏文化局（DRAC）と緊密に連携していた。

NPDC地域圏は、これらのほかに、中央政府が七一年に創設した「文化関与基金（FIC）」を模した組織である「文化関与実験基金（FRIEC）」を設け、ここから地域間格差や社会的格差の縮小を目的とする実験的事業に助成を行うようになった。また、「地域圏文化演劇技術環境機関」を新設し、備品や機材をここで保有して、地域圏内で活動する劇団等への貸し出しを始めた。地域圏が担う調整機能の拡充により、域内で活動するさまざまな主体への支援が強化されて相互の連携が図られ、圏内地域間格差の縮小が目指されたのである。

一方、NPDC地域圏が実施した事業では、産業遺産の活用と、音楽、演劇、美術、映画など現代の芸術創造振興の二領域が重点化されている。地域圏全体としての新しいアイデンティティの創出が、その目的であった。前者は、圏内全域に点在する産業遺産の保全活用と、その意識化を図る教育プログラムの実施を中心とし、産業ミュージアム、エコミュゼ、周遊ルート、鉱山センター、そして産業技術センターなどを設置する計画が示されている。後者は、七〇年代にリールで立ち上げられた先端的な文化事業の継続と、ヴィルヌーヴ＝ダスクおよびダンケルクに予定されていたふたつの現代美術館の開設を中核とした。

このように、NPDC地域圏が産業構造の転換を図る政策とはじめから関連づけて展開した文化政策は、地域圏全体と各都市や地域のアイデンティティを明確化し、対外的な存在感を高めることを主要な目的とした。また、分権化以前の地域圏本来の役割であった域内の均衡を図る経済開発政策や、地域整備政策とも連動していたことがわかる。七七年地方選後に社会党系自治体が圧倒的優勢を占めたNPDC地域圏が、地元出身首相のもとで文化省と結んだ八二年協定は、モロワの構想を反映した文化政策の実現手段がもっとも完全なかたちで整えられた、到達点だと言えるだろう。

3　辺境の都市から欧州主要都市へ

ミッテラン政権期にはいると、リール市とノール＝パ・ド・カレ地域圏（NPDC）をとりまく経済的文脈は、一気に好転した。一九八一年、海峡トンネル計画の再開が、六年ぶりで決定したのである。「海峡トンネル仏英協定」は、ミッテラン大統領とサッチャー首相の手で、八六年一月にリールで署名されている。

一方、前章でみたように、八三年地方選後の地方政治では社会党勢力が後退し、左派の伝統的基盤である北部地方もその例外ではありえなかった。国政でのモロワは、教育改革の挫折と、欧州議会選挙における左翼退潮の責任をとるかたちで、八四年七月に首相を辞した。後続のファビウス内閣（一九八四―八六）は、社会主義を断念して「小さな政府」への転換を図ったミッテラン政権の「転回」後の方針を精力的に推進している。前首相モロワは、八六年三月の総選挙で国民議会議員に復帰するまでの二年弱のあいだ、リール市長および地域圏議会議員として、おもに地元ベースで活動した。

欧州単一市場の実現が現実化した八〇年代中葉以後、多くの地方主要都市の文化政策は、戦略的な性格を強めている。以下では、八六年三月の総選挙で論争を巻き起こした「事件」を起点として、単一市場への移行準備期に、リール市長モロワが強力に牽引した自治体文化政策の展開をみる。

（1）「立体地図事件」

一九八六年の国民議会総選挙では、ミッテラン政権下で拡大した文化政策の是非が論点のひとつとされた。文化施設の大規模改造や新設を伴った大規模な首都改造計画グラン・プロジェや、パレ・ロワイヤルの中庭に設置されたダニエル・ビュレン作の円柱とともに、このとき保守派による格好の攻撃対象となったのが、「立体地図事件」である(16)。この事件の顛末は、保革共存《コアビタシオン》政府成立前後の報道をおおいに賑わせた。

「立体地図（les plans-reliefs）」とは、絶対王政期フランスの領土拡張戦争において制作された、六〇〇分の一スケールのひじょうに精巧な要塞都市模型である(17)。その多くがフランスとベルギーの国境近辺の要塞都市であることに着目したモロワ市長は、「国境ミュージアム」を創設する構想をもった。そして首相退任直後に開催された八四年九月の省間委員会において、地方における大統領直轄グラン・プロジェという名目で、立体地図全一〇二点のリールへの移送を承認させたのだった。同時に、地元リールでは、文化省の専門部局の協力を得て、ミュージアム開設に向けた予備調査を開始している。

一九八六年総選挙を前にしてこれが「事件」とされたのは、フランス国土の成立を表象するコレクションが首都を去ることの是非が問われたからであり、文化省と市による正式な協定の成立を待たず、ラング文化大臣による書面の了承のみで、八六年一月に移送が開始されたからである(18)。

「ミュージアム設置条件を定める国とリール市の協定」および「国とリール市による文化的発展協定」【別表5】は、総選挙のわずか二日前に署名された(19)。だがジャック・シラク（Jacques Chirac 一九三二—、一九八六—八八首相在任）を首相とする政府が成立すると、レオタール文化大臣は協定を無効とし、移送中止を発令したのである。翌月末にリール市は、国に対して協定破棄の無効を訴える行政訴訟を起こしている。

だが、翌年夏にリール側の態度は一転し、モロワ市長は、リール市美術館（Palais des Beaux-Arts de Lille）を改修して立体地図の一部を収める新案を国に示した。まもなく八七年一〇月二日には、リールに委託する立体地図を二九点に限定し、国は三七〇〇万フランを上限として、美術館改修費用の四〇パーセントを負担することを定める新協定が成立している(20)。同時にリール市は行政訴訟を取り下げ、文化省と和解した。この決定は、TGVのリール通過決定発表とほぼ同時に行われており、TGV北部線誘致の成功とともに、国境ミュージアム設立から市立美術館改修へと方針が変更されたことがみてとれる。

「事件」をめぐる一連の全国報道は、各紙の政治的立場を問わず冷ややかで、いずれの記事も、国のコレクションを分割して地元に奪い去った元首相の強引な態度を非難している(21)。だが、当時のリール市内で行われていた議論や講演の記録を参照すると、この事件は、当の地方都市にとってはかなり異なる意味をもっていたことがわかる。

まず立体地図は、リールとその周辺地域において、国民国家成立とその存続の過程で辺境地方が強いられた苛酷な経験の象徴としてみられていた。新ミュージアムは、過去の苦難をめぐる集合的記憶を、新時代に向かう北部地域の結束に変換するための媒体として構想されたのである。

写真5　リール立体地図 Plan-relief de Lille[22]
［写真提供：リール市美術館 © Palais des Beaux-Arts, Photo Jean-Marie Dautel］

八六年四月二六日のリール市議会では行政訴訟の開始が議論されたが、そこでは、二〇世紀の二大戦において地域に深く刻まれた「戦争の記憶」と、分権化後も相変わらず続く「地方軽視」をめぐる議論が白熱していた。ある社会党市議は、「現政府は地方分権ということを忘れている。リール市民と地域の人間は、もはや新しいアイデンティティを持っているのだから、後戻りはできない。市の文化政策は、規則や財政問題よりも、はるかに新しい時代に対応している」と発言している。

モロワ市長は、リールがミュージアム政策をもたないと国から公然と批判されたことに、とりわけ強い反発を示した。そして立体地図ミュージアムを戦争ミュージアムとして設立する構想について、次のように語っている(23)。フランスの辺境として近代を経験したリールと地域圏の歴史を議場に訴えながら、北部地方にとって特別な意味を持つ立体地図は単なる物体ではなく、地域の人々の集合的記憶を喚起して、ともに新時代に向かううえでの地域の団結をつくる重要な手がかりになると論じたのである。

一四の要塞都市が存在するノール＝パ・ド・カレ地域圏とリールは、戦争とは何か、軍隊の戦略とは何かを知り尽くしている。国境をめぐる戦略を展示する大規模なミュージアムによって、われわれは戦争とその苦しみを思い描くことができるのである。〔中略〕

今つくられつつある団結を実現するためには、本質的なものが必要だ。〔立体地図は〕たんに模型の話には留まらない。模型はわれわれの頭の中にも心にもある。長い歴史があるのだ。

続いて市長は、シラク政府による協定撤回の決定を「リールに砲弾を送ってきた」と表現して、最後まで戦い抜くことを市議会に宣言した。

同時期の地元紙は、立体地図問題を繰り返し取り上げながら、「戦争」の比喩をさかんにふりまいていた(24)。地方政治が「国境」の意味や「国民国家と地方分権」を再考する議論を展開し、市民への呼びかけも行ったなかで、ミュージアム設置予定地で開催された立体地図写真展には、約三万人が列をつくったと報じられている(25)。ミュージアム開設を支援する市民の会も結成され、活発な広報活動を展開していた(26)。

リール市役所内に保管される当時の市長発信文書によれば、行政訴訟による国との正面対決姿勢の一方で、こうした地元の支持を背景に、モロワは国に対する強硬な要求と交渉を繰り返していた。中央政府より任命された地域圏長官《プレフェ》に対して、立体地図コレクションをリールに配置することは、「かつて前哨に立たせた地方に対して国家が敬意を表す」ことを意味するのだと一九八七年一月に書き送っている(27)。

(2)前近代への回帰による地域アイデンティティ転換

第二に、リール市と周辺地域が第二次産業から第三次産業への構造転換を図っていたなかで、立体地図には、地域アイデンティティを近代以前の「商人の時代」に回帰させるためのメディアとしての役割が期せられていた。

モロワは、長らくリール民衆大学の新年度開講講演を隔年で担当したが、一九八五年からの三回の講演では、「歴史の記憶」を論じている(28)。辺境の都市から欧州の中心都市へ、地域の自己イメージを書き換えようとする企図が、そこには反映されていた。リールは、独自の歴史と文化を持つフランドル地方の中心都市としてのアイデンティティ確立を通して地域の誇りを取り戻すべきであり、そのためには一九世紀の産業化以前の地域の歴史、とりわけフランス領編入以前の歴史を回復すべきであると、市長は繰り返し呼びかけたのである。

まず八五年の講演では、フランドルの歴史と「ノール＝パ・ド・カレ地域圏の文化的独自性」が強調されている。現在ではフランスの辺境とみなされているわが地方は、もとは多くの人々が行き交う「欧州の交差点」だった。このイメージを詩の一節によって喚起しながら、「北部商人の伝統」を回復すべきであると訴えた。第二次産業から第三次産業への産業構造改革を、地域本来の姿への回帰として位置づけるディスクールである。

地元の歴史家の協力を得て構成された八七年一〇月四日の講演「ヴォーバンとリール」は、リールがフランス領に組み込まれた過程を詳しく論じて、近代以後につくられた既成概念を問い直すよう聴衆に求めている。ルイ一四世の領土拡張戦争を指揮したヴォーバンは、戦後三〇年間統治者としてリールに留まり、包囲した都市を要塞化して「フランス化」した。この講演でモロワは、ヴォーバンの時代の国境は、政治的境界、宗教的境界、さらに税関など、異

写真6　修復されたリール市街の建築物。修復メセナ企業のロゴが埋め込まれた旧証券取引所（上）。復元された商店建築ファサード（下）

なる意味をもつ複数の線が錯綜したものであり、状況の変化に応じて変更可能なものだったと論じている。その意味において戦術家ヴォーバンは、固定化された近代の国境を象徴する存在なのであった。よって立体地図は「地域が払った犠牲の象徴」であり、「侵略と戦争を経験したリール人が共有する文化の重要な構成要素」である、と市長は主張した。

　この講演は、直前に国との協定が成立した市立美術館改修事業にも言及している。「歴史的記憶の表層、つまり一九世紀の冷酷な産業化で作られた汚染された表層を、われわれは削り取ろうとした。長年の間に黒ずんだ建築外壁のもとの姿を取り戻すべきであるのと同様だ」と突然の方針変更が説明されている。モロワは、製造業に依存する斜陽地域というイメージを一気にそぎ落として、国際的なビジネス拠点に生まれ変わるための意識変革を市民に呼びかけたのだった。

　一九八七年の講演は、一七世紀半ばの旅行記を引用して、美しい建築物が立ち並び、商人の往来で賑わったリールのかつての豊かな姿を聴衆に想起させている。このとき現実の中心街の都市空間では、建築物の劣化した表面を実際に削り取って、街並みを美化する工事が進行中だった。旧株式取引所の修復事業は、多数の地域企業が結成されたアソシアシオンの資金提供を受けて行われており、これはフランスにおける組織的メセナ事業の先駆事例とされる(29)。またそこに至る過程には、六〇年代から旧市街修復整備のために活動してきた市民団体「ルネサンス・デュ・リール・アンシアン(Renaissance du Lille Ancien RLA)」が活発に関与していた。

翌八八年一一月には、市と文化省の間に「リールの歴史的建造物と文化遺産活用のための国と市の協定」が成立している【別表5】。歴史的建造物の修復保全は、それまでは文化遺産保護制度の枠組みのなかで、所有区分単位で行われていた。一九八八年協定の目的は、そうした修復保全事業の成果のうえに立って、歴史的建造物の価値を都市全体の規模でより明らかにして共有し、リールの文化遺産の価値を外部に対して分かりやすく発信するための条件整備にあった。協定は、「北ヨーロッパ圏規模で実施される市の広報展開によって、今後一〇年間でリールがふたたび活性化することは、ここであらためて確認するまでもない」と述べている。この見通しのなかで目指されたのは、一八世紀以前のフランドル中心都市の繁栄を彷彿とさせる街並みを再現することだった。市と文化省は、協定で共同調査の予算を組み、市、文化省、県、地域圏、そして文化遺産保護団体(アソシアシオン)などとの協働を通して実現される「文化遺産活用計画」の策定に着手した。

現在のリール中心街では、脱工業化都市に対して抱かれるモノトーンなイメージとは異なり、修復によって建築当時の明るい色彩とともに甦った一七世紀商店建築独特のファサードをみることができる。リールにおいて、前近代の歴史は、欧州統合と単一市場の出現に向きあう意識改革のシンボリックなメタファーとしてのみならず、地域ぐるみで取り組まれた歴史的街並みの再生を通して、現実の日常生活空間においても価値づけられたのであった。

(3) 卓越した文化施設の実現 ——都市の威光と対外広報戦略

第三に、TGV北部線の誘致成功と同時に発表された一九八七年新協定で明らかにされた市美術館の大規模改造計

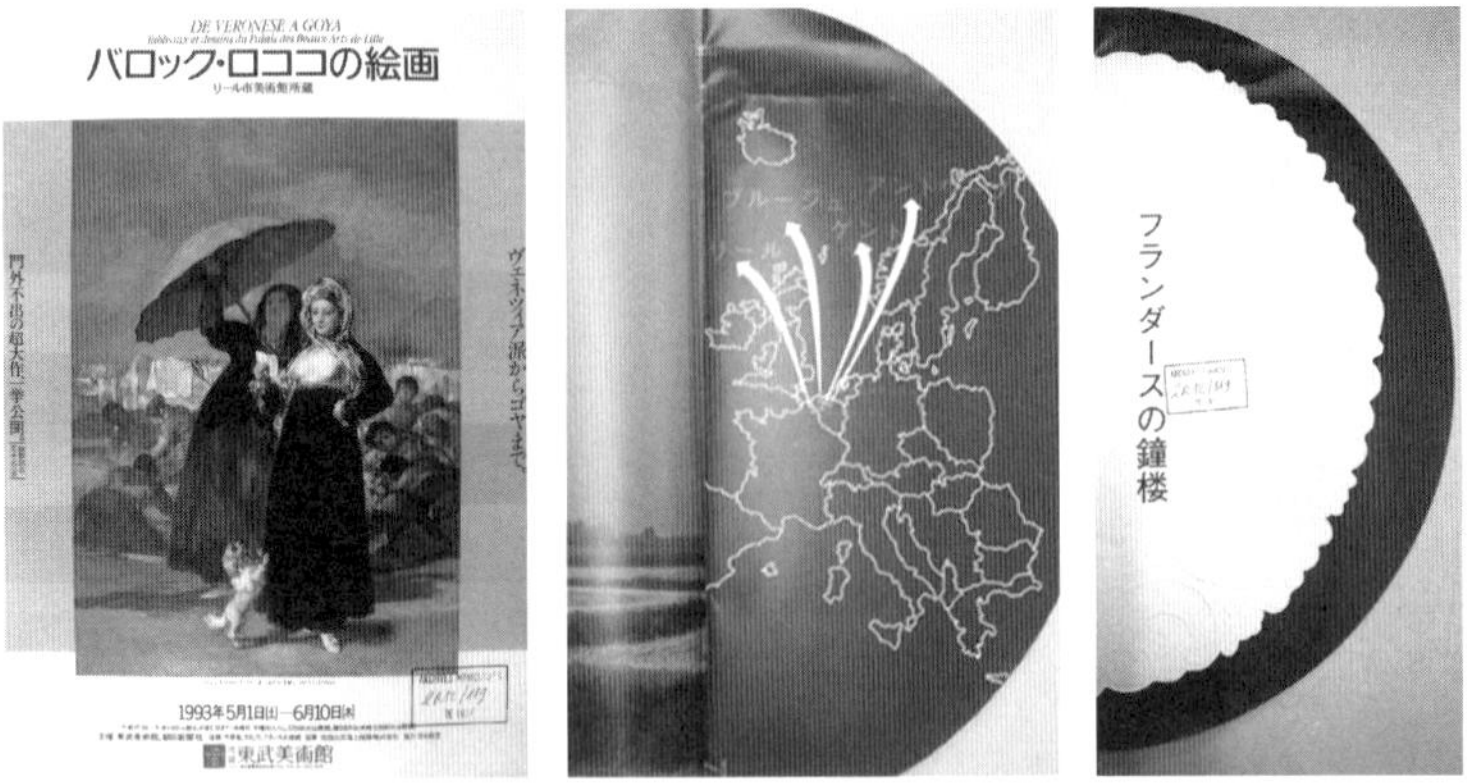

写真7　巡回展と訪日キャンペーンの広報物。東武美術館の展覧会ちらし（左）「フランダースの鐘楼」パンフレット（中・右）［出典：リール市保管資料］

画は、国際的な企業立地としての都市の威光を、文化面から高めることを目的としていた。

国境ミュージアム設立の当初構想を放棄し、代わりに市美術館を徹底的に改修する選択は、パリやロンドンの大美術館にも比肩する卓越した文化施設の実現を優先する方針転換だった。市美術館の大規模改修事業は、TGV新駅の隣接地区に予定されたフランス有数の国際ビジネスセンター「ユーラリール（Euralille）」の開発計画と対をなす都市整備プロジェクトとして市内に紹介されている。TGVが外部から運んでくる人と資金の流れから、サーヴィス業分野の雇用を大量に地域に生み出す「第三次産業タービン構想」の一環に組み込まれたのであった。

モロワは一九八七年の講演において、「立体地図を市美術館に設置することで例外的な［国の］資金を活用し、世界ランキング二〇位内にはいる美術館の建物を全面修復する方が賢明だと考えた」と述べている。都市の文化的卓越性を象徴する美術館は、リールが人を惹きつける力に結びつくと市長は力説した。充実したコレクションをもつ美術館に設備投資を集中させる決定は、TGV通過決定によって国際商業都市となる現実的な見通しを得たリールが、さらなる都市間競争を勝ち抜くための作戦だった。「平和を得るために戦争をしたヴォーバンも、平和な時代に向かって要塞が開かれることを喜ぶだろう」と、講演は結ばれている。

改修工事は九一年に着工した。大規模文化施設は、オープニング前の期間にもっとも注目を集める強力な情報発信媒体となる。九七年六月の再開館までに、リール市美術館は、ロンドン、ニューヨークと日本の美術館を巡回する大規模コレクション展を組織した。日本では、ユーロ・トンネル開通が耳目を集めた九三年から九四年にかけて、東京、横浜、名古屋、北九州で「バロック・ロココの絵画展　リール市美術館所蔵——ヴェネチア派からゴヤまで」が開催されている。このときリール市美術館は、フランス屈指の質と規模を誇る「第二のルーヴル」として紹介された(30)。同展は、フランスとフランドルのふたつの文化圏にまたがり、欧州各地と交流した都市として、一七世紀のリールの繁栄に光をあてた。

巡回展に際して、リール市、リール都市圏共同体、ノール＝パ・ド・カレ地域圏、ユーラリール地区開発協会は、行政と民間企業からなる一〇〇人規模の使節団を組織し、開催各地でさかんに地域プロモーションと企業誘致活動を行っている(31)。日本企業関係者向けには、「フランダースの鐘楼」を訪ねてベルギーのアントワープ（Anvers/Antwerpen）、ブルージュ（Bruges/Brugge）、ゲント（Gand/Gent）、そしてリール（Lille/Lierre）をめぐる特別ツアーが提案された(32)。

単一市場への移行期には、ＥＵ域内の多くの地域が「欧州の十字路」を自称するようになった。それまでは首都の陰にあって海外でほとんど知られることのなかった地方都市が、国境のない圏域の中心に自地域を位置づけて、相次いで国際的な広報活動に乗り出してもいる。その場合、十字二軸の起点をどこに置くかはさまざまであり、巨帯都市（メガロポリス）をフレームとした例もあれば、拡大後のＥＵ全域の未来図を示した例もあった。「中心」を想起させるために参照する歴史もまた、ローマ帝国時代、中世、近現代、未来と自在に設定された。リール市とノール＝パ・ド・カレ地域圏の場合は、欧州の中枢部分として中世商業の中心地フランドルを示し、みずからをその主要都市として位置づけてみせる方針がつねに一貫していた。

4　公職兼職制度と協定政策

文化事業と地域経済振興事業を組み合わせたオペレーションの記録からは、国会議員と自治体首長、広域行政組織トップ、さらに公益的なアソシアシオンの役職までを兼任したモロワ市長が、合意形成と資金調達交渉を主導したプロセスが観察できる。

たとえば、一九九三年一〇月の愛知県美術館展に際して行われたリール都市圏共同体の日本企業誘致・経済振興キャンペーンは、欧州地域開発基金（FEDER）から五〇万フランの支援を受けていたが、NPDC地域圏長官《プレフェ》が発信した助成決定通知は、元首相、上院議員、リール市長、リール都市圏共同体議長、アソシアシオンリール－TGV理事長の肩書きをもつモロワに宛てられている(33)。ひとりの人物に決定権が集中する状況で、巡回展は地元をあげた経済振興事業に組み込まれていたことがわかる。

このキャンペーンでは、欧州主要都市としてのイメージを獲得するために、文化面において日本のメディアに露出することが目指されていた。都市圏共同体からリール市に対して、広報事業を担当するアソシアシオンへの助成分担を依頼する文書が出されたが、いずれもトップがモロワであるために発信者と受信者が同一人物であるという奇妙な現象が観察される(34)。こうして組織間調整のプロセスは簡略化され、地域経済発展の手段として位置づけられた文化事業は、ひじょうに迅速に展開した。

この状況は、基礎自治体《コミューン》、都市圏共同体、県、地域圏という複数レベルの自治体議員と国会議員の縦方向の兼職を認めてきたフランスの政治制度に起因する。一九八〇年代後半から九〇年代前半のリールと周辺地域では、モロワ個人に権力が集中していた【表11】。地方分権化の進行とともに、強大な権限をもって圧倒的なリーダーシップを発揮した主要地方都市の自治体首長は、しばしば「君主（prince）」と揶揄されたが、ここにはその典型例をみることができる。

第三章で明らかにしたように、文化の分権化制度設計においては、独立した決定権をもつアクター間の対等かつ自由な協働を支える観点から、文化に関わる自治体間の権限配分は階層化されず、基礎自治体《コミューン》、県、地域圏のいずれもが自由裁量で文化に関与できるしくみが整えられた。しかし、その現実的な帰結として、地方分権化後の都市文化政策の実質的な決定権は、公職兼職首長に集中することになったのである。

欧州単一市場に向かう都市間競争のなかで、文化は、競合地域との差異を打ち出し、都市と地域の魅力を高めるための有力な手段となった。そして文化の「道具化」は、「君主」の手によって急速に進められたのだった。

5　脱工業化、都市間競争の激化と文化政策

一九七〇年代半ばに地方経済が底を打ったリール市とノール＝パ・ド・カレ（ＮＰＤＣ）地域圏は、製造業から第三次産業への構造転換を図るうえで、文化を地域経済再生の原動力とみなした。この実践は、経済と文化を結びつけたミッテラン政権内で地方分権化後の自治体文化政策の模範例とされた。

八〇年代半ばに明らかになった欧州単一市場の形成は、厳しい都市間競争を発生させた(35)。合併・買収を伴う企業再編や、域外企業による投資増加が見込まれるなかで、いかに魅力的な都市／地域イメージを創出し、新しい地図上にどれだけ有利なポジションを獲得できるかは、地方都市の命運を左右する課題だったと言える。単一市場への移行は従来のナショナルな経済の枠組みを離れて、地域を基本単位とする新しい発展に向かう好機だったから、国内辺境の都市から欧州主要都市へ、地域のアイデンティティとイメージを書き換えることは文化政策の優先課題となった。

本節で注目した「立体地図」は、まずは地域の結束をたかめる媒介として、さらに国境概念を相対化し、地域住民のアイデンティティを前近代の「商人の時代」へと回帰させるための装置として求められていた。だがＴＧＶ通過決定後の文化政策は対外的な都市イメージ改善に軸足を移し、市美術館の大規模改修は都市の威光を発信する対外広報戦略の手段とされ、中心街の整備や、「ユーラリール」開発事業等とともに、国際ビジネスの中心地をつくる都市整備事業の一環として進められた。一連の施策は、いずれも欧州の中枢部分として中世商業の中心地フランドルを示し、みずからをその主要都市として位置づける一貫した構想のなかで展開されている。

自治体首長が国の統制を受けずに使える予算や人員を増加させた地方分権化改革は、公選職兼職国会議員の中央に対する立場を大幅に強めた(36)。この変化を背景に、文化を手段として地域の経済発展を実現する明確なヴィジョン

をもった兼職首長が、単一市場への移行期にかなり強引な交渉手腕を発揮しながら、交通網誘致や企業活動のインフラ整備との連動によって短期的に成果をもたらす都市文化政策を断行した実態が以上では浮き彫りとなった(37)。

ピエール・モロワは教員出身で、青年期に民衆教育運動と労働者余暇運動を率いた経験によって社会党内に頭角を現した政治家であり、その信条は「社会における幸福の共有」であった(38)。彼が創設した「レオ・ラグランジュ連合(Fédération Léo Lagrange)」は、生涯学習や機会格差の是正に取り組む全国連盟として現在も活動している。本節では、彼のキャリアのなかの短い時期にスポットをあて、地元での文化政策実践の一部をとりあげた。教育、スポーツ、芸術、余暇における個人の開花を求めた人民戦線のスポーツ・余暇担当次官ラグランジュの理想の相続者を生涯自負し続けたモロワであっても、北部地方の産業空洞化と経済危機のなかでは「文化は経済発展の手段である」と断言し、そのような文化政策を強行したのであった。そしてモロワの行動は、その後の都市と地域のあり方を確実に変えている。

一八世紀建築のファサードを取り戻した市美術館「芸術の宮殿(Le Palais des Beaux-Arts)」は、リールの新しい顔のひとつとなった。巨大な現代美術作品が訪問者を迎えるエントランスの地下には、フランドルに関わる立体地図一五点が展示され、これがこの美術館の大規模改修事業の発端であったことがごく控えめに説明されている(39)。欧州単一市場への準備を急ぐ文脈においてかくも求められていた立体地図は、TGVの開通、現代建築群ユーラリールの実現、さらに欧州文化首都「リール二〇〇四」を経て、リールが欧州都市としての新たなアイデンティティを確立した現在、移設当時に背負わされた役割を果たし終えたかのようにみえる。

第二節　都市文化政策の複合化

兼職首長が強力なリーダーシップを発揮していた頃、有力政治家の牽引力をもたない自治体は、どのように文化政策に取り組み都市間競争に臨んだのか。以下では、一九八六年三月の保革共存《コアビタシオン》政権成立直後に強力な兼職首長を失った、南仏の主要都市マルセイユの事例を検討し、地方分権化から二十世紀末までに成立した市と文化省の三件の協定に沿って、都市文化政策の担い手の変化と理念の変遷を分析する。

1　マルセイユ市概要

人口八五万八一二〇人のマルセイユ市（面積二四〇・六平方キロメートル）は、地中海に臨むフランス第二の都市である。プロヴァンス＝アルプ＝コート・ダジュール（Provence-Alpes-Côte d'Azur　以下PACAと略記）地域圏の圏都で、ブーシュ・デュ・ローヌ県（Bouches-du-Rhône）の県庁所在地でもあり、二〇一六年より九二コミューンが参加する人口約一八六万人の都市圏（面積三一四九・二平方キロメートル）を形成している。二〇〇一年にはTGV地中海線が開通し、パリから約三時間でアクセスできるようになった。二〇一三年には欧州文化首都を経験している。

パリの約二・五倍の面積に広がる同市は、一六の区（arrondissements）から構成され、区内には公式統計の基礎単位とされる一一一の住区（quartiers）が存在している。これらの住区の多くは、徐々に行政市に組み入れられた村であったことから、マルセイユは「一一一の村からなる都市」と称されることもある。

紀元前六〇〇年頃にフォカイア人の植民都市として出発し、地中海交易を通して発展を遂げた港湾都市は、一四八一年にフランス領に併合された。つねにその経済活動の中心にあった旧港（le vieux port）に加えて、フランス政府は一九世紀半ばに、北アフリカにおける植民地拡大に伴う海運需要の増加に対応すべく、新港「ラ・ジョリエット（la Joliette）」を旧港北に建設した。以後近代のマルセイユは、両港を中心とする中心市街空間を形成しながら、地中海沿岸植民地との交流を通して、都市の活動を拡大してきた。一七八九年の大革命時に約一〇万人だった市の人口は、第二帝政期末の一八七〇年頃には約三〇万人にまで増加していたことが知られる(40)。第三共和政期の植民地拡大と、二〇世紀の二大戦を経験した後、第二次世界大戦後には脱植民地化が進んだ。アルジェリアが独立した一九六二年の国勢調査におけるマルセイユの人口は、七八万三七三八人だった。

マルセイユは、その歴史を通して、各地より移住者を迎えながら都市をつくってきた。一七世紀以降の移民の主要出身地は、イタリア、アルメニア、そして北アフリカ諸国である(41)。第二次世界大戦後は、チュニジア（一九五六）、モロッコ（一九五六）、そしてアルジェリア（一九六二）といったマグレブ諸国の独立に伴って、旧植民地から多数の移住者や帰還者を迎えた。マルセイユは、そのため六〇年代から七〇年代に人口移動のピークを経験している。市内の低所得者層向け公的住宅の七割は、一九六〇年からの一五年間に、旧植民地からの移住者用住宅予算を用いて建設されたものであり、これらの大規模団地は、市の北部に集中している(42)。

一方で脱植民地化は、マルセイユの産業構造も変化させた。植民地海運の表玄関として栄えた両港は様変わりし、市内に数十カ所あった製油所や石けん工場などの加工業拠点の大部分が閉鎖されて空洞化した。高度経済成長期に、タンカー海運用の港湾施設と石油精製所が、約五〇キロメートル西に離れたフォス（Fos）に建設されたこともあり、一九八〇年代のマルセイユでは、人口流出と雇用状況の悪化が進行していた。マルセイユは、二〇パーセントを超える高失業率と治安の悪さによって知られるフランス有数の斜陽都市となっていたのである。

表12　マルセイユ市の人口変化

1968	889,029 人
1975	908,600 人
1982	874,436 人
1990	800,550 人
1999	798,430 人
2007	852,396 人
2012	852,216 人

［出典：INSEE 国勢調査より筆者作成］

一九五三年から約三三年間マルセイユ市長を務めたガストン・ドフェールは、第二次世界大戦後を通して、大臣在任中を除き、ほぼ切れ目なく国会に議席をもった社会党の有力政治家であり、全国でももっとも有名な兼職首長のひとりだった(43)。ミッテラン政権ではモロワ内閣の内務大臣（一九八一—八四）として地方分権化改革を主導し、後続のファビウス内閣でも、国家計画・国土整備担当大臣（一九八四—八六）の要職を務めた。だが、保革共存政府《コアビタシオン》が成立した直後の八六年五月に、市長在任のまま、七五歳で突然世を去っている。

以下では、ドフェール長期市政後を中心に、二〇世紀末までのマルセイユ市の文化政策の展開をみる。国とマルセイユ市は、地方分権化以後二〇〇〇年までに一九八三年、八八年、九八年の三件の文化的発展協定を結んでいる(44)。

2　長期市政による文化政策

(1) 国の関与の否定と限定的受入れ

地方分権化が開始された当時、内務大臣ドフェールは、文化省文化的発展局による自治体への働きかけを手厳しく批判していた。第九次国家計画における国‐地域圏契約の策定プロセスでは、文化的発展局（ＤＤＣ）を交渉に関わらせないよう要求し、同局の関与は地方分権化改革への妨害だという見解さえ示したことが明らかにされている(45)。

一九八三年に同市が文化省と署名した「マルセイユ住区の文化的発展協定」は、地方分権化初期に成立したほかの多くの文化的発展協定とは性格を異にする。分野横断的な事業内容であり、都市における芸術創造と人々の文化的実践の発展を目的とした協定ではあるが、市全体に関わる協定ではなく、対象地域が市北部の一三区と一四区に限定されていたからだ【別表6】。同協定は、このエリアで社会文化活動《アニマシオン・ソシオキュルチュレル》を展開するアソシアシオン、同地区の住民への働きかけを含む創造活動を行う芸術団体、そして同地区に居住する若者が行う表現活動に対する国と市の助成をとりまとめたものだ(46)。前文には、当時の中央政府とマルセイユ市がともに優先課題とした「住区の社会的発展（**Développement social des quartiers** 以下ＤＳＱと略記）」に関連する文化協定であることが明記されている。

ＤＳＱは、八一年夏にリヨン郊外のマンゲット（**Minguettes**）住区の大規模団地で起きたアフリカ系の若者による暴動事件を契機として、ミッテラン政権が注力した最初期の「都市社会政策」である(47)。とくに移民が多く暮らす住区を対象とし、教育、医療、就労支援などの諸側面から生活環境の改善と社会再生を図ろうとする省間連携プログラムだった(48)。政府が立ち上げたＤＳＱ委員会のトップには、グルノーブル市長ユベール・デュブドゥが任命されている。委員会は、介入の必要性が認められる全国一六住区を特定したうえで、政策ミッションを策定し、地域運営と社会政策全般について全国レベルで取り組む方針を定めて実験を行った。また、地域圏レベルで取り組むべき施策の実施条件も決定した。「問題住区（quartiers dégradés）」における事業は、「臨時国家計画（Plan intérimaire）」によって八二年夏に開始されたが、マルセイユ北部地域もその対象とされたのである。

デュブドゥ委員会は、これらの住区が、従来の都市から切り離されて周縁化している実態を指摘し問題視した。『ともに、まちをつくりなおす（Ensemble, refaire la ville）』と題された委員会報告書は、両者が協力して関係性を再構築する喫緊の必要性を訴えている。文化に関して、報告書は、社会的文化的アイデンティティを反映する多様な表現を振興し、それぞれの「差異を尊重する」よう求めていた。また、あらゆる日常的な表現に内在する価値を認めると同時に、異なる社会カテゴリー、年齢層、あるいは民族グループの間に出会いをつくって、合意形成を助ける実験を政策的に支援するよう提言していた(49)。

マルセイユ市長としてのドフェールは、長期市政のなかで、文化省の方針とは距離を置きながら独自の文化政策を行ってきた。たとえば一九六〇年代には、文化省からの「文化の家」創設への働きかけを拒絶し、住区のレベルに小規模な文化施設を数多く設置することを選択している。地方分権化に伴った国と自治体の協定政策に際しても、マルセイユは、社会党市政でありながら、市全域を対象とする包括的な文化政策方針への国の介入は拒んだ。だが、「住区の社会的発展（DSQ）」に関してはその必要性を認め、対象地域に限定して、文化省との方針共有を受け入れたのであった。

(2) トップダウン型の芸術振興

ドフェール市政独自の文化政策について、ここではまず、一九八三年協定にはまったく反映されていない代表的な施策を確認しておく。七〇年代のドフェール市政は、外部から著名な芸術家をマルセイユに招くことによって積極的な芸術振興策を展開した。七二年には、バレエ・ダンサーで振付家のロラン・プティ（Roland Petit 一九二四—二〇一一）をパリから招致している。ドフェール市長は「全国的にも国際的にも都市の威光を高めるクォリティをもつ舞踊団の設立」をプティに求めて全権委任し、「マルセイユ・ナショナル・バレエ（Ballet national de Marseille）」が設立された[50]。「ナショナル」と名付けられた舞踊団の組織形態はアソシアシオンであり、市長みずからが理事長を務めた[51]。また七五年には、演出家で俳優のマルセル・マレシャル（Marcel Maréchal 一九三七―）をリヨンから招致し、多額の市助成を交付して劇団の活動を支えた。続いて、旧港近くの魚市場跡「ラ・クリエ（La Criée）」が劇場に改修され、八一年以後のマレシャルは、ここを拠点として国立演劇センター（ＣＤＮ）の認証を受けた「ラ・クリエ―　マルセイユ・ナショナル・シアター（La Criée - Théâtre National de Marseille）」を率いた[52]。七〇年代以後、都市のプロフェッショナルなアート・シーンは、こうして活気づいていった。

ただし、タリアノ＝デ・ガレによる六都市比較研究は、マルセイユとボルドーの長期市政では、七〇年代に、文化に関する権力の「個人化」が進行したと指摘する[53]。マルセイユにおける「文化の時代」の幕開けは、ドフェールとゴンクール賞作家エドモンド・シャルル＝ルー（Edmonde Charles-Roux 一九二〇―二〇一六）の結婚の時期に重なっており、八〇年代にはいると、レジスタンス経験のある左派活動家《ミリタン》としても知られる市長夫人は、非公式だが公認の「文化顧問」として市政運営への発言力をもった。

（３）地域アソシアシオン網の掌握

トップダウンによる芸術振興策が急展開された一方、マルセイユの各住区レベルでは、多数の文化関係アソシアシオンが活動していた。一九七六年には、行政の主導で、「市文化事務所（Office municipal de la culture 以下ＯＭＣと略記）」がアソシアシオンとして設立された。ＯＭＣが市文化予算の一部の預託を受けて、各団体への助成金の配分を担うようになると、市内の文化アソシアシオンの多くはその傘下に束ねられて、議員、行政職員、各団体の代表、アーティストの間の日常的な協議の場が成立した[54]。八三年の文化省との協定は、ＯＭＣの提案に基づいて策定されており、ＯＭＣの管理下にあった事業をおもな助成対象としている。

八〇年代半ばのマルセイユ市内の文化関係アソシアシオンの状況は、民衆教育の文化活動推進者《アニマトゥール》出身で、八七年にOMCのディレクターとなったロベール・ヴェルージュ（Robert Verheuge 一九四六―）の著書において、次のように描かれている(55)。

まず最多数を占めたのが、「人民と文化（PEC）」や「レオ・ラグランジュ連合」など、全国規模の民衆教育団体に統括された地域規模のアソシアシオンである(56)。マルセイユでは、住区レベルに多数の社会教育・生涯学習施設や集会所が設けられた結果として、施設に常駐する職業的アニマトゥールが増加した。だが民衆教育運動は、「積極的市民の養成」に取り組んできた従来のヴォランタリーな性格を次第に弱め、一九七〇年代には資格創設とともに次第に職業セクター化していった。そのためマルセイユにおいても、八〇年代には民衆教育の当初の意図と現実の落差が広がっていた、とヴェルージュは指摘する。

第二に、社会全体の価値観の変化とともに、市内の公設施設では、武道、音楽、テニス、ヨット、ダンス、乗馬といったレジャーの「テクニック」が教えられるようになった。ここでは、目的意識をもつ活動家《ミリタン》ではなく、必要な技術をもつフリーランサーが運営アソシアシオンに雇用され、アニマトゥールとして勤務した。

第三に、マルセイユ独特の状況として、一部の地域アソシアシオンは、音楽学校《コンセルヴァトワール》やダンス学校から専門家を迎えて、民衆教育と芸術創造が交錯するような革新的な活動を開始し、高度化したアマチュアの文化活動の要求に応えようとした。七九年に設立された「C・P・M・A・（音楽アニマシオン・プロヴァンスセンター）」はその代表格であり、市内の各住区で、高水準のアマチュア音楽教育を実施するために活動した。このうち北部住区のHLM内で開催されていた、視覚障害者のための音楽教室やティーン・エージャー向けの打楽器アトリエの活動は、八三年の文化省との協定で助成対象とされている。

これらを束ねていたOMCは、アソシアシオン理事長を務めたドフェール市政の文化担当副市長マルセル・パオリ（Marcel Paoli 一九七一―八九在任）の「手中の道具」だった、とタリアノ＝デ・ガレは指摘する(57)。第二次世界大戦後を通して、市内全域の住区に網の目のように張り巡らされてきた社会文化活動の全容を掌握し、新進の芸術文化団体の動向にも通じていたOMCは、ドフェール市政の基盤を文化の領域で支えたとみることもできるだろう。

このように、ドフェール長期市政の文化政策には、トップダウンで行われた「都市の威光をつくる」芸術振興政策と、市内全域の住区を覆うアソシアシオン・ネットワークの維持というふたつの側面があった。そしてこのほかに、市直営の恒常的な文化機関として、オペラ、劇場、図書館、ミュージアムなどが存在した。

写真8　国立舞台「ル・メルラン」の外観（上・中）と周辺の大規模団地（14区、下）

（4）自治体文化政策としての後進性

一九八三年協定の前文は、広大な面積に地中海沿岸のあらゆるルーツに連なる一〇〇万人の人口を抱える都市が、文化政策を実行することの困難さを強調している(58)。過去一〇年に行われた市の文化政策の到達点としては、公共劇場「ル・メルラン（Le Merlan）」の活動を挙げ、「アソシアシオンの運動と、高水準な芸術創造の間の不毛な二元対立を超える文化施設を構想した」と評価する記述もみえる(59)。だが逆に言えば、これ以外には二側面の間に連携がみられない「不毛な」実態への批判でもある。都市文化政策における全体的な方針は不在であり、各要素間には整合性がなく、市の文化政策は、周辺の他自治体や国との協力を想定しない閉じた構造のなかで行われていた。

地方分権化を率いた内務大臣ドフェールは、文化政策の実践を支える行政間協力の推進とは距離を保った長期政権市長だった。そのためマルセイユは、ほかの地方主要都市に遅れをとったのである。市の文化予算も低水準で、人口一五万人以上の全一六都市中の最下位だった(60)。

国やほかの自治体と積極的に協力して都市文化政策を展開した経験をもたなかったマルセイユは、一九八六年五月七日にドフェールが逝去すると間もなく、抜本的な方針転換を選択する。

3　首長交代から文化政策再構築へ

市議互選によって新市長となったのは、医師のロベール・ヴィグルー（Robert Vigouroux 一九二三―二〇一七、一九八六―九五在任）である。彼は、マルセイユの文化政策を再構築すべく、保革共存政権《コアビタシオン》成立で文化大臣を退いたばかりのラングに、中央官僚の推薦を要請した。一九八六年九月一日付けでマルセイユ市長官房の特別職として文化政策責任者に着任したのは、五月に文化省文化的発展局長を辞していたドミニク・ヴァロンである。以後二年半の間、八九年一月末に「国立映画センター（ＣＮＣ）」ディレクターとして文化省に帰任するまで、ヴァロンはマルセイユ市行政職員として活動し、市が国の制度を活用して総合的な都市文化政策を実施するための基礎を敷いた(61)。

(1) 文化的発展のための課題提起と解決案

一九八六年六月末、マルセイユへの赴任に先立ち、ヴァロンはヴィグルー市長に宛てて、文化政策を再構築するうえでの基本的な考え方を書き送っている(62)。文化的発展に関わる課題提起と、その解決案として示されたのは、以下の内容だった。

カリスマ市長の急逝後、残された三年間の任期を率いることになった無名のヴィグルーに対して、ヴァロンが第一に要求したのは、「文化的発展を、首長自身にとっての現任期の優先課題とする」ことである。具体的には、市内の「文化的風景」が活気づいてきた一〇年来の流れを途絶えさせないように、市長が、「都市の芸術的生活と市の文化政策を構成する諸要素間の協力と整合性の実現」をリードするよう求めた。

ヴァロンは文化政策を優先すべき理由について、構造的な経済危機にあるマルセイユでは、文化が「地域の集団的意志を動かす」からだと述べ、明確で力強い文化プロジェクトの実現が都市にもたらす効果を、さまざまな角度から列挙した。すなわち「住民意識のなかで都市の価値が高まる」、「都心部と戦略的住区が活性化する」、「より強く創造的なマルセイユのイメージを示すことができる」、あるいは「より単純に多くの住民にとっての喜びとなる」などだ。

さらに、「市民がもつ文化的な由来の多様性が認識されたうえで、ひとつの文化的アイデンティティ」が確立されれば「マルセイユの地中海的かつ国際的な役割」が明確になるという論点も示された。差異に基づく多様性のなかの統合を目指した、地方分権化前の革新自治体の文化政策理念に通じるヴィジョンである。

この目的に向かって示された文化政策再構築の基本方針は、以下の諸点であった。

- 市政全体の方向性のなかに文化政策を位置づけて、アクター間の連携を強化する
- マルセイユを、超地域的かつ国際的アート・シーンの交流の場とする

・市の主要文化機関がもつ潜在力を最大限に活用する
・オペラやミュージアムなどの大きな文化機関と社会文化活動推進網《アニマシオン・ソシオキュルチュレル》の中間領域で活動しているさまざまな文化組織を強化し、構造化する
・都市内に芸術の「場」を整備する
・財源調達手段を多元化し、文化組織の財政状態を改善する

具体的な方法論としては、(一) 市長の直接権限のもとに、文化問題全体を分析して戦略的提案を行う職位を新設する、(二)『文化白書』を刊行して政策の基準を示し、これに則って文化に関する市の決定を行う、(三) 文化に関する情報流通を改善する、の三点が示された。

元文化的発展局長が、一九八六年のマルセイユに示した提案は、このように、共治を実現する方法論に関わる部分と、文化による都市経済再生の基盤を住民意識の変化に求める理念的な部分を含んでいた。当然ながら、すべてがただちに実現された訳ではない。

市の行政組織図に組み込まれた正式な文化担当部局は、ヴィグルー市政第一期では発足しなかった。文化政策を活性化するために外部から採用された約一〇名の任期つき契約職員と、市の幹部職員一名によって「作戦グループ」が編成され、市長に授権されたヴァロンのもとで多くの文化プロジェクトの企画実施を担当した(63)。

(2) 文化多様性を誇る地中海中心都市へ

一九八八年に成立した「マルセイユ文化協定」の概要を、巻末の【別表7】に示した。DSQ対象住区に限定して締結されたドフェール市政期の八三年協定【別表6】と比較すれば、ヴィグルー第一期に生じた市の方針の変化が明白だ(64)。国の介入に対して消極的だった八三年協定と異なり、八八年協定の前文は、市と国がともに文化的発展を「地

方主要都市の経済的ダイナミズムの重要要素」とみなすことを冒頭で確認している。八八年協定は、両者が支持するこの基本方針を実現する目的のもとで署名された。協定対象事業は、文化省内の管轄部局に対応する形で、歴史的建造物、ミュージアム、演劇と舞踊、そして音楽の四分野に整理され、予算化されている。

　具体的な事業内容をみると、都市整備事業と文化プロジェクトを関連づける方針と、都市内の文化の多様性を肯定し、独自性として前面に打ち出すことによって地中海沿岸の中心都市としてマルセイユを位置づける方針が、分野を超えて貫かれる二軸として設定されたことがわかる。

写真９　サントル・ブルスとマルセイユ歴史博物館（１区、ベルザンス住区）。都心のサントル・ブルスには低家賃住宅（HLM）が隣接している（上）。地中海交易関係の文化遺産が発掘された中庭（下）

　たとえば、地中海考古学博物館の旧施療院内への移転、アフリカ・オセアニア部門設立による同博物館の規模拡張、都心のショッピング・センター「サントル・ブルス（Centre Bourse）」建設中に発掘された地中海交易関連の文化遺産を展示する歴史博物館の設置などのミュージアム事業は、マルセイユを地中海の中心都市として位置づける表象に照準しながら、設備投資を伴うハード面の都市整備事業としても実施された(65)。

写真10　シテ・ド・ラ・ミュジーク（1区、ベルザンス住区）

また、演劇分野の新事業としては、アヴィニョン・フェスティヴァルと連動して旧施療院中庭で開催される「島フェスティヴァル」が追加されている。これも地中海に向き合う内容である。あるいは音楽分野のシテ・ド・ラ・ミュジーク創設事業をみると、一義的にはアソシアシオンC.P.M.A.による革新的なアマチュア音楽教育活動に恒常的な「場」を設ける事業だが、都心部のベルザンス住区で、一九八三年にマルセイユ市政府が着手した中心街再生プログラムの延長線上に位置づけされる設備投資事業でもあった。加えて、低家賃住宅（HLM）が立地する同住区において、「住区の社会的発展（DSQ）」予算を用いて行う芸術教育事業としての側面も有した(66)。

市政の全体的な方向性のなかに、総合的かつ複合的な視点から文化事業を組み込む都市文化政策は、OMCを介さずに、市政府独自の状況分析に基づいて策定されている。協定交渉は、マルセイユ市政府と、近隣都市エクサンプロヴァンスに立地する文化省地域圏文化局（DRAC）の間で行われ、その過程では、市政府側が市内の文化的状況を解説する協定文原案を作成した。

市は、公式な交渉相手であるDRACだけでなく、中央の文化省担当部局にも直接働きかけている。たとえば舞台芸術分野の交渉では、ヴァロンはまず文化省演劇舞踊局長に接触し、文書を後送して情報を補足している。本来の交渉窓口であるDRACには、その写しが送られたのみである。この文書では、当時活況を呈していたマルセイユ演劇界についての詳しい現状分析が行われている。市内に転入したアーティストが新しく立ち上げた劇場の活動に関する調査が行われ、複数の劇団の基本データを共通の枠組みで整理分析した報告書が、文化省に送付された(67)。

一九八八年協定には、文化省内の総務文化環境局（ＤＡＧＥＣ）や演劇舞踊局が管轄する省予算のほかに、国土整備基金（ＦＩＡＴ）や住区の社会的発展（ＤＳＱ）など、文化省以外の中央政府予算も投入されている(68)。行政間協力による資金調達に通暁した専門職を得て、マルセイユの都市文化政策は、財政面でも規模を拡大した。

ヴィグルー市政第一期は、マルセイユの都市文化政策にとっての過渡期だった。民主的に選出された議員が都市文化政策の方針を決定するのではなく、市長に直接授権された公務員が実質的にこれを担った状況は「異常」であった。しかし、ドフェール急逝後に残された任期を突然率いることになった市長が置かれた特殊な状況のなかでは、「この異常さが政治的にも技術的にも必要だった」と、ヴァロンは後に当時を振り返っている(69)。マルセイユは、異例の招聘人事によって、方法論上の「技術」を獲得し、自治体文化政策の遅れを一気に取り戻す選択をしたのである。

他方で、全国的なスケールからマルセイユをみるなら、一九八三年の地方議会選挙を凌ぐことができた当時最大の社会党市政に「文化的発展」を根付かせて、次の任期へと継続させることは、左派にとっての重要な政治課題だったと考えられる。この短期的な使命を終えたヴァロンは、ヴィグルー一期も終わりに近づいた八九年初頭にマルセイユを去り、保革共存《コアビタシオン》政権終了後、ラングがふたたび大臣となった文化省に戻っていった。

4　都市再生プロジェクトへの組み込み

(1) 自治体文化行政組織の整備強化

ヴィグルー市政は、選挙を経て第二期（八九年六月―九五年六月）に続いた。ここで市政府は、都市文化政策の方針を市議が策定し、自治体行政が事業実施を担うための組織体制を公式に整えている。

一九九一年三月二七日の市議会は、「文化関与基金（ＦＩＣ）」の創設を可決し、これによって市内の文化団体・アソシアシオンへの市の助成金分配の方法が変化した(70)。それまでは、市文化事務所（ＯＭＣ）が毎年市から一定予算を受け取り、例年約九〇〇件の審査を行って約五〇団体に助成を公布していたが、ＦＩＣ創設後は、市の一般会計予算から対象団体へ助成が直接支出されるようになった。市政府は、市内で活動する民間の文化アクターを選択的に支援し、直接協力関係を結ぶ手段を手にしたのである(71)。

続いて「文化問題総局（Direction générale des affaires culturelles 以下ＤＧＡＣと略記）」の創設が、一九九一年七月二二日の市議会で可決された(72)。この組織改正は、市の行政組織が芸術面に関わる専門的判断をみずから行うことを明確にした。

ヴィグルー市長は、市議会議事録によれば、当時のマルセイユの文化政策を次のように描写している。すなわち市は、直近の数年で、現代舞踊、現代美術、映画・視聴覚などの新しい分野に力をいれるようになった。また同時代の芸術創造を振興するために、市内に新しい芸術の場をつくり、同時に広報面を強化した文化事業の開催によっても、都市の文化的な豊かさを育んできた。文化支出は設備費と運営費の両面で拡大しているが、今後もこの方向性は保持される。こうした現状を踏まえ、市長は、第二期ではとくに都市整備事業における文化施設の重要性を意識する方針を示し、市の政策全体のなかでも文化が卓越した位置を占めることを確認した。ヴィグルー一期以後の市政府内には、市長と五名の副市長が関わる「文化調整」組織があり、これを文化政策担当者がサポートする形をとっていたが、市長によれば、さらに推進力を強化するためには、文化担当部局の重要性と固有のアイデンティティが、市政府の組織図上でも象徴的に認められる必要があった。

市長直轄部局として設立されたＤＧＡＣは、「首長と議員が定める市の文化プロジェクト実行を担う組織」として定義された。ヴィグルー第一期以後の実態を、公式な組織として整えたものだ【図12】。文化担当の行政職トップとして総局長（directeur général）の職位が正式に新設され、専門分野別の担当者（chargés de mission）チームが総局長を補佐し、芸術面の業務を担う。ＤＧＡＣは、ミュージアムや音楽学校などのあらゆる市立文化機関の上位に置かれており、国、地域圏、県などの公的パートナーとの関係調整や契約交渉を行うほか、住区や学校における文化行動、フェスティヴァル開催、市の経済・観光事業や姉妹都市提携を補完する国際文化交流、あるいはビエンナーレ開催など、「特別なダ

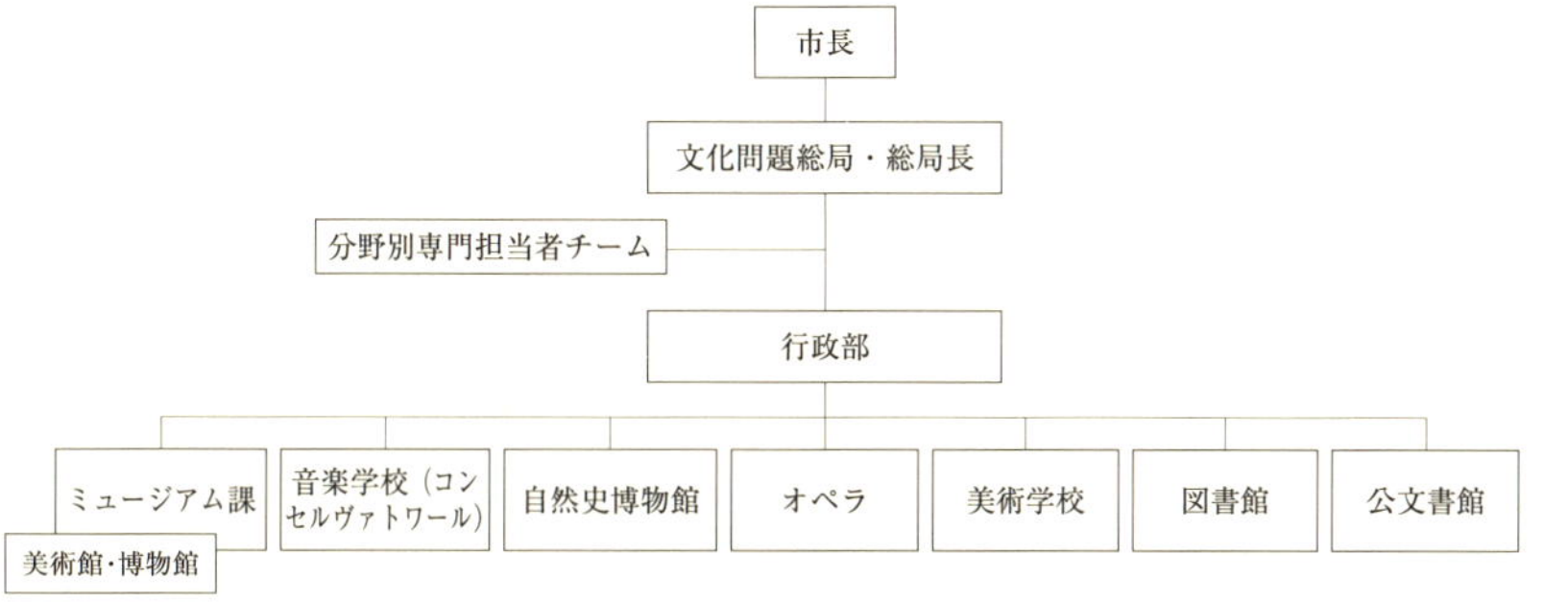

（原注）組織図は市の機関と部局のみを示し、市予算の助成を受けるアソシアシオンや劇団などのサテライト実働部門を含まない（市文化事務所 OMC、劇場、アーティスト・アトリエ、ヴィデオテーク、マルセイユ詩の国際センター、マルセイユ・ナショナル・バレエなど）

［出典：1991 年 7 月 22 日マルセイユ市議会議事録より筆者作成］

図 12　マルセイユ市文化問題総局（D.G.A.C.）組織図

イナミズムを生む事業」全般の実施を統括する。

さらに、ＤＧＡＣは市が助成する文化団体との協定を市文化事務所（ＯＭＣ）とともに担当し、協定アソシアシオンや劇団の行財政上の管理運営に関する責任を負うことが定められた。ＤＧＡＣの各専門分野担当者は、総局長による調整と市長と議員の権限のもとで、ＯＭＣディレクターとも協力しながら芸術面の評価を行う。演劇、舞踊、音楽、映画・視聴覚、現代美術、および科学技術文化の分野が想定されていた。

組織図の注では、市の助成を受けるアソシアシオンや劇団が、組織図の外に「サテライト実働部門（secteurs fonctionnels satellites）」として存在すると説明され、例として市文化事務所（ＯＭＣ）、複数の劇場、アーティストのアトリエ、ヴィデオテーク、マルセイユ詩の国際センター、そしてマルセイユ・ナショナル・バレエが挙げられている。つまり「首長と議員が定める市の文化プロジェクト」に相当し、地方政治の決定によって変化する重点事業は、こうした外部の文化アクターに担われているのであり、彼らと市政府の関係性が、助成時の協定で規定される枠組みが機能し始めた。ＯＭＣも外部組織のひとつとして、事業コーディネーションを担当するようになった(73)。

「サテライト実働部門」とされた各団体は、それぞれの設立経緯によって実際の自立の程度には差があるとはいえ、いずれも行政からは独立した民間組織で、多くはアソシアシオンである。ＤＧＡＣのもっとも重要な役割は、議員が決定する方針実現のために最適なパートナーを見極め、彼らと市政府の協働関係を構築してリードする点にあった。

DGACが設けた芸術文化の分野の区別は、文化省の組織に近似し、各分野に詳しい専門性をもつ人材が配置された。OMCを介して市内全域の社会文化アソシアシオン網を掌握していたドフェール市政時代の組織と比較すると、ヴィグルー市政の文化ガヴァナンスの軸は、より「アーティスティックな」方向へ動き、活動の質的判断にたつ政策が実行されるようになったことがわかる。

(2)アーティスト議員と「マルセイユのモヴィダ」

では、議員側の方針はどのようなものだったのか。ヴィグルー市長は二期目の選挙に際して、地元紙「プロヴァンサル/メリディオナル(Provencal/Méridional)」の経営者クリスティアン・ポワトヴァン(Christian Poitevin 一九四二―)に市議リスト入りを要請していた。彼は、ジュリアン・ブレン(Julien Blaine)のペンネームで知られた「パフォーマンス詩人」であり、当選後は文化担当副市長に任命されている。みずからもアーティストとして活動したポワトヴァンは、ドフェール時代からすると倍増した文化予算を活用し、事業と設備の両面から市内にアーティストの活動の場を増やすことに尽力した(74)。つまり、ミッテラン政権成立時のラング文化省にも似た変化が、このときマルセイユで生じている。

ポワトヴァンは、「制度はすでに確立されている。今後は周縁部にある活動を発展させて、分野と文化的ルーツを超えた混交を進める。映画と絵画、舞踊、文学の出合い、あるいはアラブ文化とアルメニア文化、ユダヤ文化、プロヴァンス文化の交わりが何を生むかということだ」と施策の方向性を説明した(75)。一九九二年以後、市内の公共空間で毎年開催されるようになったワールド・ミュージックのフェスティヴァル「フィエスタ・デ・シュド(Fiesta des Suds)」は、この発言を裏付けるように、音楽だけでなく、舞踊、絵画、写真、映像を同時に扱うものだ。また九〇年にポワトヴァンが設立した「マルセイユ詩の国際センター」での実験に参加した「マッシリア・サウンド・システム(Massilia

Sound System)」は、ジャマイカのレゲエのリズムにのせてプロヴァンスの地域言語オック語でラップを歌う活動によって、長年にわたり広い支持を集めている。

「場」に関しては、産業空洞化が進んでいたマルセイユは、九〇年代まではヨーロッパの主要都市のなかでほぼ唯一、舞台芸術のアンテルミタンにも土地所有が可能な都市だったといわれる[76]。美術家がアトリエを構えることができ、劇団が稽古場や舞台装置のための空間を手に入れられる都市は、アーティストにとって魅力的だった。八八年の文化協定も、八五年に旧製粉工場を劇場に改造して活動していた「テアトル・ド・ラ・ミノトリ（Théâtre de la Minoterie）」、八七年に産業跡地で子ども向けの演劇活動を開始した「テアトル・マッサリア（Théâtre Massalia）」、同じく八七年に礼拝堂に劇場を設けた実験演劇の「レ・ベルナルディーヌ（Les Bernardines）」を演劇部門の助成対象として選択していた。ヴィグルー第二期では、活動の場をマルセイユにもとめるアーティストがさらに増加したが、そのひとつが、パリ近郊マルヌ・ラ・ヴァレ（Marne la Vallée）から転入した大道芸創造センター「リュ

写真11（上・下）　大道芸創造センター「リュー・ピュブリーク」（14区、2009年）

ー・ピュブリーク（Lieux publics）」であった。八三年にミシェル・クレスパン（Michel Crespin）が立ち上げ、ラング文化省の支援を受けたアソシアシオンは、マルセイユ北部の産業跡地に、ほかの大道芸／都市演劇集団と合同で活動拠点を設けた(77)。

この時期のアート・シーンの活況は、七〇年代後半のマドリッドにたとえた「マルセイユのモヴィダ」というタイトルで全国誌にもたびたびとりあげられている(78)。ドフェール長期市政終了後のマルセイユには、パリを中心とする芸術界とは異なる、独特な文化ムーヴメントが生まれていた。

（3）都市再生プロセスとの接続 ——フリッシュ・ラ・ベル・ド・メの成立過程

ヴィグルー第二期の特徴のひとつは、当時の市政にとって最大の課題だった都市再生プロセスに、こうした文化のニューウェイヴを接続させた点にある。市政府が先導して、産業跡地を次々にアーティストの活動の場へ転換し、あるいは祝祭的なアート・イベントの会場として万人に開いた(79)。ただし後年に「創造都市」のコンセプトに集約されて説明されることになるこれらの施策は、もとは産業跡地放置を回避する低コストの解決策として始まっている(80)。

その代表例が、現在は日本にも知られる「フリッシュ・ラ・ベル・ド・メ（Friche la Belle de Mai　以下フリッシュと略記）」である。都心北部に位置する三区ベル・ド・メ住区のたばこ工場跡に、一九九二年に開設されたアート・サイトだ(81)。「フリッシュ」は、フランス語で「荒れ地」あるいは「ブラウン・フィールド」を意味する。マルセイユの表玄関サン・シャルル駅裏の地区に一九世紀に建設された総面積一二万平方メートルのたばこ工場は、最盛期には数千人を雇用したが、八〇年代末の事業再編で閉鎖された。工場跡は、様式の異なる建築をもつ三つの区画で構成されている。

マルセイユのフリッシュは、欧米の大多数のケースとは異なり、アーティストによる遊休地スクワットから発生したのではなく、ヴィグルー市政の文化政策によって実現している。フリッシュの歴史は、北部一五区の種苗会社跡地で九〇年に始まった(82)。文化担当副市長ポワトヴァンの依頼を受けて、マッサリア劇場ディレクターのフィリップ・フルキエ（Philippe Foulquié）とレ・ベルナルディーン劇場ディレクターのアラン・フルノ（Alain Fourneau）がアソシアシオンを創設し、市内各地の産業跡地に新しい文化の場をつくる活動に乗り出したのである(83)。文化担当副市長は、再開発の用途決定までの産業跡地活用をアーティストに委ね、事業内容にはいっさい介入しないことを提案した。

このときに設立された「システム・フリッシュ・テアトル（Système Friche Théâtre 以下SFTと略記）」は、遊動性（ノマディスム）、芸術ジャンルの横断性、そして人々の混交をつくること、の三点をアソシアシオンの活動原理とした。一八カ月後にベル・ド・メたばこ工場跡の四五〇〇平方メートルの一区画に拠点を移したSFTは、二劇場のスタッフに支えられ、他分野の制作者の意見を取り入れながら、演劇、音楽、美術、出版、ラジオ放送の活動が一カ所に集積するアート・サイトの運営を開始した。SFTの初期の活動原則は、事業内容に応じて拠点を移す「遊動性」と、空間の現状復帰を想定した「可逆性」を確保することだった。

フリッシュに移転してからの六年間、SFTは直接SEITAと仮占有契約を結んで施設整備と維持管理を行い、独自の選択眼でレジデント・アーティス

写真12（上・下）　フリッシュ・ラ・ベル・ド・メ（3区）

トを決定した。ＳＦＴは、市の助成と技術サポートを受けていたから、行政側からみれば事業主体として市政の方針を実現する「実働サテライト部門」ということになるだろう。だがそもそもアソシアシオンは、みずからの戦略によって活動する独立組織である。

ヴィグルー市長が提案した「ユーロメディテラネ（Euroméditerranée／欧州地中海）」構想は、一九九三年にミッテラン政権の中央政府によって承認された。ここでマルセイユが都市再生特区として「国益地域」に認定されたことは、アソシアシオンＳＦＴにとっても転機となった。ＳＦＴは、企業物流拠点への転換が予定されていたＳＥＩＴＡ跡地の再開発計画に参画し、アート・サイトを現状復帰するとしていた当初の想定を覆して、長期的に運営することを提案したのである。まもなく迎えた九五年の市議会選挙で、フリッシュの長期存続をみずからの文化プロジェクトとして公約したのは、ＳＦＴを誕生させた現職市長のヴィグルーではなく、八六年からＰＡＣＡ地域圏議長として文化政策にも深く関わっていた対立候補で、国民運動連合（ＵＭＰ）所属のジャン＝クロード・ゴダン（Jean-Claude Gaudin 一九三九―、市長在任一九九五より現職）だった。

市政府が左派から保守へ交代すると、ＳＦＴは、世界的に著名な建築家ジャン・ヌーヴェル（Jean Nouvel 一九四五―）をアソシアシオン理事長に迎えて、新マニフェスト『都市プロジェクトのための文化プロジェクト』を発表した(84)。「文化的な場の変容は、周辺住区や都市の変容に作用する。その影響力は都市外や国外にまで及ぶ」というコンセプトの効果的発信に成功したＳＦＴは、マルセイユの都市再生事業を文化面で担う主体としての発言力をより強化した。ゴダン新市政は、ＳＦＴへの助成を五倍に増額し、ヴィグルー市政期に着手されたＳＥＩＴＡ所有の用地買収を一九九八年に完了している。

ゴダン市政は、ヴィグルー市政が発案した「ユーロメディテラネ」構想を引き継いだ。のみならず、この都市再生構想は、市、都市圏、地域圏のトップを兼任した保守有力議員の推進力を得て以後、飛躍的に規模を拡大することになる【表13】。シラク大統領（在任一九九五―二〇〇七）のもとで、ゴダン市長は国土整備・都市・社会的包摂大臣に就任し、

表13　マルセイユ市長公職兼職年表（1985–2000）

年	R. ヴィグルー 市	R. ヴィグルー 上院	J.-C. ゴダン 市	都市圏	県	地域圏	国民議会	上院	大臣
1985	市議		市議		県議		議員		
86						地域圏議会議長			
87	市長								
88									
89		上院議員						議員	
1990年代									
91									
92									
93									
94									
95			市長	理事長					国土整備都市・統合大臣
96									
97									
98								上院副議長	
99									
2000									

［出典：筆者作成］

彼が率いた「ユーロメディテラネ」は、大規模な再開発公共事業によって都市再生を図ると同時に、欧州と地中海沿岸一帯を合わせた広大な地域の中心都市として、マルセイユの国際的認知度を高めるプロジェクトとしても遂行されるようになったのである(85)。折しも一九九五年には、EUと地中海沿岸諸国の協力を推進する「バルセロナ・プロセス」が開始されている(86)。そのために行政的公設法人「ユーロメディテラネ」が創設され、欧州地中海構想は、強力な推進体制に支えられる国家的事業となった。「文化的発展」は、経済的発展、社会的発展と並んで、その基本方針のひとつとされている(87)。フリッシュは、都市変容に長期的な原動力を与える文化機関として事業体制に公式に組み込まれたため、SFTは、壮大な都市再生事業の文化面の構想を担う意思決定者となったのである。

5　専門的な行政組織と文化企業家が支える継続性

（1）設備投資事業による都市変容

マルセイユ市と文化省が一九九八年五月一五日に署名した「文化的発展協定」には、「都市の変容と文化革新を支える」と副題が付されている(88)。協定は、（一）中心街、（二）都市のグラン・プロジェ（GPU）、（三）ユーロメディテラネ、における事業を列記

写真13　アルカザール図書館（1区、ベルザンス住区）。エントランス（左）とアトリウム（右）

したうえに、（四）芸術創造の革新的様式への支援、（五）人材育成、（六）文化経済、の各項目を設定し、（七）実行上の留意点を付した七章で構成される【別表8】。その最大の特徴は、設備投資事業の割合の高さである。協定は、各優先地区に文化施設の新設を計画し、二一世紀初頭のマルセイユを変貌させた。

第一章では、かつてベルザンス住区にあったミュージック・ホール「アルカザール」の跡地に、「地域圏のための市立図書館（BMVR）」設置が計画されている。BMVRは、土地の記憶を喚起するベル・エポックの劇場の意匠をエントランスにあしらった建築として二〇〇四年に開館し、都心部の景観と人の流れを変えた。複数の建造物文化遺産の修復を含んだ中心街整備事業は、一九九八年に開催されたサッカー・ワールドカップと九九年のマルセイユ誕生二六〇〇年記念行事開催を睨んで行われている。

第二章「都市のグラン・プロジェ（Grand Projet Urbain 以下GPUと略記）」とは、一九八二年以来の「住区の社会的発展（DSQ）」政策に連なる都市社会政策の枠組みで設けられた制度のひとつである。だがGPUは、とくにハード面の都市整備事業に力点を置いた政策であり、自治体と複数省の財源を合わせて、政府が必要性を認定した住区に長期的に予算を集中投下し、問題エリアの再生を図る。マルセイユ北部と中心街の一部は、九四年の制度開始と同時に選定された全国一四地域のひとつだった。

九八年協定は、この都市社会政策の制度を用いて、新文化拠点「大道芸都市（Cité des arts de la rue）」の建設を計画し、北部と都心を結んで両地域の均衡を実現する施策として示している。実際には、前述の大道芸創造センター「リュー・ピュブリーク」がマルセイユに転入して以来、複数の団体が協力しながら産業跡地で継続的に行ってきた大道芸／都市演劇、サーカス、アクロバット、造形アート、人材養成の活動の場を、ハード面で整備して都市の新しい顔をつくる公共事業であり、第一期工事費用として二六〇〇万フランが見積もられた。「大道芸都市」が、建築コンペ等を経て現実に竣工したのは二〇一三年で、「欧州文化首都 MP2013」のハイライトのひとつとして公開された。同じGPU枠では、一五区のサン・タントワン（Saint-Antoine）住区に読書振興や識字教育拠点となる最新鋭の地域図書館を設置する計画が示されたが、協定には予算が計上されておらず、二〇一五年現在でもなお「計画段階」に置かれていた。

また、九八年協定には「統合文化遺産」プロジェクトも書き込まれている。この事業は、GPUによって都市が大きく変容する恐れがある当該住区で、住民のメンタリティの変化やアイデンティティの断絶に対応する施策として説明された。だがここで列挙されたのは、文化遺産データベースの構築、観光周遊ルートづくり、都心部の照明プラン、あるいはマルセイユの文化遺産からインスピレーションを得た現代美術作品の公費発注などである。GPUの上流には、ミッテラン政権初期にデュブドゥらが構想した都市社会政策があり、その本来の目的は、周縁的な住区と旧来からの都市の住民が「ともにまちをつくりなおす」ことであった。この原点を想起するとき、九八年協定事業との間には相当な乖離を認めざるを得ない。

そして第三章では、ユーロメディテラネの「模範的プロジェクト」として、文化を軸としたSEITA工場跡地の再開発計画が示された。SFTが運営するアート・サイトの強化に加えて、残る二区画のひとつにマルセイユ市公文書館を集約・移転し、「地域圏横断型文化遺産保存・修復センター（CICRR）」を新設する計画である(89)。市公文

写真14　ベル・ド・メ・メディア・ポールの外観と内部（3区）

書館の集約・移転工事はすでに九五年に開始されており、九九年に竣工した。このベル・ド・メ第一区画では、協定対象外のマルセイユ市による独自事業として、市立ミュージアムのコレクション約八万点を最新鋭の設備で管理する「市立ミュージアム文化遺産保存センター（CPM）」も整備された。こうして同区画は「ベル・ド・メ文化遺産ポール」となり、現在は国立視聴覚研究所（INA）と市現代美術基金も拠点を構えている。

二〇世紀末のマルセイユにおいて、「文化的発展」を掲げる都市文化政策は、このようにハード重視の都市再生巨大公共事業の一環として実行されていったのである。

(2) 文化経済への照準

「文化経済」に照準する第四章が示す「戦略」は、「人間がもっとも貴重な資本」という副題に凝縮されている。その説明によれば、文化産業の発展は、ヴィジョンと才能と忍耐力をもつ個人の存在に左右される。したがって、地域には「二種類の人間」、つまり「ローカルな文化企業家」と彼らの事業構想の実現を支える「専門家チーム」が必要である。後者は、前者に対して財政面や事業所など諸問題の解決を助けるが、とくに文化産業においては人脈が決定的な重要性をもつので、サポート側は企業家どうしの出会いと交流の場を設けるべきであり、地理的に限られた空間に最大数の文化産業企業を集積させて、支援サーヴィスを集中的に提供することで最良の成果が期待できる。協定はこのような方針を示し、専門的な知見をもつ国と市の行政が、企業家の発意と経営上のニーズに寄り添うことによって、「文化的発展」を都市の新たな価値創出に結びつけると力説した(90)。

「文化経済」を優先する市と国の方針が具現化された代表的な成果が、二〇〇四年にベル・ド・メ第三区画に誕生した「メディア・ポール」である。ユーロメディテラネの事業として、オーディオ・ヴィジュアル、映画、デジタル・コンテンツなどの創造産業に特化すべく旧工場建築をコンヴァージョンし、マルセイユ市による専門的なインキュベーション支援サーヴィスを設けた。二〇一五年現在、約五〇企業が拠点を置き、一〇〇〇人以上が活動していた(91)。

(3) 文化行政組織と文化企業家が支える政策の継続性

一九九八年のマルセイユ文化的発展協定は、二一世紀初頭に現実化した都市変容の青写真を示した。

協定成立時の全国紙記事は、当時の文化担当副市長の発言として、文化によってマルセイユを地中海地域の中心都市とする方針は、ヴィグルー市政期に定められたものであり、ゴダン市政は、この方向性と文化的発展協定の原案をともに引き継いだのだ、と報じている(92)。「ユーロメディテラネ構想」と経済構造の転換に資する「文化的発展」政策は、一対の都市再生コンセプトとなり、政権交代を経ても政治的立場の違いを超えて受け継がれたのである。

地元紙は、巨額の公的資金を文化に投入する市の新しい政策に注目し、九八年協定成立過程の進捗状況をたびたび報じていた(93)。それによれば、マルセイユ市の文化行政組織は、九五年の市政権交代後に、プロヴァンス＝アルプ＝コート・ダジュール（ＰＡＣＡ）地域圏文化行政との人事交流によって強化されている。八六年から地域圏議長を務めていたゴダン新市長は、地域圏文化事務所の責任者をマルセイユ市文化問題総局（ＤＧＡＣ）に任命し、新ＤＧＡＣはヴィグルー市政期の成果の上にたって、国との協定策定を続行した。ＰＡＣＡ地域圏文化事務所は、マルセイユ市ＤＧＡＣと同様の専門分野別担当者制を敷いており、これは文化省地域圏局ＤＲＡＣの組織とも共通していた。ゴダン市長は、九〇年代後半にはＰＡＣＡ地域圏議会議長とマルセイユ都市共同体議長も兼ねていたから、その強力なリーダーシップのもとで、同じ地理的テリトリーを担当する市、地域圏、国の各文化行政担当部局は、地方政治で共有される方針の実現に向けて、「文化工学」の技術と芸術的な専門性を効率的に発揮するための協力体制を整えたことになる。

また、ヴィグルー市政期の組織図で「サテライト実働部門」として例示されていた、文化関係アソシアシオンや劇場などの外部団体も、大部分がゴダン市政の文化政策を継続的に担い続けていることが知られる。

マルセイユの地方政治を動かす諸アクターを分析したミシェル・ペラルディとミシェル・サムソン（Michel Peraldi et Michel Samson）は、営利企業とアソシアシオンをとりまぜて、複数の代表的な「ローカルな文化企業家」の具体例を検討している(94)。結論としては、ドフェール後にマルセイユ独自の文化シーン形成をリードしてきた有力文化組織は、都市内に分散しているさまざまな芸術活動を一貫した生産プロセスに編集する「組み立て者」として機能しており、その活動は、地方政治によって実現される経済システムのなかではじめて成立すると指摘した。

実際、一九九八年協定の関連範囲に限ってみても、「大道芸都市」実現の出発点となった「リュー・ピュブリーク」、そして「フリッシュ」を運営するＳＦＴは、都市の経済構造転換を図る公共事業型プロジェクトに文化的コンテンツを提供することによって、いずれも政権交代を乗り越えて活動を拡大してきたことがわかる。また書店と出版事業から出発して、現在は旧港近くに小規模な「文化商業コンプレックス」を構える企業経営者は、ドフェール市政末期からヴィグルー市政期にマルセイユ市議として書籍政策や観光政策を担当し、八九年に実現された書店前の公共空間エティエンヌ・ドルヴ広場整備事業の提案者でもあった(95)。その構想は、九八年協定の観光周遊ルートづくりや書籍関連事業に受け継がれている。

地方政治は、地域経済の構造転換と持続的発展のために「文化企業家」の先見性とアイディアを必要とする。後者は、前者によって実現される経済構造のなかで、活動を継続し拡大する。そして両者の関係性は、専門職集団となった文化行政組織によって、技術、財政の両面で支えられている。二〇世紀末のマルセイユでは、この構造が、市政府の政権交代を超えて「地域の文化的発展」を安定的に支える条件となっていた。

九八年協定の策定過程を報じた地方紙は、「かつてマルセイユの都市イメージをめぐる課題とは、市民がマルセイユを愛せるようにすることだったが、新協定では、外部の投資決定者に向けて広報・メディア戦略が重視されることが明らかになった。だが、このような文化と経済の連関は、『文化と経済は同じ闘い』と述べた［ミッテラン政権初期の］宣言とともにすでに以前から始まっていたではないか」と論じた(96)。都市文化政策が地域経済の発展を最大の目的とする一点において、もはや政治的立場による差異はみられなくなった実態がここでは確認されている。また同記事は、対外的に存在感を放つ活動が重視される一方で、「メディアに取り上げられない小さな活動の未来はどうなるのか」と問いかけてもいる。

6　文化省との協定から失われた側面

以上では、地方分権化後のマルセイユが文化省と結んだ協定を軸として、二〇世紀末までの都市文化政策の展開を、通時的に検討した。

ヴィグルー市政期に市の文化行政組織が拡充されて以後のマルセイユは、市政府の全体方針のなかに文化政策を位置づけ、明確な中期方針に沿って、地域内のアクターを調整し、彼らの協働をリードする「文化的発展」実現の方法論を確実に実行していた。また、文化省の協定制度を活用して国との協力関係を構築し、都市文化政策の規模を拡大していたことが浮かび上がってきた。

だが、文化政策が市政府の総合的な方針に組み込まれた結果として、欧州から地中海一帯にマルセイユの覇権を確立する都市再生プロジェクト「ユーロメディテラネ」が地方政治における不動の中心的位置を占めるようになると、都市文化政策は外部への発信力をより重視し、設備投資型事業の比重を高めた。実施規模を拡大し、複合化したマルセイユの都市文化政策は、二〇世紀末には、独自の事業構想と実行力をもつ「文化企業家」と、専門性を高めた文化行政組織の連携によって実現されていた。九〇年代後半のマルセイユにおいて、「文化的発展」は、文化による都市と地域の経済発展を意味する語として用いられており、この目的の自明性が問い直されることはなかった。

一方、三つの協定から徐々に失われた側面も指摘できる。とくに、「住区の社会的発展（ＤＳＱ）」に始まる都市社会政策の枠組みで行われた事業内容の変化は顕著である。ドフェール市政期の一九八三年協定では、該当住区において、市民の文化的実践と芸術創造を結びつけてともに発展させることが、明確な事業目的だった。次いでヴィグルー市政一期に成立した八八年協定のＤＳＱでは、音楽教育拠点の新設事業が複合的な目的のひとつとされた。ここでＤＳＱは、住区住民の文化的実践に働きかける文化行動を実際に実現していたが、同時に、都市整備プロジェクトにおける設備投資事業の財源ともされていた。九八年協定になると、前文で「排除との闘い」を謳ってはいるが、「都市のグラン・プロジェ（ＧＰＵ）」との関連において、対象住区市民の文化的実践とは一見して無関係な、観光振興や都市の知名度向上を目的とする多くの事業が組み込まれている。ＧＰＵ自体がハード整備に傾いた都市社会政策の制度だが、ここで実施された文化政策には、出発点における本来の目的からみれば大きな歪みが生じていた。「文化的発展」を標榜する政策の目的が、市民の文化的実践の発展から地域の経済発展へとその重点を移した変化が、ここでも看取される。

同様に、一九八六年のヴィグルー市政開始時に示された「文化的発展」の方針が、市民一人一人の自己肯定感を高めることによって集団的意志を動かし、経済構造の転換に結びつけようとしていたのに対し、九八年協定は、「人間」は都市の経済発展にとってもっとも重要な「資本」であると強調して、創造産業の誘致集積を急いでいた。この点における両者の隔たりは大きい。都市の未来を、都市内を構成する人間よりもむしろ、欧州地中海地域の外部との交流に求めるようになったマルセイユでは、二〇世紀末に地方紙が報じたように、都市イメージは、市民の地域への愛着や誇りの問題としてよりも、外部の投資決定者に向けた広報戦略の問題としてとらえられていた。

巨大プロジェクト「ユーロメディテラネ」によって変貌した都市の公共空間では、地中海をテーマとした文化事業が拡大した。たとえば九九年六月には、紀元前六〇〇年にフォカイア人の植民都市として出発したマルセイユの二六〇〇年を祝う「ラ・マッサリア（La Massalia）」が、約三〇万人の観衆を集めて開催されている。マルセイユの族長の娘と小アジアからの航海者の結婚から、地中海交易中枢都市の歩みが生まれたという伝説をライトモチーフとした、同地独特の大周年事業であり、各時代にさまざまな国から地中海を渡った移住者が築いた、都市の歴史を物語る映像作品が旧港沿いの建築外壁に投影された。この「音と光の祭典」のクライマックスは、市内の多数の文化・言語コミュニティによる大規模なパレードで、約六〇〇〇人の市民が参加したといわれている。イタリア、アルメニア、ヴェトナム、スペイン、アラブ・イスラーム圏、ブラック・アフリカ、西インド諸島、インド洋地域などの各地と、フランス・プロヴァンス地方を代表するグループがそれぞれに意匠を凝らして、各固有の文化を表現した。

マルセイユ独自の時間軸に基づく「ラ・マッサリア」は、文化省、市、地域圏、都市圏の協力で実現されたミレニアム事業であり、ローカルな「文化企業家」として知られるアソシアシオンが、実施コーディネートを担当した。新世紀に向かう都市の物語として、ひらかれた、国際性豊かな地中海都市の歴史が、芸術性豊かに演出されたのである。

このプロジェクトの主眼が、八六年時点での「文化的発展」の問題設定が示したように、都市内に生きる人々のルーツに関わる文化の多様性を真に承認したうえで、市民に共有される新しい地域アイデンティティをつくる点にあったのか、あるいはコスモポリタンな都市イメージの創出によって、都市の魅力を対外的に発信する点に置かれていたのかは、注意深く観察する必要があるだろう。

第三節　自治体文化政策の都市戦略化

1　地域経済の危機と文化

本章では、第一次地方分権化改革で設計された自治体文化政策を支える国の制度が、地方都市の現実のなかで実際にはいかに用いられたかを、一九八〇年代に構造的な経済危機に苦しんだふたつの都市／地域の事例に沿って、具体的に検証した。ここでは、地方分権化と欧州統合の深化とともに、都市文化政策が地域の経済発展実現の手段とみなされて急速に戦略化した実態を確認することができた。両事例ともに、文化によって地域アイデンティティを転換して市民の集合的意識に働きかけようとした段階と、都市間競争を勝ち抜くために都市／地域の対外的な魅力を創出発信しようとした段階を経験している。

2　職業化した共治

この動きをリードしたのは、第一に、地方分権化によって個人への権力集中が進んだ公職兼職首長である。文化についての自治体権限は階層化されなかったため、全レベルの自治体が関与する政策分野となった。そのため複数の公選職を兼ねた首長には地域規模の文化政策に関する決定権が集中したから、地域での意思決定は迅速であり、中央政府に対する発言力も強まった。欧州単一市場実現への見通しのなかで都市間競争が激化したとき、兼職首長の強大な交渉力は、地域経済発展の手段としての文化政策を急展開させた。

第二の要因は、自治体文化行政の専門職化である。分権化後の都市文化政策では、協定政策の拡大とともに、一九七〇年代初頭に発足した「文化関与基金（ＦＩＣ）」と同時に生まれた「文化工学」、すなわち「パートナーから表明される目標設定、計画策定、財源確保、計画の技術的実行に関する依頼に対して、質、費用、時間の各面で最適な解決法を提示することができる専門能力」の需要が高まった(97)。首長や議員が決定する地方政治の方針に沿って、地域内のさまざまな主体の活動とニーズを踏まえた文化政策を策定し、国や他自治体との協定を通して事業財源を拡大する技術をもつ専門家を、自治体は必要としたのである(98)。力のあるアソシアシオンや独創的な芸術団体を選択して連携するために、芸術面での目利きであり、人的なネットワークをもつこともまた求められた。

市の行政組織として首長直轄の「文化問題総局（ＤＧＡＣ）」を設立したマルセイユは、文化省組織と共通する各専門分野の担当者を配置して国との協定交渉に臨んだ。ノール＝パ・ド・カレ地域圏の「文化関与実験基金（ＦＲＩＥＣ）」や、マルセイユ市の「文化関与基金（ＦＩＣ）」は、助成交付を通じて地域内の文化団体・アソシアシオンとの連携を進めた。これらの専門組織はいずれも地方政治が定める方針に基づいて諸アクターとの協働を推進したため、都市再開発や経済政策と連動する文化政策の手段的側面はいっそう強化されることになった。マルセイユの九八年文化的発展協定には、そのひとつの到達点をみることができた。

第三に、マルセイユの例では、地方都市のアソシアシオンや芸術団体が、文化による経済発展を実現する政策を実行する「文化企業家」としての性格を帯びた実態がみられた。自治体政府からは「サテライト実働部門」とみなされた有力団体は、創造的な企画運営力や卓越した独自性によって、政策パートナーとして置換不能な位置を積極的に確立し、地方政治の政権交代を乗り越えて長期にわたって活動を拡大し続けている。

3　「文化的発展」と「地域の文化的発展」の隔たり

本章で分析した協定の内容から、分権化で設計された国と自治体の共治を支える制度が、結果的には、地域経済発展の都市戦略としての政策実践を拡大させたことが照らし出された。

サエズによる文化ガヴァナンス解説は、地方分権化後の都市文化政策は、「協力という政治的文法（grammaire politique）」を使いこなして、市、県、地域圏、中央政府の財源を相互化し、共通プロジェクトを実現するための地域規模のガヴァナンスに向かったと述べていた。主体間協力は、「文法」に喩えられるほどにまで普遍化したということだろう。

だが地方分権化以前に遡って歴史を顧みるなら、「地域の文化的発展」を支える共治の文法は、人々の生活の中心に文化を位置づけることで、個人の人格の発展と、その総体としての社会の「文化的発展」を実現しようとする都市文化政策の理念から生まれたことがわかる。第二次世界大戦後に文化による社会再建に取り組んだ市民社会の願いと、六八年「五月革命」後の革新自治体伸張のなかで育まれた文化行動実践者たちの議論は、第一次地方分権化改革における文化の分権化制度設計に反映され、都市文化政策は、立場を超えて意志を共有するアクター間の自由な協働に委ねられた。だが、地方分権化の深化と欧州統合のなかで、地域経済の発展が圧倒的な優先課題とみなされるようになると、分権化前夜とは異なる都市文化政策が展開されたことが明らかになった。

註

（1）大統領選直前のミッテランは、「文化の社会主義」の模範例としてリールとその周辺地域の文化状況の変化を示し、「モロワを見よ」と述べている。François Mitterrand « Les relations entre l'homme politique et le créateur », Allocution prononcée à Mexico, le19 mars 1981, dans Collectif, *Op.cit. (Opus 1)*.

（2）フランス本土の地域圏は、二〇一六年一月一日付けで二二から一三に再編された。ノール＝パ・ド・カレ地域圏とピカルディ地域圏の統合から誕生した現在のオー・ド・フランス地域圏は、五県で構成されている。

（3）二〇一二年時点の統計によれば、人口三万人以上の基礎自治体は、地域圏内に計一六存在した。

（4）フロランス・ラリー「『欧州文化首都二〇〇四』で得た市民の自信」国際交流基金『をちこち』No.20, Dec.07/Jan.08、山川出版社、二〇〇七年一二月。

（5）アラン・ロタンによれば、第二次世界大戦中のフランス国内への爆撃の半数はノール＝パ・ド・カレ地域圏内で行われたという。またリール近郊の村では、ナチスドイツ占領軍が無作為に八六人の民間人を集めて殺害した「アスクの虐殺」事件が一九四四年に起きた。Alain Lottin, *Lille d'Isla à Lille-Métropole*, Editions La Voix du Nord, 2003, p. 177.

（6）一九世紀以来たびたび浮上しては消えてきた海峡トンネル計画に、ようやく英仏合弁企業が着手してわずか二年後に、契約破棄が決定された。

（7）ノール県カルティニーの小学校教師の家庭に生まれたモロワは、一六歳で社会党に入党した。彼は、労働者の町で育った生い立ちからして、思春期に社会主義者としての信念をもつに至ったのはごく当然のことだったと繰り返し強調し、出身地への強い愛着を示している。Pierre Mauroy, les Amis de l'Institut François Mitterrand (publié par), *Entretiens avec Thierry Guerrier*, M. de Maule, 2003, p. 14–15.

（8）Louis Trenard et Yves-Marie Hilaire (dir.), *Histoire de Lille, Du XIXe siècle au seuil du XXIe siècle*, Perrin, 1999, p. 455.

（9）*ibid.*, p. 321. モロワは、オギュスタン・ロラン前市長の引退に伴い、その後継者に選出された。

（10）フランス・ラジオ・テレビ放送局（ＯＲＴＦ）の組織だったリール・オーケストラは、七四年のＯＲＴＦ分社化に伴い、他地方のオーケストラと同様に解散することが決定していた。しかしモロワ市長の交渉によって、国と地域圏がともにオーケストラの財政を負担することになり、リールを本拠とする六五名の楽団は、地域圏全域での活動を責務とする組織として活動を継続することになった。その後八二年に文化省による認証を受け、リール国立オーケストラの名称が付与された。Louis Trenard et Yves-Marie Hilaire (dir.), *op. cit.*, p. 345.「フェスティヴァル・ド・リール」の企画者モーリス・フルレは、ラング文化省の音楽舞踊局長に任命された。「音楽の祭典」は、彼のもとで八一年から全国で展開されている。夏至の夜に、全国の公共施設内や路上などいたるところで、多様なジャンルの音楽が演奏される無料イベントは現在も続いている。後には海外にも広がり、複数国で同時開催されるようになった。ラング文化大臣による代表的な実績のひとつとして知られる事業である。

（11）第三章註（20）と同じ。

（12）Jean-Jack Queyranne, *Les régions et la décentralisation culturelle. Les conventions de développement culturel régional. Rapport au ministre de la Culture*, La Documentation française, 1982.

（13）Convention de développement culturel entre l'Etat, Ministère de la Culture, et la Région Nord-Pas-de-Calais, le20 juin 1982.［ＳＡ文書］

（14）七七年から八三年の同地域圏内の基礎自治体政府の状況をみると、人口が三万人を超える一六の主要自治体のうち、社会党首長を選出した自治体が一一、共産党首長の自治体が一、右派首長の自治体が四であった。この比率は八三年地方議会選挙後に、七：一：八に変化した。

（15）リール、ルベ、トゥールコワン、ドゥエ（Douai）、ヴィルヌーヴ＝ダスク、アラス、ランス（Lens）、ベテュヌ（Bethune）、ブローニュ＝シュル＝メール（Boulogne-sur-Mer）、ダンケルクの自治体名が協定に書き込まれている。

（16）David L. Looseley, *op. cit.*, p. 167.

（17）立体地図の初期モデルを制作させたのは、国境地域に三〇の要塞を築いたルイ一四世の戦術家ヴォーバンである。地形を正確かつ立体的に再現した木製の基盤には、砂を混ぜた魚膠でコーティングした厚紙が張られ、土の質感が裁断絹で表現されている。樹木は染色綿糸のカット・パイルで、垣根は飾りひもで作られ、木で成形された家並みは、煉瓦、石、屋根の模様を印刷した紙で仕上げられている。立体地図は、現代の航空写真と比較してもきわめて再現性が高く、作図術が未成熟な時代に、要塞都市の攻略目標や防御点を視覚認識するための最良のツールだった。領土拡張後、立体地図は国王のプライヴェート・コレクションとなり、王宮の客人に征服地を披露する際の特権的オブジェとなった。ルイ一六世は、一七七七年にルーヴル宮へ絵画を受け入れた際に、約一〇〇点の立体地図をアンヴァリッドへ移送させた。立体地図コレクションは、このときから悪条件下に置かれていたが、一九二七年には散逸防止のために歴史記念物指定を受けている。一九四三年にはアンヴァリッド内にミュージアムが設けられたものの、八六年の「事件」までほとんど顧みられることがなかった。八七年のリール市と文化省の協定に基づいて、現在ベルギー国境に関する立体地図はリール市美術館に、そのほかはパリのアンヴァリッド軍事博物館に展示されている。

（18）一九八五年一二月一一日付ラングからモロワ宛書簡［ＬＡ文書］

（19）Lille, Conseil Municipal, le 26 avril 1986, p. 325–328. 86/71–Implantation à Lille du Musée des Plans en Relief–Convention entre l'Etat et la Ville de Lille définissant les conditions générales de création du musée. Convention de développement culturel entre l'Etat de la Ville de Lille.［ＬＡ文書］協定では、市立ミュージアムを一九八六年中に登録博物館として開設し、市は八九年一二月三一日までに一八世紀建築のオスピス・ジェネラル（Hospice Général）に立地を整えること。コレクション移設、修復、建築整備工事に関わる費用総額を（一九八五年一二月現在の貨幣価値で）七四〇〇万フランとし、国と市が折半して一九八六―八九年の四年間で予算化すること。文化省と連携しながら市が事業遂行に責任をもつこと。開館後の運営費の半額は国が助成することなどが具体的に規定されている。

（20）Convention entre l'Etat et la ville de Lille, Dépôt des plans reliefs au musée des beaux-arts de Lille, le 2 octobre 1987.［ＳＡ文書］概要は【別表5】を参照。

（21）Le Monde 紙（一九八七年一月一二日、一九八八年九月一日、一九八九年一月三一日、一九九七年六月九日）Le Figaro 紙（一九九七年六月四日）を参照。

（22）ニコラ・ド・ネゾ（Nicolas de Nézot 一六九九―一七六八）の監修で作成されたリール立体地図六〇〇の一スケール。パリ立体地図ミュージアムによる寄託。Plan-relief de Lille à l'échelle 1/600, Réalisé sous la direction de Nicolas de Nézot (1699–1768), Dépôt du musée des Plans-reliefs de Paris © Palais des Beaux-Arts, Photo Jean-Marie Dautel.

（23）Lille, Conseil Municipal, le 26 avril, *op. cit.* p. 236–269.

（24）« La guerre des maquettes aura-t-elle lieu ? », *La Voix du Nord*, 3 et 4 avril 1986.

（25）« A l'hospice, la mobilisation commence », *Nord Eclair - Nord Matin*, 28 avril 1986 ; « La folle journée de l'Hospice général », *La Voix du Nord*, 29 avril 1986 ; « Ils étaient 30000... dimanche à Lille », *La Voix du Nord*, 29 avril 1986 ; « Après la visite de 30000 : Pierre Mauroy prêt à porter l'affaire devant la justice », *Nord Matin*, 29 avril 1986.

(26) « Ils étaient quatre cents qui défendaient Lille », *La Voix du Nord*, 22 avril 1986.

(27)「リールに着任されて数カ月が経ったいま、貴方も北（ノール）の人々をよく理解されていると思います。とりわけ、ノール人が国境をめぐる歴史に大きな影響を受けていることはおわかりでしょう。それはフランスを、なかでもその首都を守った歴史です。ノールの人々がリールに立体地図をもとうとする意志は、政治的な対立を超えており、これ以外によっては説明不能です。この事実に照らせば、以下の三つの選択肢が考えられます。第一案は、すべての立体地図をリールのオスピス・ジェネラルに最良の条件で配置すること。いわば、前哨に立たせた地方に対して国家が敬意を表することです。第二案は、パリにすべての地図を戻すこと。しかし、おわかりの通り、この選択は国の強権発動にほかならないととらえられるでしょう。政府もこの案を放棄したはずです。第三案は、リールに大規模な国境ミュージアムを創設すること。添付リストに示した、特徴的かつ整合性のある約三〇点の模型コレクションによって構成されるものです。これは歴史に対してだけでなく、単なる〝印〟では満足しないわが地方の人々の意思に対して、敬意を払うための条件です。」（ピエール・モロワから地域圏長官宛一九八七年一月七日付文書）［LA文書］

(28) Pierre Mauroy, « Le Nord au coeur », *Lille-actualités*, 1985. Pierre Mauroy, « Vauban et Lille », *Lille actualités*, 1987. Pierre Mauroy, « Lille a bien mérité de la patrie », *Lille actualité*, 1990. フランス革命二〇〇周年にあたる一九八九年度の民衆大学では、モロワは最終回の講義を担当した。「リールは祖国によく貢献した」と題されたこの講演は、「リールは欧州に貢献できるだろうか?」という問いで締めくくられている。

(29) Philippe Marchand, *Histoire de Lille*, éditions Jean-Paul Gisserot, 2003, p. 117.

(30)「海を渡るリール市美術館コレクション」『東武美術館友の会季刊誌』Vol.2 春、一九九三年。

(31) 二〇〇一年にヴァランシエンヌ工場を稼働させたトヨタ自動車をはじめ、複数の日本企業が一九九〇年代後半にノール＝パ・ド・カレ地域圏への進出を決定した。

(32) 地名の原語表記は、フランス語／フラマン語の順で併記した。

(33) 一九九三年一〇月一九日付 Préfecture de la région Nord-Pas de Calais からの市受信文書［LA文書］

(34) 一九九三年六月一四日付 Communauté Urbaine de Lille Président からの市受信文書［LA文書］

(35) 一方当時のECは、欧州の一体性を創出する諸政策とともに単一市場の実現を進めていた。八五年ミラノ欧州理事会で受理された「〝市民のための欧州〟特別委員会」報告書（通称「アドニノ・レポート」）は、欧州アイデンティティ構築と共同体イメージ形成のための文化問題をとりあげており、同理事会では後に「欧州文化首都」と改称される「欧州文化都市」の開始が決議された。加盟国の都市を選定して、文化プログラムを一年間集中開催する事業の当初目的は、「欧州の市民を相互に結びつける」ことであった。

(36) 佐藤彰一・中野隆生編、前掲書、二二〇頁。

(37) フランスの公職兼職制度については、「コントロールするものが、コントロールされるものに対しての請願者となる役割の混同・不明確さ」や「物とり主義」に陥る危険性が指摘され、地方分権化当初から「本来はあるべきではない必要悪」として問題視されていた（井上スズ「選任制公職の兼職について（Ⅰ）（Ⅱ）（Ⅲ）」『獨協大学フランス文化研究』一三―一五号、一九八二―一九八四年）。その後段階的に制限がかけられたが、兼職制限強化を公約したオランド政権によって、二〇一四年二月に地方公選職と欧州議会議員、国会議員との兼職を禁止する二法律が公布された。

(38) Pierre Mauroy, *Léo Lagrange*, Denoël, 1997, p. 227–229.

(39) Palais des Beaux-Arts de Lille, *Les plans en relief des places fortes du Nord dans les collections du Palais des Beaux-Arts de Lille*, 2006.

(40) Yvan Gastaut, « Histoire de l'immigration en PACA aux XIXe et XXe siècles », *Hommes et migrations 1278–2009, Histoire des immigrations*. Panorama régional mis en ligne le 29 mai 2013. <http://hommesmigrations.revues.org/226>（二〇一八年五月九日最終閲覧）

(41) *ibid.*

(42) Michel Peraldi, Michel Samson, *Gouverner Marseille. Enquête sur les mondes politiques marseillais*, Editions de La Découverte, 2006, p. 227–228.

(43) レジスタンス経験者のドフェールは、このほかに、一九四四年から四六年までの共和国臨時政府期にもマルセイユ市長を務めた。

(44) 二〇一〇年一二月一四日から一五日に、文化省文書課が保管するＰＡＣＡ地域圏内で成立した全協定文書を確認した。

(45) David L. Looseley, *op. cit.*, p. 115.

(46) 市内にある約四〇の大規模団地のほとんどは、北部の一三、一四、一五区に立地している。一方で三区の旧市街都心にも低家賃住宅が建設されているが、これは他都市ではあまりみられないマルセイユの特徴である。Michel Peraldi, Michel Samson, *op. cit.*, p. 227–228.

(47) フランスの「都市政策（politique de la Ville）」は、一般的な都市問題の解決を図る政策とは異なる特殊な政策であるため、日本語では「都市社会政策」と意訳されることが多い。困難を抱える住区の機能不全を減少させる目的で、公的介入が必要な場所と空間を具体的に特定したうえで実施される公共政策である。対象住区のリストは、失業率、外国人世帯比率、社会住宅比率、公的扶助受給世帯数などの統計に基づいて作成される。Claude Chaline, *Les Politiques de la ville*, PUF, coll. « Que Sais-je ? », 2003.

（48）優先教育地域を設定して行われる学校教育の格差是正政策、健康・社会福祉分野でのさまざまな施策（保育所、児童センター、社会衛生センター、子ども食堂などの設置運営や予防医療・衛生担当職の新設）、若者の社会化と就業支援、該当住区における都市整備などとともに、読書振興、演劇や音楽分野のアニマシオン、視聴覚事業（ラジオ放送など）の推進といった文化行動もプログラムに盛り込まれた。Hubert Dubedout, *Ensemble, refaire la ville. Rapport au premier ministre du président de la commission nationale pour le développement social des quartiers*, janvier 1983, collection des rapports officiels.

（49）そこで重視されたのが、年齢層や居住地域を超えた交流をつくる文化事業やスポーツイベントである。デュブドゥ報告書は、「問題住区」の人びとは、一般に馴染みのない独特の文化や表現ゆえに遠ざけられ周縁化されている、と分析していた。

（50）Françoise Taliano-des Garets, *op. cit.*, p. 118.

（51）その後一九八四年にラング文化省が現代舞踊の創造振興のために設けた新しい認証ラベル「国立振付センター（ＣＣＮ）」を獲得し、現在に至る。

（52）Françoise Taliano-des Garets, *op. cit.*, p. 117. Théâtre national de Marseille の組織形態は有限会社だが、「国立演劇センター（ＣＤＮ）」として認証され公的助成を受ける公共劇場である。

（53）*ibid.*, p. 125–126. タリアノ＝デ・ガレは、これを「フランス的な自治体の君主制」と表現している。ボルドーでは、一九四七年から九五年まで市長を務めた首相経験者シャバン＝デルマスの再婚を機に現代美術の振興がさかんになった。レネ倉庫の改修によって一九七三年に現代造形芸術センターが誕生し、一九八四年にはボルドー現代美術館となって現在に至っている。

（54）この外周に接するマルセイユ固有の文脈としては、第二次世界大戦末からキリスト教系のアソシアシオンがマグレブ系移民の受入れ活動に取り組み、市北部に広がったスラム街で、料理教室、市民教育、衛生教育などを行ってきた歴史がある。六〇年代に低家賃住宅（ＨＬＭ）の建設が進むと、彼らは管理事務所と結びついてスラムからの住み替え者選考にも関わった。ドフェール市政がＨＬＭに設けた一五〇以上の集会施設の運営は、こうしたアソシアシオンに委託されていた。また行政主導でつくられた「市社会センター連盟」も、委託諸団体をネットワーク化しており、ＨＬＭ内の社会センターで行われていた実験的な教育・解放活動には、多くの文化アニマトゥールが参加していた。Michel Peraldi, Michel Samson, *op. cit.*, p. 230–232.

（55）Robert Verheuge, *Gérer l'utopie. L'action culturelle dans la cité*, EDISUD, 1988, p. 43–52.

（56）一九六四年に民衆教育指導者の国家資格（ＤＥＣＥＰ）が設けられて以後、有資格アニマトゥールの多くは、民衆教育アソシアシオンの全国組織に加入したうえで、地域施設やローカルなアソシアシオン、行政サーヴィスに属した。

（57）Françoise Taliano-des Garets, *op. cit.*, p. 129.

（58）一九七二年一月の演劇視察報告書では、「人口が一〇〇万人を超えるこの都市において、四〇万人はフランス語を話さない」と指摘されていた。*ibid.*, p. 115. なお「一〇〇万人」とは、マルセイユ周辺の小規模な自治体までを含む都市圏の人口である。

（59）一四区にある劇場ル・メルランは、現在はマルセイユ国立舞台（SN）として公共劇場ネットワークに組み込まれている。七〇年代の大規模団地形成期に、市が企業と交渉し、市が無償で用地を提供したショッピング・センター内に、民間資金で劇場や図書館を含む公共文化施設が建設された。

（60）文化省の自治体文化支出調査によれば、一九八一年のマルセイユの文化支出は、住民一人当たり三三〇フラン、一九八七年には四八一・四フランであった。一六都市中首位のボルドーではそれぞれ一一〇四・八フラン、一六六四フラン、前節でみたリールでは七九〇フラン、一〇六一・七フランだった。Ministère de la Culture et de la Communication, *Les dépenses culturelles des communes : analyse et évolution 1978–1987*, La Documentation française, 1991, p. 152.

（61）CNC（当時はCentre National de la Cinématographie 二〇〇九年よりCentre National du Cinéma et de l'image animée）は、映画振興政策を担う国の専門機関で、文化省が所管する行政的性格の公設法人（EPA）である。

（62）Dominique Wallon, Note à l'attention de Monsieur le Maire de Marseille, le 30 juin 1986.［DW文書］

（63）「作戦グループ（commando）」（特殊部隊の意味をもつ）とはヴァロンが用いた表現であり、制約が多いなかでクオリティの高い事業を実現したメンバーの尽力を示している。ヴァロン自身が特別嘱託だったのと同様に、チームを構成したほかの文化事業の専門家も、全員が市と個別に契約を結ぶ行政契約公務員だった。Réponses (partielles) au questionnaire sur Marseille, le 27 février 2006（Françoise Taliano-Des Garets 宛回答のコピー）［DW文書］。筆者が二〇一一年二月一一日にヴァロン氏に行ったインタヴューでは、行政組織の発足には時間がかかるため、どんな形でもよいからとにかく存在して活動することが重要だったと説明を受けた。本稿は、資料的裏付けが得られた八八年の「マルセイユ文化協定」に記載された具体事業を検討しているが、同氏の説明によれば、協定事業はごく部分的なものでしかない。メンバーが日常的にアイディアを持ち寄って話し合い、新事業の企画を市内で続々と実現することが、このグループの主要業務だったという。

（64）Convention culturelle entre l'Etat (Ministère chargé de la Culture) représenté par Monsieur le Préfet de la Région Provence-Alpes-Côte d'Azur, Préfet des Bouches du Rhône, et la Ville de Marseille, représentée par le Maire de Marseille, le 24 octobre 1988.［SA文書］

（65）旧施療院（La Vieille Charité）は、地中海に臨む二区旧市街ル・パニエ（le Panier）にある一七世紀バロック建築の病院跡である。一九七〇年代から行われていた修復工事が八六年に完了したばかりだった。

（66）一九八三年に開始した中心街再生事業は、ベルザンス住区を中心に行われた。エクス門周辺に多くの設備投資事業が集中しており、エクス＝マルセイユ大学経済学部マルセイユ・キャンパスの整備、スポーツ施設や社会文化施設の建設、託児所の設置、行政機関庁舎整備などが行われた。ＰＡＣＡ地域圏新庁舎前に一九九三年に竣工したシテ・ド・ラ・ミュジークは、ふたつのホール（二〇九席、一一〇席）とコンピュータ音楽ラボ、メディアテークなどを備える公設民営の文化施設で、音楽教育に注力している。

（67）Copie du courrier adressé à M. Robert Abirached（Directeur du théâtre et des spectacles）concernant la situation du théâtre à Marseille, le 13 juin 1988.［ＳＡ文書］

（68）国土整備基金（Fonds d'intervention pour l'aménagement du territoire, FIAT）は、国土整備地方開発庁（Délégation à l'aménagement du territoire et à l'action régionale, DATAR）によって管理された。

（69）註（62）と同じ。

（70）Création d'un fonds d'intervention culturelle, le 27 mars 1991.（市議会議事録）［ＭＡ文書］

（71）一九九一年市予算のＦＩＣは六八五万八〇〇〇フランである。

（72）Création de la Direction générale des affaires culturelles le 22 juillet 1991.［ＭＡ文書］

（73）二〇一五年現在、ＯＭＣはアソシアシオン Espace Culture と改称し、都心部に拠点を置いて市内アート情報を集約・発信し、チケット販売を行うほか、市の文化事業開催を担っていた。ヴィグルー市政期のＯＣＭは、新事業のコーディネーションを担当し、市内に立ち上げられた多くの文化組織のインキュベーター役を果たした、とその歴史が紹介されている。しかし財政上の問題から、二〇一五年末をもって約四〇年にわたる活動を終えた。<http://www.espaceculture.net/nsitev3/index.php>（二〇一五年一二月一五日最終閲覧）

（74）ポワトヴァンによれば、ドフェール時代に市予算総額の四パーセントだった文化予算は、ヴィグルー二期では八パーセントだった。Michel Peraldi, Michel Samson, *op. cit.*, p. 211.

（75）*ibid.*, p. 212. 一九九四年七月七日付『Le Nouvel Observateur』誌のマルセイユ特集「文化の爆発」から引用されている。

（76）*ibid.*, p. 219. 舞台芸術のアンテルミタンとは、主に公演やフェスティヴァルに対応する期間限定の雇用契約によって断続的に就労する舞台芸術関係者を指す。通常の雇用保険制度規定よりもはるかに短い就労期間で受給資格を得られる特別な制度が適用される。

（77）Michel Peraldi, *Le Temps des rites : L'action culturelle en ville nouvelle*, CERFISE, 1988.

（78）「マルセイユのモヴィダ」とは、フランコ独裁体制終了後のスペインで開花したカウンター・カルチャーのムーヴメント "la movida" に準えた表現である。*L'Express* 17 février 1994, A la une : La « movida » de Marseille, Par Bressan Serge et Dupont Pascal <http://www.lexpress.fr/informations/la-movida-de-marseille_597139.html>（二〇一八年五月九日最終閲覧）

(79) エクス門付近の旧靴工場に画家、ダンサー、写真家などがアトリエを構えたLe Grand Domaine、一九八〇代末の解体後に映画スタジオが設けられていた一五区の市営食肉加工場跡Les Abattoirsは、その例である。

(80) 九〇年代初頭の市政府は、産業跡地を地域社会の混乱を招く要因として問題視していた。たとえば、北部一五区のアルストムＴＧＶ製作所跡地に八九年にオープンした蚤の市は、毎週何万人もが押し寄せる「貧者の市」となり、地元の住区委員会に根深い対立をもたらした。初期投資なしに商業利用できる産業跡地は、マグレブ世界との取引や低所得者層をターゲットにしたハード・ディスカウントに連なる商人や不動産業者に狙われていた。遊休地のアート活用は、こうした問題のある開発モデルを当面の間遠ざけて、より相応しい用途のために空間を確保しておくためのシンプルかつ柔軟な方法だと考えられていた。*ibid.*, p. 222.

(81) 吉本光宏監修、国際交流基金編、前掲書。および鳥海基樹「マルセイユのたばこ工場とワンコイン・レンタサイクルの隠された関係」『TASC monthly』たばこ総合研究センター、二〇〇九年を参照。

(82) Philippe Foulquié, Marseille, laboratoire permanent de politiques culturelles, *Méditerranée* (en ligne), 114/2010, mis en ligne le30 septembre 2012. <http://mediterranee.revues.org/4303>（二〇一八年五月九日最終閲覧）

(83) 当時のマルセイユ都市整備公社は、約八〇〇ヘクタールの産業跡地を登録管理していたが、ベル・ド・メ工場跡地は、ＳＥＩＴＡが自社で所有し管理を行っていた。

(84) ヌーヴェルは、ミッテラン大統領がパリで敢行したグラン・プロジェのひとつ「アラブ世界研究所」（一九八七）の設計で脚光を浴びた建築家であり、以後国際的に活躍している。

(85) ユーロメディテラネ構想の背景、実現プロセスとその到達点については、鳥海基樹「マルセイユ　斜陽都市を欧州文化首都に押し上げる都市デザイン」（『季刊まちづくり』学芸出版社、二〇一四年）が建築、都市計画の視座から多面的な分析を加えている。それによれば、「欧州地中海覇権都市建設プロジェクト」とも意訳すべきユーロメディテラネ構想の公式目標は、▼欧州から地中海にかけてのリーディング・シティであり続けること、▼フランス第二の都市として文化、経済、そして外交のハブとなること、▼観光だけではなくビジネスや居住に魅力的なウォーターフロントを創出すること、の三点である。当初計画だけで、港湾部から中心街にかけての三一〇ヘクタールを対象とし、一九九五年から第一期完了の二〇〇六年までに、三億ユーロの公的資金が投入され、約三倍の一〇億ユーロの民間投資誘発に成功したとされる。

(86) ＥＵと地中海沿岸諸国が、政治、経済、文化の各面で協力を進める「欧州・地中海パートナーシップ」は、一九九五年のＥＵと沿岸諸国によるバルセロナ会議で開始された。これによって、マルセイユは欧州単一市場とパートナー諸国を合わせた広大な経済圏の地理的な中心に位置することになった。

（87）<http://www.euromediterranee.fr/qui-sommes-nous/letablissement-public.html>（二〇一八年五月九日最終閲覧）

（88）Convention de développement culturel entre l'Etat, Ministère de la Culture et de la Communication, et la Ville de Marseille, le 15 mai 1998.［ＳＡ文書］

（89）協定は、一九九八年単年度予算としてアートサイト強化第二期工事に国と市がそれぞれ五〇〇万フラン、ＣＩＣＲＲへの設備投資に国一二〇〇万フラン、市四三〇万フランを計上している。

（90）九八年協定では、書店および読書振興、文化産業関連雇用のマッチング、産業以外の文化経済に関する調査分析機関の設置、考古学遺産の評価保護の諸事業が列記されている。

（91）雇用数は、「舞台芸術のアンテルミタン」を含む。<http://www.polemedia-lafriche.com/content/qui-sommes-nous>（二〇一八年五月九日最終閲覧）

（92）« Marseille veut s'affirmer comme une capitale culturelle », *Le Monde*, jeudi 14 mai 1998. 記事では、文化担当副市長イヴァンヌ・エイミュー（Ivane Eymieu）の「草稿状態だったものを少し整えただけだ」というコメントが紹介されている。

（93）« Culture: Ville et Etat 'défrichent' », *Le Provençal*, 14 juin 1996 ; « Convention Etat-Municipalité, Culture : 700 millions d'investissement ! », *Le Provençal*, 19 décembre 1996 ; « 700 millions pour la culture », *Le Provençal*, 20 décembre 1996 ; « Conseil Municipal : La politique culturelle enfin révélée », *La Marseillaise*, 24 décembre 1996 ; « Convention culturelle : La confusion comme méthode », *La Marseillaise*, 9 mai 1997.

（94）Michel Peraldi, Michel Samson, *op. cit.*, p. 214–224. 同書は、フリッシュを設立運営するＳＦＴ（アソシアシオン）、「文化商業コンプレックス」を営むラフィット書店（企業）、ワールド・ミュージックフェスティヴァル「Fiesta des Suds」のプロデュース組織ラティニッシモ（Latinissimo, アソシアシオン）、そして大道芸創造国立センター、リュー・ピュブリーク（アソシアシオン）を例として論じている。

（95）旧港近くのエティエンヌ・ドルヴ広場は、かつては雑然とした駐車場だったが、都市デザイナーを起用した市の再整備事業でイタリア風の歩行者専用の空間に生まれ変わり、レストランやバー、アート・ギャラリーが建ち並ぶ瀟洒な広場が出現した。

（96）*La Marseillaise* (quotidienne), le 9 mai 1997, *op. cit.*

（97）Claude Mollard, *op. cit.*, p. 3.

（98）タリアノ＝デ・ガレによる比較歴史研究は、検討した六主要地方都市すべての自治体政府内で、二〇世紀末には同程度に専門化した文化行政組織が機能していた状況を確認している。

終　章
都市文化政策の課題

終章　都市文化政策の課題

第一節　フランス都市文化政策の歴史的展開

1　文化的発展から地域の文化的発展へ

これまで、一九七〇年代初頭の文化政策概念「文化的発展（développement culturel）」と、二一世紀初頭の自治体文化政策が求めた「地域の文化的発展（développement culturel local）」の隔たりに着目して、二〇世紀後半のフランス都市文化政策の歴史的展開を支えた実践者の議論を検討してきた。この過程で、文化および発展あるいは開発というもいずれも多義的な言葉を含む政策理念には、およそ次のような四種類の意味合いが持たせられていたことが明らかになった。

第一に、ナチス・ドイツによる占領からの解放後すみやかに民衆教育運動の戦後再生に取り組んだ市民社会が求めた「文化的発展」は、共同体を構成する個人の人格の開花を促すために、多種多様な文化的機会を計画的に社会に配備しようとする政策理念であった。あらゆる市民が生涯にわたり、日常生活のなかで多様な文化的機会と接することができる環境をつくる構想は、国の政策よりも先に、まずは市民運動と結びついた六〇年代の草創期の自治体文化政策によっていちはやく実現された。暮らしのなかでさまざまな芸術や文化と出会うことを通じて、個人が各自の生き方や価値観をみずから変革し、より豊かに生きる力を獲得することが、「文化的発展」を掲げた当時の政策の目標だった。

民衆教育団体「人民と文化（ＰＥＣ）」のリーダーであり、余暇社会学研究の先駆者としても活動したデュマズディエは、六〇年代の国家計画策定過程に「文化的発展」（文化開発）の理念を提出し、文化的費用の公的支出は「民主主義を支えるために必要な社会的コスト」であるとその著書で主張している。活動地域や職業的立場を超えてこの理念を共有した、官僚、政治家、芸術家そして市民の多くは、その青年期に、権威主義と人種主義に陥ったヴィシー政権期の社会変容を目の当たりにしたレジスタンス経験者であった。六〇年代の都市文化政策会議の記録からは、フランス人がみずから「自由・平等・友愛」という共和国の価値を手放した時代を鮮明に記憶する彼らが、個人が個としての判断力を失う社会に対する痛切な危機感を抱いていたことがわかった。多種多様な文化的機会の幅広い拡充を求めた活動家《ミリタン》たちの問題意識は、共和国の主権者である「peuple（国民／人民）」が民主主義を担う力に向けられていたのであり、そこで目指されたのは、社会を構成する各個人が、文化的芸術的な経験を通してそれぞれに人格を開花させ、自我意識に基づく主体性、自立した判断力、そして他者への寛容を培うことであった。

第二に、七一年の第六次国家計画で文化政策の基本方針とされた「文化的発展」は、前述の人格主義的な理念をベースとしている。ただし、国の政策指針とされたために方法論的な意味合いを強めた。個人をとりまく文化的環境を整備する公共政策を、国土整備、都市計画、農村整備、あるいは観光などの諸領域と結びつけて実行する構想が中央政府内に誕生すると、地域の課題を具体的に把握し、そのニーズを充たすために、国の複数組織からの関与を横断的に取りまとめることのできる自治体の総合的な役割が重視された。同じ頃、「文化工学」と呼ばれた、プロジェクト・マネジメント型の文化政策実行を支える専門性が意識されるようになった。

「文化的発展」の国家計画化によって実現手段の制度化が開始され、複数省庁の財源を合わせて領域横断的で革新的な文化事業に投入する「文化関与基金（FIC）」や、総合的な文化政策計画を策定した自治体に対する国の協力内容をリスト化して契約を結ぶ「文化憲章」が実現された。ローカルな文化政策を支える行政契約の制度は、ジスカール＝デスタン政権期には小規模なものに留まったが、八〇年代のミッテラン政権期には「文化的発展協定」の名称で、飛躍的に拡大されることになった。

第三に、一九六八年の「五月革命」で提出された「文化の民主化」政策への異議を踏まえ、七〇年代の革新自治体による文化政策実践を伴って生成された「文化的発展」の概念は、個人や集団がもつ文化的差異を認め合い、現代の芸術創造を人々の交流の中心に位置づけることで、社会全体の関係性を変革しようとする政策理念であった。

反戦、反植民地主義、知識人や学生と労働者の連帯などを抱合した五月革命を契機に展開された都市文化政策をめぐる議論は、国内あるいは都市内にさまざまなかたちで存在する「中心と周縁」あるいは「支配と非支配」の関係性をとらえて、少数者や弱者への眼差しを深めたが、その背景には、脱植民地化、それに伴う非欧州系移民の増加、そして国内外でみられた地域文化運動の興隆といった社会の実態があった。各地の革新自治体は、芸術創造の新しい潮流と呼応し、五月革命後の新しい文化行動理論を反映させながら、多くの実験的要素を含む文化政策を展開した。そこで地域民主主義を支持し、地方分権化を希求した実践者たちは、七〇年代末に、文化とは人間の「あり方」だとする定義に基づいて文化政策を論じていた。ここでは、個人や集団が互いに固有の文化的差異を認め合い、それぞれの文化的表現と、同時代の芸術創造の受容を通して、異なる他者が対等な関係性で相互に交流するための政策が提言されている。このとき「文化的発展」は、「表現、創造、対決」を経て個人の「あり方」が変わり、その延長線上で社会全体の関係性が変化する循環的なプロセスとして論じられていた。またこの議論は、当時の社会党の公式見解にも反映された。

第四に、八一年に成立したミッテラン政権が強調した新しい「文化的発展」は、芸術創造を核とする文化と経済の相乗効果によって、知識社会への移行と経済発展を実現しようとする政策理念である。「文化は経済発展の手段のひとつ」と言いきった自治体の文化政策は、その模範例とされた。中央政府が社会主義の実現を断念して新自由主義的な経済政策への転換を選択した一九八三年を境に、「文化と経済は同じ闘い」とする流れは、不可逆的なものとなる。

近代以後に確立された産業構造ゆえの深刻な経済危機に苦しんだ地域や都市で、文化政策は、地域経済再生の原動力として期待を集めた。また、欧州単一市場によって、地域を単位とする新たな経済が発展する可能性が出現すると、自画像を描くかのように、都市が文化によって新時代に望まれる新しい都市／地域イメージを創出することは、地域の命運を左右する重要な政治課題となった。

2　文化概念定義の諸相

政策対象としての文化概念は、以下のように論じられていた。

（1）人格の開花を促す芸術文化

「文化的発展」は、第二次世界大戦後の社会再建において、「文化的民主主義」と一対の概念として提出された。「文化的民主主義」は、政策的に振興する文化の概念を、従来から「文化の民主化」の対象とされた人文主義的な文化概念よりも幅広くとらえるべきだとする主張である。この議論において「文化」は、個人の人格の展開にポジティヴに作用して潜在力を引き出す要因としてとらえられていた。

デュマズディエの著作における「文化的発展（文化開発）」は、余暇における自発的で永続的な学びを通して人々が自己開発を行い、市民参加に必要な行動力を獲得して、民主主義の能動的な担い手へと変化することを主眼とする生涯学習理論の一環に位置づけられている。人間とは、思考し、みずからの価値判断によって行動する主体であるとする人格主義的な立場にたち、個人の人格の発展に働きかける機会をいかに社会に拡充するかという課題意識に基づいて、社会における文化と芸術の問題が論じられていた。より多くの個人の人格の十全な開花を期すためには、異なる個性に働きかける多種多様な文化的機会があることが望ましい。したがって、一九六〇年代半ばにデュマズディエが論じた「文化的民主主義」は、「身体的、工芸的、芸術的、知的、および社会生活」に及ぶ幅広い文化的経験を、調和的かつ計画的に社会に実現する意義を訴えるためのキーワードであり、あらゆる人が公共的な意思決定に参加する民主主義社会の土壌を耕す文化政策の必要性を主張する術語であった。

同じ頃、マルローを初代大臣として五九年に創設された文化省は、「文化の民主化」を最重要方針とした。すぐれた芸術により多くの人々を接近させる「文化の民主化」は、厳密には、広義の文化一般と区別するために「芸術の民主化」と訳すべきであろう。「民主化」は、第三共和政期に活発化した民衆教育運動や民衆演劇運動が取り組んだテーマでもあり、一九三六年に成立した人民戦線期の中央政府もこれに公共政策として向き合おうとした前史がある。マルローが率いた新しい省は、地元自治体に働きかけながら「文化の家」を各地に設置した。アソシアシオンの形態をとったこれらの地域文化機関の運営組織は、当該地域の観客、市民団体や組合の代表者、自治体の首長や議員、そして文化省の代表者が、対等な立場で方針決定に参加できる共同運営のシステムとして設計されていた。

したがってこの時期に文化省が進めた「文化の民主化」を地方都市で支えた市民は、実際には、「文化的民主主義」に基づく「文化的発展」の理念を支持した市民と重なっていた。六〇年代の自治体文化政策の草創期に、これらのふたつの政策理念は、とくに対立的なものとはみなされていなかったのである。アヴィニョン・ミーティングに集った「文化的発展」の支持者は、第四共和政期に着手された演劇の地方分散化や、文化省による「文化の家」の初期の活動の担い手でもあった。

「民主化」が対象とした芸術の代表格は、たとえばモリエールやラシーヌなどのフランス古典演劇である。これは、民衆演劇運動の中核的なレパートリーでもあり、各地で活動した演出家たちは、それまで演劇に縁のなかった層に働きかけて、さまざまな社会階層出身の人々をつなぐ「観客」の共同体を実現しようと力を尽くしていた。居住地や出身階層に左右されない文化的機会との出合いを、万人のために創出する姿勢は、初期の「文化の家」にも引き継がれている。社会的に共有される文化的経験を拡充する点において、「文化の民主化」と「文化的民主主義」に基づく「文化的発展」の間に矛盾はなかった。個人の人格の開花を促す文化的経験は、幅広く多種多様に設けられることが望ましいが、なかでも「普遍的」で「すぐれた」芸術はとくに重要視されていたのである。

(2) 個人のアイデンティティと主体性を支える基盤としての文化

これに対して、一九六八年五月革命前後から浮上した一連の議論は、一定の文化の普及を進める「文化の民主化」

政策を真っ向から厳しく批判した。背景には、まず「文化資本」を介した文化的再生産の構造を明らかにした六〇年代以後の社会学理論の影響をみることができる。また「文化の民主化」への批判は、新植民地主義の自覚の拡大に裏付けられており、人々の「内的実践」として根強く続く支配と被支配の関係性を問う視点をもっていた。五月革命で打ち出された「非観客」という造語は、文化資本の「非相続者」へのアプローチに照準を絞った問題提起であり、少数者や社会的弱者の存在を可視化し、あらゆる人が市民としての意思決定を担う権利を平等に行使することを求めていた。この点において、新しい文化行動の必要性が訴えられたのである。

実存主義的な立場にたつ論者は、「文化」は、社会を構成する多様な個人と社会集団の「あり方」やアイデンティティを支え、人間が自由かつ自覚的に自身の行動を選択するための基盤であると論じている。六八年以後の議論では、それぞれに異なる固有の文化基盤に立脚してはじめて十全に主体性を発揮できる個人や社会集団の市民的権利の実質化が求められた。

七〇年代に各地で伸長した革新自治体は、地域民主主義に立脚する分権的社会の実現を希求していたから、その文化政策の課題は、市民一人一人が公共の意思決定を主体的に担うことができる地域社会をつくることにあった。当時の実践記録には、社会的格差と文化享受の機会の連動を減じるための配慮や、文化的少数者の表現を引き出す取り組みがみられた。また、都市空間を、人々がその創作に参加する「作品」として実現し、各人が身体感覚を通して都市を「我有化」することによって、人間の主体性を回復しようとする都市論を反映した事業の試みもあった。

都市文化政策の実践者たちは、七〇年代の社会党再編に合流した自主管理派が地方分権化への流れをつくった政治ムーヴメントのなかで、「多様性のなかの統合」の実現に向けた新しい都市文化政策理論を発信している。ここでは、映画、テレビ映像、写真、まんが、シャンソン、ポップミュージックなどの「大衆文化」や、地域、職業、世代、ジェンダー、民族などの社会的特性に結びつく「他なる文化」の振興が主張された。それまで主流文化の下位に置かれていたこれらの文化は、幅広い社会カテゴリーの人間がアイデンティティを確立し、自分自身の表現を獲得して、異質な他者に対峙するための基盤であるとみなされたのである。このとき「文化資源」という語が用いられている。文化は人間存在にとっての本質的要素であるがゆえに、文化は「それぞれの人」に固有の問題である——この主張は、主流文化の普遍性と卓越性を前提とする「文化資本」の概念に対置されていた。「民主化」の対象である主流文化が、既存社会における経済的社会的な成功をもたらす「資本」として機能するのに対して、多様な「それぞれの人の文化」は、各人のアイデンティティと主体性を支える基盤であり、それゆえにひとしく尊ばれるべきであると論じられたのである。

（3）社会変容を促す芸術創造

地方分権化の希求と結びついた一九七〇年代末の都市文化政策論は、人々の「あり方」を変化させ、社会変容を促進する誘因として、「［芸術］創造（création）」に焦点を与えていた。「創造」は、文化の民主化の対象であり、美を志向する「芸術（les beaux-arts）」とは区別されるべき概念として、同時代の知性と感性を反映するより広い範囲の芸術創造活動を示している。日本語の〝アート〟にほぼ匹敵すると考えられるが、この頃から文化政策の議論に頻繁に登場するようになった。

地方都市で行われた実験的な政策からは、同時代の創造活動を核とする「文化的発展」のプロセスが理論化された。すなわち、各固有の文化的基盤に立脚するアイデンティティを確立したうえで、自分自身の思考と表現を身につけた人間は、独自の視線を通して芸術創造と向き合うことで、新たな気づきを獲得する。これをさらに異なる他者による芸術創造の受容や、その表出と対決させることによって、人はそれぞれの「あり方」を自覚的に変化させることができる。その結果として社会全体の関係性が変化していく、という考え方だ。

こうした七〇年代の議論からの連続性のなかで、八一年以後の社会党政権の文化政策をみるなら、文化的差異を多元的に尊重する観点から「下位」文化を振興する考え方と、社会変容の「誘因（ferment〝酵母〟の意味もある）」となる同時代の芸術創造を広く社会に位置づけようとする方向性は、ともにミッテラン政権期のラング文化省の政策に引き継がれたことがわかる。すなわち、政府が支援する芸術文化領域の拡大や、「地域圏現代美術基金（ＦＲＡＣ）」の整備を通して現代の芸術創造を全国的に浸透させる施策、あるいは都市の公共空間で展開される「大道芸／街頭劇（les arts de la rue）」を振興した文化省の施策には、人々の生活と社交の中心に同時代の芸術創造を位置づけて、社会における文化的な「支配＝非支配」の構造を変化させる狙いが含まれていたとみることができるだろう。ただし、これらの施策は、もっぱらアーティスト支援策の拡大として説明されるのが通例である(1)。

（4）個人と社会の創造性を刺激する芸術創造

成立後のミッテラン政権が、国の文化政策として強くアピールしたのは、従来型の経済システムから知識経済への構造転換を図るうえで、芸術文化が果たしうる牽引的な役割の重要性だった。芸術創造を社会に浸透させて一般個人の潜在力を引き出す目的は、政権成立前の党内の議論では市民的責任を担う主体の問題とされたが、成立後は一転して経済危機の克服に置かれた。

ラング文化大臣は、個人の裡に眠る創造性は、経済危機を克服するための「資源」であると論じ、芸術創造を社会に浸透させることによって人々の創造性が呼び覚まされると主張した。ミッテラン大統領も同様に、ポピュラー音楽、ロック、ジャズ、まんが、写真、モードなどの価値を再認識する政権の取り組みは、国民の創造性を覚醒し、社会全体にクリエイティヴな精神をいきわたらせるための政策だと論じている。

「文化への投資は経済への投資」という一九八三年二月の大統領演説は、個人の潜在力と主体性の実現を主眼としていた文化的発展の目的を、経済発展へと「転回」させた。これは、フランスの文化政策史の転換点である。

（5）集団的意識を動かす地域アイデンティティ

高度経済成長の終焉とともに製造業の衰退を抱えた地方において、ローカルな産業構造を、第二次産業から第三次産業中心へと転換させることは、喫緊の課題だった。ここではまず、文化による地域アイデンティティの転換が図られた。斜陽都市住民の停滞した意識に、新しい心性と行動様式を生み、未来への見通しを共有することが自治体文化政策の目的とされ、新時代にふさわしい集団的意識を醸成する文化的表象の創出が求められた。

たとえばリールにおいて、立体地図を展示する「国境ミュージアム」は、過去の苦難の集合的記憶を新時代に向かう結束へと変換するうえで、象徴的な意味合いをもつメディアとして構想された。またマルセイユの文化政策は、文化事業の実施を通して、市民の多様な出自と結びついた都市の文化的多様性を肯定的に価値づけようとした。「地中海」に照準した多くの文化事業が立ち上げられた当初の目的は、沿岸一帯の中心都市としてのマルセイユの自己イメージを形成し、市民に共有される新しい都市のアイデンティティをつくることにあった。

（6）都市の魅力の構成要素

外部から人や資本を呼び込む力をもつ卓越した文化機関や独創的な文化事業は、都市間競争を勝ち抜くための手段とみなされた。リールを中心とした地域圏で一九七〇年代から取り組まれたオーケストラの再生や、ユニークな音楽フェスティヴァルの開催は、その先駆的な例である。また欧州単一市場への移行期に選択された、リール市美術館（パレ・デ・ボザール）の大規模改修事業は、文化機関の卓越性によって都市間競争に優位に乗り出そうとするものだった。マルセイユの場合は、八〇年代後半以後の自然発生的なアート・シーンの高揚が、外部への新しい都市イメージ発信のために用いられた。さらに同市は、大規模な都市整備事業によって創造産業の集積形成を目指したが、このなかでは都市の多文化性が、地中海沿岸中心都市の魅力的なイメージとして演出され発信されるようになった。

なお、ミッテラン政権期以後にみられた議論は、「アートに代表される創造性が、新産業や雇用を生む」とする後年の創造都市論と共通性を示している(2)。

第二節　文化的発展の課題意識の比重変化

フランス都市文化政策の歴史的展開と政策理念の変遷は、ふたつの課題意識の比重変化を示している。

ひとつの課題意識は、多様な個人と社会集団で構成される共同体としての都市や地域の発展に向けられていた。「文化的発展」の政策理念は、社会の構成員がどれほどその潜在力を実現して、公共の意思決定の担い手として力を発揮できるかを問う視点から生成されている。

人々の生活と社交の中心に文化と芸術創造を位置づけることによって、市民の潜在力を実現しようとする文化政策の理念は、人権意識に基づいてすべての人間の自由と平等を尊重し、すべての人間が社会の意思決定に参加することを保障する、価値理念としての民主主義《デモクラシー》の真正な実現への希求に重なる。その議論と実践は、フランス現代史が経験した危機感の裏付けをもって展開されてきた。

第二次世界大戦後の社会再建のなかで「文化的発展」を支持したレジスタンス世代の活動家《ミリタン》たちは、共和国の価値「自由、平等、友愛」をあえなく手放して、人種主義と権威主義に陥ったヴィシー政権期の体験を噛み締めながら、デモクラシー擁護の信念のもとに立場を超えて連帯した。

少数者や弱者の存在から目を逸らすことなく、それぞれの人の文化をひとしく尊ぶことを求めた一九七〇年代の議論の人権意識もまた鮮明だった。多様なものの見方や行動規範を「文化」としてとらえ、文化間の「支配」と「非支配」の構造を変えようとした六八年五月革命後の議論と政策実践は、革新自治体が追求した市民参加に基づく地域民主主義とともにあった。そのムーヴメントの中心にいたのは、対植民地戦争に反対し、国内社会にさまざまなかたちで根強く続いていた植民地主義的な「内的実践」を変えようとした人々である。

こうした問題意識に基づいて「文化的発展」を掲げた文化政策は、多様な個人による議論と対等な交流が息づく公共圏を文化や芸術によって構築し、あらゆる人の市民的政治参加を叶えることを課題とした。フランスの共和主義は、あらゆる個人が、その属性に拘わらず、ひとしく市民として政治参加することを理想としている。

これに対して、いまひとつの課題意識は、経済単位としての都市や地域の発展に向けられている。文化や芸術を手段として地域アイデンティティを変換し、都市や地域の魅力を外部に発信することが都市文化政策の目的とみなされるようになった。この新しい方針を生んだのは、第一に製造業が衰退した地域に差し迫っていた経済構造転換の必要性であり、第二に欧州統合の深化とともに激化した都市間競争への危機感であった。

本論で事例として取り上げた都市と地域は、いずれもフランス国内では「辺境」に位置する。欧州統合によって国の「中心」が相対化されたとき、辺境の都市は、独自の文化と歴史の価値を打ち出すことで、欧州の主要都市へと生まれ変わろうとした。換言すれば、ナショナルな経済の枠組みではもっぱら中央から開発の対象とされてきた都市や地域が、新しい時代の経済発展の主体として自律的な歩みを始めるためには、独自の文化と歴史をもつ主体としても自他ともに認められる必要があったのである。後にリールとマルセイユは、それぞれ二〇〇四年と二〇一三年に欧州文化首都を経験したが、これは本論でみた分権化以後の政策実践の延長線上での選択だったと言えるだろう。

ふたつの課題意識が向かう方向性は異なるが、相反する訳ではなく、共存不能でもない。だがフランスでは、地方分権化と欧州単一市場への移行準備がほぼ同時に進行したこともあり、地方政治が方針を決定する都市文化政策は、急速に地域の経済発展を重視する方向に向かった。そのために、多様な市民の潜在力を実現する環境の整備を通して、市民の共同体としての都市の発展を実現しようとした分権化以前の課題意識は、外側から簡単には理解しにくいものになっている。

第一次地方分権化改革は、都市文化政策と分権の関係性に、結果として一種の逆説をもたらしたようにみえる。社会党内で地方分権化への流れをつくった自主管理派は、市民参加に立脚する地域民主主義を実現するために、個人や集団レベルまでの分権を実現しようとした。そしてより大局的には、地域からボトムアップでフランスの民主主義を再建することを目指していた。革新自治体の文化政策は、この大きな目的のなかで実践されていたのである。

だが、ミッテラン政権期に行われた第一次地方分権化改革は、国の財源を地方に移す点に主眼を置き、ローカルな政策決定プロセスへの市民参加にまでは触れなかった(3)。したがって実際に実現されたのは、何よりも中央政府から自治体首長への分権であり、自主管理派がかつて求めていたような、多様な個人や集団が意思決定主体となる社会への移行は起こらなかった。

第一次地方分権化での例外とされた文化領域の自治体権限配分の選択は、アーティストやクリエーターをはじめ、豊かな発意をもつ多様な文化の担い手を、国と全レベルの自治体がともに支えるための分権的な共治の制度である。そして制度構想の段階では、七七年体制の革新自治体文化政策を全国に拡大することがひとつの目的とされた。本論で検討したナント都市圏内の協定は、文化的発展局の支援が、左派自治体の連帯による共治を支える力として有効に機能し、当初の企図が実現された数少ない例だと言える。

八六年の政権交替によって、自主管理派の活動家《ミリタン》的な意志は文化省の組織から消えた。だが、その強い政治的意志によってつくられた「協力の制度」は、その後も長く都市文化政策を支える基本枠組みとして継続されたから、「個人と集団により多くの権力を与え、発意する力を増す」理念に基づく制度は、ミッテラン政権の「文化と経済を結びつける」方針のもとで、むしろ経済単位としての都市の競争力を増すために用いられるようになった。

第一次地方分権化改革で設けられた自治体文化政策を支える国の制度は、その後の都市文化政策の規模を拡大させたという意味で、今日の状況の基盤である。しかし「地域の文化的発展」を求める二一世紀の都市文化政策にとって、七〇年代の革新自治体の経験と議論に裏付けられた制度設計時の本旨は、見えにくく遠いものになった。それは、都市という共同体を構成する市民の文化的実践の多元性を支え、差異を尊重しあう人々の交流の中心に芸術創造を位置づけることによって、地域から民主主義《デモクラシー》を再建しようとする企図だったのである。

フランス都市文化政策の歴史的展開は、デモクラシー擁護と再建の目的意識をもった人々が、市民社会、自治体、中央政府といった立場を超えて積み上げた議論と経験の大きな蓄積を内包している。

第三節　今後の研究課題

1　市民的主体性の問題

本研究が積み残した課題は多い。なかでも最大のものは、文化による地域の経済発展が前景化されて以後、フランス地方都市の文化政策は、各個人の市民としての潜在力の実現にどう向き合っているかという問題だ。第二章では、個人の尊厳を裏付ける「真正な文化多元主義」の条件づくりを目指した一九七〇年代の文化行動理論を示したが、こうした問題意識が、地方分権化以後の各地でどのように追究されているのかを、本論では十分に明らかにできていない。

第四章で分析した協定には、この問いへの答を見出すことができなかった。しかし、国と自治体の協定に記されないとしても、地域内の文化機関やさまざまなアソシアシオンで日常的に都市文化政策の現場を担う実践者から、市民の主体性を問う課題意識が消滅してしまった訳ではない。また芸術創造の場でも、六八年以後の文化行動の流れを汲んだ「非観客」に働きかける活動は、持続的かつ活発に展開されている。たとえば都市の公共空間で展開される実演芸術「大道芸（arts de la rue）」は、八〇年代以後に国や自治体の政策的な支援を得ながら、ひとつのジャンルとして確立されてきた。また八三年の「住区の文化的発展協定」に登場したマルセイユの劇団や芸術団体も、そのひとつひとつを調べれば、北部住区で住民参加型の創作活動を今日まで継続するものもある。つまり、都市文化政策の表層において顕著な課題意識の比重変化は、深層では単純に進んでいる訳ではないことが伺われるのである。

この点をより明らかにするには、第一に、各都市内の議論と個別具体的な活動を検討する必要がある。フランスでは、二一世紀にはいって参加民主主義を支える制度整備が進んだ(4)。また自治体の文化政策が自律性を高めた反面で、文化省による関与は大幅に縮小している。ローカルなレベルでの協議に照準を合わせた研究によって、市民セクターをはじめとする都市文化政策の実質的な担い手がもつ今日の課題意識に迫ることができるだろう。

第二に、本論で明らかにした歴史を踏まえたうえで、都市文化政策に関する地方政治のマニフェストを読み直すことも無意味ではない。そこでは「文化的発展」という言葉こそ使われてはいないが、市民の主体性を問う言説がみられるからだ。文化によってデモクラシーを擁護し再建しようとする政治的意志は、文化政策に関わる人々が長期的に持ち続ける「信念」あるいは「確信」（conviction）となって、現在に生きていると考えられる。

たとえば、モロワの後継者として、二〇〇一年にリール市長に就任した社会党の有力政治家マルティーヌ・オブリ（Martine Aubry 一九五〇―）は、『いつも文化を…かつてないほどに！』と題した、二〇〇四年の編著における対談で、文化とは何かについて次のように述べている。

文化は、過去との絆をつくり、世代間をつなぎます。各人が自分はどこから来たのかという歴史を知ることは重要で、現在をよりよく生き、未来に向かうための条件となるのです。また文化は、人を成長させて人を自由にします。人は文化によって、また美や感動との接触を通して自分を高め、他者に向かって自分を開くための小さな窓を心に得ることができる。文化は、人に自由な思考をもたらし、集団と社会に和解をもたらします。文化は、個人が他者に対して開かれながら、全体に包まれることを助けるのです。(5)

この発言を、七〇年代の都市文化政策の議論を踏まえて読むならば、各人のアイデンティティをひとしく尊び、異なる文化をもつ者どうしが、都市に位置づけられた芸術創造を介して対等に交流し、ゆるやかにつながる社会を実現しようとする見解の共通性をみることができる。

同市は、欧州文化首都「リール二〇〇四」で始動した活動を持続的に展開しながら、ヨーロッパにおける文化的な中心都市のひとつであり続けようと、「リール三〇〇〇」を掲げている(6)。市内で行われる芸術文化事業の充実が対外的にも存在感を放つ一方、市の文化政策の全体像をみると、市民参加、芸術教育、読書教育、文化遺産関連教育、そして住区における芸術事業などに力が注がれている。市政府は「文化とは、そこで人間が成長し、豊かになる環境《ミリュ》である」という「信念」を示して、市政運営の中心に文化を据える方針を堅持している。

一方、文化政策に関して今日の日本ではもっとも有名なナントに目を向けると、市の文化政策を紹介するウェブサイトの最上段に次のような文章が示されている。

風景を理解し、絵のなかにはいりこみ、読書の感動を味わい、自分の声を発見して自身の考えを述べる。ナントでは、各人を解放する助けとして文化が息づいている。文化的な機会の豊かさにおいて比類のないこの都市で、各人は自分を取り戻し、真価を発揮する方法をみつけられるはずだ。ナントでは、文化のエネルギーがとてつもなく伝わりやすい。(7)

都市に豊かな文化的機会を設けることの意義は、今日もなお、多様な個人が、文化的芸術的な経験を通してより自由な思考を獲得し、自分自身の考えを表現するようになり、その潜在力を発揮する点に見出されている。都市文化政策は、都市に暮らす一人一人の人間の固有のあり方の発展の手助けとなる環境をつくろうとしているのである。

エロー市政が長く続いたナントでは、二〇一二年に首長が交代した。現職のジョアンナ・ロラン(Johanna Rolland 一九七九―)は現在三十代だが、彼女もまた、「文化は単に個人的な事項であるだけではない。文化は社会をつくるために不可欠だ」と発言しているから、社会に文化を位置づける意義についての「確信」は、世代を超えて受け継がれているようにみえる(8)。

近年のフランスの地方制度改革は、公共サーヴィス提供の効率化を図るために、自治体権限の配分見直しを行った。だが文化に関わる権限のほとんどは、全レベルの自治体が自由に関与できる領域に据え置かれる結果となった(9)。

自治体文化政策は、今もなお「使命の行政」のもとに置かれ、地方政治の意志が政策実施に根拠を提供しているのである。

都市の文化政策は、地域社会の基本的なあり方を左右する政策である。だが、背景にある歴史を知らずに、その重層的な意義を理解するのは難しい。過去の議論の蓄積を紐解いた今、現代の都市文化政策が、社会をつくる主体としての市民のあり方に対してどれほど課題意識を向けているか、その実践はどのようなものか、そしてその成果はどのように評価されているのかといった諸点を、今後の研究によって明らかにしていきたい。

2 比較研究に向けて

本論は、フランス都市文化政策の主要な課題意識が、共同体を構成する個人の人格の発展から、経済発展の単位としての地域や都市の発展へ重心を移した転換点を、ミッテラン政権下の一九八三年地方議会選挙における左派大敗と、その直後の国の経済政策の「転回」にみた。振り返れば、こうした新自由主義への流れは当時の国際的な趨勢であった。では、同時代の日本や他国ではどうだったのか、という世界史的な問いがこの先に生じる。今後は、国際比較研究にも取り組みたい。

自治体文化政策の歴史を顧みるとき、日仏間に共通項がもっとも多くみられるのは七〇年代である。日本の一部地方自治体は、このころ初めて首長部局に文化担当部署を設け、国法で定められる文化財保護や社会教育の既存枠を超えて、総合的な「文化行政」を行うようになった。同時にハード面とソフト面が混在するまちづくりのなかでも、「文化のまちづくり」を標榜しながら、歴史、景観、芸術、市民の文化活動、あるいは公共空間のデザインなどに軸足を置いた実践が、多様な主体間の協働を通じて各地で積み上げられている(10)。この現象は、フランスで革新自治体の政策実践が拡大した時期に重なっている。そして、いずれも地方分権化以前に、地方自治体が独自の強い政治的意志をもって、自主的かつ自律的に展開したムーヴメントであるという点において共通する。

七〇年代フランスの革新自治体による文化政策は、第二章で論じたように、自治・分権型社会の実現を目指す自主管理運動と連動していた。日本の「文化行政」もまた同様に、松下圭一が『文化行政 ――行政の自己革新』（一九八一）において示した理論に拠れば、自治・分権型社会の構築を主導動機としていたことがわかる(11)。同書は、文化への取り組みを通じた自治体行政の自己変革として「文化行政」を論じたが、ここで大局的に目指されていたのもやはり、社会システム全体の転換だった。

当時の自治体文化行政論は、「市民自治による市民文化の形成」を基本理念とし、明治以降の「官」主導の集権システムのなかで未成熟な状態におかれてきた「市民文化」を開花させて、自立した市民が担う自治・分権システムを実現することを目標としていた。その前段階では、革新自治体の首長から、「戦後政治の過程のなかで、議会制民主主義は国民の代表機関として充分に機能せず、むしろ支配機構の一部と化しているのではないか」という根源的な危機意識が表明されていたし、「市民一人一人が具体的にエネルギーを注ぐことのできる」地域を起点として、自治と民主主義の再生を始めようとした動きも現実に存在していたのである(12)。

自治・分権型社会の構想から歩みを始めた日本の「文化行政」の考え方には、地方分権化前夜のフランス都市文化政策の議論に通じる部分が、驚くほど多い。ともに、すべての人間がひとしく尊ばれながら、主体的に意思決定に参加する社会のあり方を地域からつくり、全国に広げようとする意識に裏付けられていたのではなかったのだろうか。

時代を経験した当事者にとっては、おそらく自明の理であったであろう政策理念は、時を経るほどに見定めるのが難しくなる。日本および諸外国で、都市や地域の規模で行われる文化政策が、自治・分権型社会の実現とデモクラシーの擁護にどのように関わっているのかは、その挫折や萌芽をも含めて、より具体的に明らかにされる必要があると考えている。

註

（1）たとえば、現代美術の振興とアーティスト支援を目的としたFRAC創設についての解説は、Maryvonne de Saint-Pulgent, *Jack Lang. Batailles pour la culture. Dix ans de politique culturelles*, La Documentation française, 2011, p. 225–228. を参照。

（2）創造都市論は、一九九〇年代の西欧の現実から帰納的に導かれた英国発の理論である。

（3）分権化改革はその後段階的に進行し、一九九二年には「地域民主主義」のための制度が整備され、二〇〇二年には「近隣民主主義に関する法律」が成立した。一九七〇年代にGAMが求めた参加型地域民主主義への接近がみられる。

（4）「近隣民主主義に関する法律」は、自治体運営への市民参加を推進する制度として、人口八万人以上の基礎自治体に「住区委員会」の設立を義務づけた。自治体は、住区委員会の運営方法を定める「憲章」を公開しているが、都市計画や環境問題、社会福祉などと並んで、文化問題の部会を設ける例が多い。

（5）Martine Aubry (coordonné par), *Culture toujours... et plus que jamais !*, L'aube, 2004, p. 5–9.

（6）Ville de Lille, *Lille, une capitale culturelle en Europe*（リール市文化政策パンフレット）<http://www.lille.fr/cms/accueil/culture-lille/politique-culturelle%3 Bjsessionid=E6726 BEBA732 B83 ABD>（二〇一六年一月二〇日ダウンロード）

（7）<https: //www.nantes.fr/culture>（二〇一八年五月九日最終閲覧）

（8）二〇一六年九月一五日に市内「リュー・ユニック」で開催された「文化のアクター会議」における発言。なおロラン現市長は、エロー市政期に市長官房での職務経験がある。<https: //www.nantes.fr/cultureplurielle>（二〇一八年五月九日最終閲覧）

（9）二〇一五年八月七日公布「フランス共和国の新しい地方組織（NOTRe）に関する法律」を参照。

（10）田村明『まちづくりの発想』岩波新書、一九八七年、五六頁。この文化のまちづくりから直ちに想起されるのは、田村も在籍した飛鳥田一雄市長時代の横浜市都市デザイン室の活動である。また日本の「まちづくり」全般が、市民社会主導のプロセスを基本とみなしている。たとえば「地域社会に存在する資源に基づき、多様な主体の連携・協力を通じて、身近な居住環境を漸進的に改善し、まちの活力と魅力を高め、生活の質の向上を実現する持続的な活動」とする定義はこの側面をよく表している。日本建築学会『まちづくりの方法（まちづくり教科書第一巻）』丸善出版、二〇〇四年。

（11）松下圭一「自治の可能性と文化」松下圭一・森啓編著『文化行政――行政の自己革新』学陽出版、一九八一年。

（12）飛鳥田一雄「自治権の確立」宮本憲一ほか『岩波講座　現代都市政策XI　都市政策の展望』岩波書店、一九七三年、三七―五八頁。飛鳥田市政期の横浜市では「一万人市民集会」開催や「区民会議」創設をはじめ、住民参加、市民参加を前面に出した地域民主主義への具体的な問題提起がなされている。神奈川県地方自治研究センター『自治研かながわ月報』第二〇号、一九七九年。

【別表1】文化憲章（1975年）記載事項の3都市間比較

分野	グルノーブル（1975年5月20日署名）	ボルドー（1975年5月23日署名）	ディジョン（1975年7月9日署名）
複合	文化政策調査：文化政策の成果評価。過去10年間の総括、音楽政策の定義、アニマトゥール養成の経験と美術分野のアニマシオンの経験についての評価を付する。同様の調査を毎年実行	レネ倉庫群改修転用による多目的文化施設（現代美術、音楽、演劇）の設置	
演劇	文化の家における演劇活動支援 国立演劇センターCDN：Gabriel Monnetに委託、Théâtre partisantと協定。CDNへの国の助成を各年25%増 マグレブ民衆劇場：移民労働者向けの活動に市と国の助成 新設劇団：　国は市の助成に参加 市営劇場の設備改善	アキテーヌ劇団とシャイヨー国立民衆劇場（TNP）間の制作協力、シャイヨーＴＮＰは各シーズンボルドーで上演 国立民衆劇場（TNP）との協力実施後、ボルドーに国立演劇センター（CDN）を設立	ブルゴーニュ劇場の設立。予算300万フラン、うち50万フランはFIAT（国土整備基金）から 75年、CDNのSaint Jean教会内への移動に伴い、国と市の助成増額、総額140万フラン。近隣地域の他の自治体も助成を行う。76年の公的助成は220万フラン。国の予算は各年25%増
映画	映画制作の地方分権化：制作センター、映画研究試験の設置 国際短編映画祭の実施（ビエンナーレ形式）		
音楽	音楽教育と音楽アニマシオン政策を研究、策定 文化の家付近に練習用スタジオ建設 グルノーブル器楽アンサンブル増員	ボルドーとトゥールーズの2劇場間でオペラ・プログラム制作協力 アキテーヌ地域圏国立コンセルヴァトワールの設置（78年完成） レネ倉庫群改修後に電子音楽センター設置の可能性	ブルゴーニュ地域圏国立コンセルヴァトワールを設置。4年計画（予算総額3200万フランは、市、地域圏、国で分担） Estivade（フェスティヴァル）を76年に音楽アニマシオンとして街中で開催する可能性。内容決定後、憲章に加筆
ミュージアム	ドーフィネ博物館、1975年からコレクションの拡大 1976年からドーフィネ博物館の建物整備 1976年中に城砦博物館について決定、独自形式の研究提案	Hôtel de Lalande改修に工芸美術館が協力 アキテーヌ博物館をボルドー大学旧文学部に移転 美術館拡張、移転（78年から）	美術館拡張計画続行（国家の投入予算総額は155万フラン。76年に追加予算投入の可能性） ブルゴーニュ生活博物館：修道院跡地に設置計画。国と市政府が共同で75年中に計画策定 市政府と国による、アニマシオン活動の共同研究（内容は76年に憲章に追加）
都市・生活環境	Villeneuve商業地域装飾のための絵画作品購入 都市計画への住民参加組織づくり、都市に芸術を組み入れる		
建築		Sainte Croix教会修復	Palais Ducal（公国王宮）修復（予算130万フラン、3年計画） Sainte Anne教会修復（予算32万フラン、2年計画） Saint Phlibert教会修復（予算31万フラン、2年計画） Saint Jean教会修復（予算40万フラン、2年計画）
美術	美術学校の方向性を定める（今後6カ月中に）		国立美術学校設備更新（45万フランの国家予算） 国と市による公文書館移転計画検討
芸術普及			ONDA（国立芸術普及事務所）の協力で"ブルゴーニュの夜"ビエンナーレのプログラム選定、予算化
その他（備考）	Villeneuve住区文化ユニット設置 Villeneuve住区会館多目的室の音響改善 Grenoble－Echirolles－Villeneuveに視聴覚センター、科学文化センター整備の可能性（行政当局関与の合意が条件）	アニマシオン活動（特に音楽分野）支援の必要性 Mai Musical 支援への関心	考古学発掘調査 建物の整備、建築プロジェクトは国と共同で検討 発掘作業目録作成 文化憲章実行の各年評価、契約修正

（枠囲み）研究調査型事業　（網掛け）設備投資型事業

出典：Ligue française de l'enseignement et de l'éducation permanente, *Les Chartes culturelles : Dossiers pédagogiques et documentaries*, 1977, p. 21–22, 68–89, および、Philippe Poirrier (Textes réunis et présentés par), *Les Politiques culturelles en France*, La Documentation française, 2002, p. 318–321より筆者作成

【別表２】ナント都市圏内自治体の文化的発展協定（1984、85、86年）記載事項

分野	サン＝テルブラン（1984年6月30日署名） 修正協定での追加事項※（1986年3月22日）	ルゼ（1985年9月24日署名）	サン＝セバスティアン＝シュル＝ロワール （1986年1月23日署名）
組織	芸術文化コーディネーション、企画組織強化※ 専門組織との協力（CRDC、労働運動資料センター、ナント・ケルト文化センター）※	市文化事務所を文化的発展組織に変更（文化的発展の新手段） 情報資源センター 文化分野の意志決定者の意識付け 人材育成 技術者と機材のプール：祝祭サーヴィス（文化的発展の新手段） 文化行動と共生のための新しい場所（文化的発展の新手段） CRDCイニシアティヴへの参加（創造振興）	CRDCと協力し市内アクターのコーディネートを担当する市文化事務所の設立 市役所展示ギャラリーの改善
複合分野	青少年・児童向け文化行動（学校内外） 全芸術分野の創造支援 芸術作品公費購入による創作支援※	普及プログラム策定 住区での文化行動	
音楽・音楽教育	音楽学校の充実 楽器購入基金設置 住区アンテナ校設置	音楽実践と鑑賞への関心を高める ルゼ器楽アンサンブル設立（文化的発展の新手段）	☆施設更新（図書館と併設）ホール設置 音楽学校の充実 貸与楽器プール 新しい音楽分野（ジャズなど）クラスの開講 音楽学校生徒以外へ音楽教育を広げる 近隣自治体音楽学校との補完的協力 アソシアシオン活動への講師派遣 小学校教育との協力
演劇・舞台芸術	調整・普及の常設担当部署（人材、予算、設備） サン＝テルブラン・フェスティヴァル 労働界との協力による芸術文化実践	演劇アトリエ（創造振興） 市立劇場に特徴を出す（文化的発展の新手段）	テアトル・オメガとの協定（創造、学校へのアウトリーチ・演劇教育）
図書館・読書振興	公共図書館に関するCRDCとの連携調査	☆図書館・メディアテークを備える文化センター建設 読書振興	☆施設更新（音楽学校と併設） 蔵書を15%増やす（4年間で） 図書館面積の増加 視聴覚部門設置 公共図書館の役割多様化
美術	造形美術組織の強化と発展 芸術作品公費購入による創作支援（ジャン・ムーラン広場）※ シモーヌ・ル・モワニュ回顧展とカタログ出版※	美術展示スペース管理運営準備 美術アトリエの準備（創造振興） 壁画制作、公費注文	ロワール川中州の野外彫刻公園設置と実現のためのアーティスト・イン・レジデンス
文学			在住・在勤者対象の文学賞と出版（創造支援）
地域文化・多文化	ブルターニュ文化アソシアシオン活動 市立学校でのケルト音楽クラス 海外文化団体との交流 文化と外国人コミュニティ、文化的表現への支援		
文化遺産・歴史	市の歴史書出版※ 建築遺産ベグラジエール保存と文化スペースへの転用※	サン＝リュピアン考古学調査発掘	地域史研究書籍、地域社会学研究書籍購入
その他（備考）		前文で1984年12月18日市議会決議による文化政策方針を確認、CRDC事務組合への参加を明記	
総予算	市170万フラン　国45万フラン （修正協定で市65万5000フラン、国25万フラン追加）	市35万フラン　国538万2500フラン （国の助成のうち500万フランは文化センター建設）	市27万フラン　国28万フラン （野外彫刻公園に文化省美術局追加助成10万フラン）

（注）協定記載項目には予算化されず覚書とされた事項を含む　☆印 設備更新計画　[網掛け] CRDCが関与する項目　出典：文化省文書課で2011年2月21日に参照・撮影した協定文書より筆者作成

【別表3】ナント市文化的発展協定（1990年）記載事項

協定の項目	事業名	具体事業例
Ⅰ. 新進芸術創造組織への支援	劇団シャマイユへの助成 オペラ劇場改革 創造集団ロワイヤル・ド・リュックスの受け入れ クロード・ブリュマション・カンパニー（ダンス）の受け入れ 地域内の演劇・舞踊カンパニーの創造支援	地域圏演劇センターへの展望、活動拠点整備工事 旧造船所倉庫への受け入れ、住宅供給、活動拠点整備工事、創造助成 地域圏振付センター設立への展望、カプサン礼拝堂内にスタジオ設置 人形劇団、テアトル・ド・ニュイ、ミシェル・リアール劇団、ほか
Ⅱ. 全国規模の アート・イベント	三大陸フェスティヴァル（非西洋世界映画） 夏のフェスティヴァル（ワールド・ミュージック） 図書フェスティヴァル 新フェスティヴァル：レ・ザリュメ	市内書店企画によるフェスティヴァル CRDCによる新企画
Ⅲ. ロック音楽の振興	近隣自治体と共同で設立した振興団体「トランポリノ」への助成 練習・演奏の場を設置	旧映画館を買収、スタジオに改修
Ⅳ. ダイナミックな 文化普及事業	主な実行主体としての文化的発展研究センター（CRDC）への助成 ロワール・アトランティック文化の家への助成 ポール・フォール・ホール、ボリス・ヴィアン・ホールの直営化 音楽団体への助成 美術団体への助成	（市が600万フラン、文化省が300万フランを支出） （市が311万フランを支出） 声楽アンサンブル、バロック音楽フェスティヴァル、現代音楽、シャンソン・ヴァラエティ音楽
Ⅴ. 住区での文化行動	D.S.Q.（住区の社会的発展）事業：ベルヴュ住区 D.S.Q.（住区の社会的発展）事業：デルヴァリエール住区 D.S.Q.（住区の社会的発展）事業：ナント北部ラ・ボワシエール住区 市文化的発展部による独自事業（D.S.Q.以外）	若年層住民への音楽実践と教育プログラム（1991年開校予定）、文化間対話イベント、住民とプロがつくる住区新聞 図書館/資料センターの設置、住区での「絵画発見」イベント 住区図書館建設調査、住区会館での若年層向けイベント、歴史とマイノリティ：社会文化団体と大学による共同研究事業 住区会館現代芸術アトリエ（美術、音楽、読書、演劇、舞踊）設置、「住居での演劇」＝プロによる小規模実験演劇
Ⅵ. 学校での文化行動	国の「子どもの生活の新リズム」事業契約に応募、12校で実施 市文化的発展部の学齢期児童向け独自事業、20校前後で実施	ノエル・クロード（ダンサー）によるダンス入門プログラム
Ⅶ. 科学・技術に関する 文化と労働界向け文化行動	サン＝タンヌ島整備プロジェクトにおける科学技術的文化面の検討 ブルターニュ公城ミュージアムの展示 非営利団体「マシン」への支援 企業委員会連合ACENER事業への市の参加 労働界に「教養」重視の新しいユマニスムを生み出す	産業と技術の記憶に関する展示活動 使われない産業機械の保存、産業遺産としての造船所保全活動 労働界における文化普及、文化イベント開催、科学技術文化についての熟考 労働界欧州文化学院設立プロジェクト
Ⅷ. 知的生活の活性化	ナント大学文学部広報紙「ラントリュス」への助成 シンポジウム「法の力」（ル・モンド・ディプロマティークと共催） 地方文化団体（ブルターニュ文化、ケルト文化）への助成 公共図書館以外における読書振興手段調査（DRACとの共同事業） 現代詩振興団体への助成 フランス国立図書館分館誘致	ナント大学法学部事業や法律をテーマにした映画上映との連動 学校での活動、詩人を囲む会、展示、「詩のマーケット」 市立図書館、大学図書館、アトランポールとの連動を計画
Ⅸ. 1990年に国と市が交わす ほかの三協定 （いずれも交渉中の参考情報）	「美術」協定－文化省美術部との署名 国立映画センター（CNC）との1989年協定の1990年向け修正 「市/子ども契約」青少年・スポーツ閣外省、文化省、国民教育省	アトリエ設置、「美術の家」設置、美術学校の拡張、公費発注 ナント映画祭、ヴァカンス事業、チケット助成拡大、「イベント」事業 1989年署名契約の1990年向け修正
予算 （1990年）	A.協定対象9事業（運営費）国1,373,500F　相当する市予算3,305,500F　（投資費）　国325,000F　市650,000F B.協定外で記載事業に支出される部局別予算総額　国6,187,000F　相当する市予算11,892,200F　※翌年市とDRACが評価を行い、市が報告書を作成	

出典：文化省文書課で2011年2月21日に参照・撮影した協定文書より筆者作成

【別表4】ノール＝パ・ド・カレ地域圏文化的発展協定（1982年）記載事項

協定の項目	重点分野	具体事業
地域圏文化政策の基本方針	自治体および民間パートナーとの契約政策推進 地域圏内行政間協力の推進 他地域圏との協力、国際協力の推進	
推進機関の設置	地域圏文化・生涯教育事務所（ORCEP）	地域圏文化政策実行組織として新設：文化省地域圏文化局DRACとの恒常的協議により共同事業を継続、地域圏内の情報収集・流通サーヴィス、アクター間連携促進、広報、地域メディア対応などを担当
芸術創造・普及	音楽	リール国立オーケストラ オペラ・デュ・ノール フェスティヴァル・ド・リール
	演劇	地域圏演劇センター ベテュヌ国立演劇センター 児童・青少年向け国立演劇センター
文化行動	文化行動機関への助成/開設 地域圏文化遺産の活性化と活用 文化的関与実験基金（FRIEC） 「地域圏文化演劇技術環境」機関	既存機関への国、地域圏、コミューンによる共同助成、トゥールコワン文化行動センター開設、コート・ドパール文化行動センター開設、地域圏音楽アトリエ（ARM）を国と地域圏の協力で新設 アソシアシオンや自治体との協力による文化遺産活用アニマシオン 産業遺産調査（リール第三大学への委託事業） 社会的格差縮小のための国と地域圏による特別基金を新設（住区レベルの活動や、企業委員会による文化分野の活動への助成） 自治体、劇団、アマチュアに貸し出す備品・機材のプールと技術支援組織の新設
文化的活動の新領域	読書・公共図書館	DRACによるアソシアシオン、病院、企業委員会のための読書振興計画の策定実施
	美術	二つの新美術館への財政支援 国と地域圏共同の美術政策立案（美術館学芸部、美術家協会、批評家、ギャラリーとの連携に基づく） FRAC（現代美術作品購入のための地域圏基金）設立運営 ミュージアム・バス稼働
	映画	国際的な映画イベントの受入れ
	視聴覚・コミュニケーション	地域圏ヴィデオテーク計画、FR3と地方局による共同制作、養成事業のための交渉
	芸術教育・人材育成	一般市民と文化行動実践家に向けた教育・人材育成プログラムの策定 芸術教育（音楽、演劇、美術）への地域圏関与の検討：リール・コンセルヴァトワール演劇クラスの地域圏演劇高等専門学校への移行協議、地域圏美術高等専門学校設置（1983年）、夏期音楽アカデミー開設（1983年） 市と地域圏の文化問題担当議員向け研修、地域圏内議員連合との研究会開催、地域圏議会議員を長とする文化分野の人材育成作業グループの設置（行政、民衆教育連合、大学、議員連合が参加）、産業遺産を中心とする文化遺産問題に関する意識を高める議員向けプログラム実施 教育省と連携して文化遺産問題に関する教員向けプログラムを策定：文化省文化遺産局と文化的発展局による財政支援
	調査研究	国＝地域圏契約のための文化省調査研究課による調査実施：自治体文化政策評価、文化的発展計画策定調査 フェスティヴァル・ド・リールにおける研究会開催：公共放送ラジオ分権化問題、フェスティヴァル研究 産業文書調査（ノール県公文書課委託事業）：国立産業公文書館候補地として ブーローニュ・シュル・メール科学技術センター設置準備調査 ルベ繊維技術文化センター設置準備調査（ポンピドゥセンター産業創造センター繊維産業技術文化展覧会準備事業） 民衆文化国際会議開催受入れ（1983年）
文化施設整備	ホール・劇場整備	Salle du Casino（アラス）、Théâtre de Maubeuge, Colisse（ランス）、Foyer Albert（ベテュヌ）、Colisee（ルベ）、L'ideal ciné（トゥールコワン）、Palais de la Musique（リール）、地域圏劇場設置計画、若年層向け大規模コンサートホール設置計画
	ミュージアム	ヴィルヌーヴ・ダスク近代美術館開設（1983年）、ダンケルク現代美術館開設（1982年）
	歴史モニュメント	国、地域圏、県、コミューンの協力による水車、城塞、農村部文化遺産保存修復事業

出典：文化省文書課で2010年12月13日に参照・撮影した協定文書より筆者作成

【別表5】リール市と文化省による協定の概要（1986、87、88年）

協定名称	成立日	おもな記載内容
ミュージアム設置条件を定める国とリール市の協定	1986年3月14日	1986年中に市立ミュージアムを登録博物館として設立
		1989年12月31日までに開館（18世紀建築のHospice Général内に設置）
		コレクション移設、修復、建築整備工事費用を国と市が折半、1986-89年に予算化（4年間で総額7400万フラン）
		運営費半額を国が助成
国とリール市の文化的発展協定	1986年3月14日	新ミュージアムにおける文化行動推進とコレクション活用の方針
		修復技術者養成、リール立体地図修復、ミュージアム広報の方針
パレ・デ・ボザール・ド・リールへの立体地図寄託に関する国とリール市の協定	1987年10月16日	コレクション分割展示の決定（リール市へ寄託される立体地図一覧を添付）
		市美術館収蔵品全体の展示改善と立体地図受け入れのための改装に向けて国と市が協力
		美術館学芸員はリール市長のもとで文化省と連携し、建築コンペに向けた博物館学的プログラムを策定
		建築と工事日程に関する国と市の合意後、国は実施予算の40%を助成（5年間で総額3700万フラン）
リールの歴史的建造物と文化遺産活用のための国と市の協定	1988年11月24日	これまで所有者が文化遺産保護助成を受けて個別に行ってきた修復事業を、都市規模の文化遺産活用・振興政策のなかに位置づける
		文化遺産の価値を明確化して地域外にまで知らせる
		市内文化遺産の価値を説明するパンフレットや標識の作成
		18世紀の経済的繁栄を想起させる邸宅外観などの街並みを重視
		市と文化省による共同調査を実施、これに基づき文化遺産分野での国と市の共同政策を策定（総額20万フラン）
		サン＝モーリス教会の洗浄と照明（総額80万フラン）

出典：リール市役所公文書課で2010年12月8日、文化省文書課で2010年12月14日に参照・撮影した協定文書、リール市議会議事録、関連資料より筆者作成

【別表6】マルセイユ市、住区の文化的発展協定（1983年）記載事項

協定の項目	事業	実施主体（助成対象）
アニマシオンとアソシアシオンへの技術支援	13区、14区で活動するアソシアシオンの雇用助成（パートタイム2名）	Association d'animation globale concerée
	舞台設備と備品プールの設置	Office municipal de la culture
創造と芸術普及の場	劇場施設整備	Théâtre de Merlan, Maison des jeunes de Busserine
	現代表現スペースの新設（検討）	Espace Marseille art présent
演劇	劇団助成（住民参加による演劇創造）	Cie. Richard Martin, Théâtre Trousky, Théâtre de la mer
住区における実演芸術事業	プレガント公園フェスティヴァル、フォントプスキュル公園フェスティヴァル	Office municipal de la culture
	住区での表現フェスティヴァル	Association d'animation globale concertée
学校における文化行動推進（アニマシオン）	子どもの社会理解を助けるプログラム	Office municipal de la culture
	子どもと教員が多様な芸術表現に出会うプログラム	Office municipal de la culture
	AAGCの学校プログラム	Association d'animation globale concertée
芸術教育パイロット事業	視覚障害者と困難を抱えた若者のための事業	Centre provençal de musique et d'animation
美術分野のイニシアティヴ	子どものための美術アトリエ（13区 14区における事業）	Association d'animation globale concertée
	美術学校14区分散化クラス開設（計画）	マルセイユ市
若者の文化的表現	優先住区で若者が運営するコミュニティ・ラジオへの助成	複数の該当アソシアシオン
	若者による視聴覚分野での活動への助成	Association d'animation globale concertée
	13区、14区の職業訓練中の若者向け事業	Association d'animation globale concertée

出典：文化省文書課で2010年12月14日に参照・撮影した協定文書より筆者作成

【別表7】マルセイユ市文化協定（1988年）記載事項

分野	事業名	協定内容
歴史的建造物	サン・ローラン教会	1913年12月31日法に基づく歴史的建造物修復事業の国の財政負担部分を、1988年から89年は例外的に15%から25%に引き上げる。イフ城導水工事を市が全額負担、マジョール大聖堂周辺整備事業は文化省・文化遺産局が全額負担
	サン・ヴィクトール修道院	
	ベルナディン礼拝堂	
	ミッション・ド・フランス教会	
	マジョール大聖堂周辺	
	サン・ジャン要塞　ルネ王の塔	
	イフ城	
ミュージアム	地中海考古学博物館	エジプト、ギリシャ・ローマ、ケルト・リグリア部門を、ボレリ城内から修復後の旧施療院内へ移転設置。アフリカ・オセアニア部門を新設
	歴史博物館	サントル・ブルス（中心街のショッピングセンター）地上階、遺跡のある中庭面に、古代末から現代までのマルセイユの歴史を展示する博物館を新設。費用の4割を国が負担
	ボレリ博物館（旧施療院内）	考古学博物館の旧施療院内移転に伴い、装飾美術（アール・デコ）美術館として再整備。歴史的モニュメントとしての保存修復費用とは別に、博物館学的整備費用の4割を文化省・博物館局が負担
演劇と舞踊	アクセル・トゥルスキ劇場（設備費）	設備更新
	メルラン劇場（設備費）	ダンス・スタジオ新設（文化省の助成カンパニーのレジデンス創造）
	旧施療院中庭の整備（設備費）	夏期イベントのための舞台装置設置
	マッサリア劇場・人形劇場（設備費）	設備更新
	外国人会館（設備費）	設備購入と整備
	リシャール・マルタン劇団（運営費）	助成
	レ・ベルナルディーヌ実験演劇（運営費）	助成
	マッサリア劇場・人形劇（運営費）	助成（フランス初の常駐人形劇団）
	テアトル・ド・ラ・ミノトリ（運営費）	助成（1985年に旧製粉工場を250席の劇場に改造した劇団）
	外国人会館（運営費）	助成（図書館・展示・舞台芸術などの文化活動を強化。「世界文化の家」との共同企画の舞台芸術プログラムは、関連コミュニティ代表者など多様なアクターと協力。マルセイユとPACA地域圏のホールのなかでも独自な存在）
	ル・メルラン劇場（運営費）	助成（現代舞踊作品創造の強化）
	マルセイユ・オブジェクティフ・ダンス（運営費）	助成（現代舞踊の普及に取り組む1987年創設のアソシアシオン）
	「マルセイユの夏」フェスティヴァル　（運営費）	助成（1987年開始の夏期イベントの継続。「島フェスティヴァル」追加拡大開催、「トロイヤの女たち」の共同制作・上演）
音楽	シテ・ド・ラ・ミュジーク（音楽都市）	市の中心街再生プログラムの中心、ベルザンス住区に創設。市の音楽・芸術教育・芸術創造分散化事業の帰結。アソシアシオンCPMA SUD MUSIQUESが運営管理者となり、地域ニーズに応える事業企画、受講者受入れ、資料収集、展示を担う。学校教育、住区アソシアシオン、音楽アソシアシオンとの連携アニマシオン、生徒700名へのプロ教師による音楽教育、コンピュータ音楽ラボの研究活動、コンサート・ホールおよびジャズ・ホールでの普及活動。DSQプロセスで確保した政府助成に文化省助成を追加
	コンサート・ホール新設検討	国と市による「ゼニット」型のポピュラー音楽向きコンサート・ホールの設置計画検討

出典：文化省文書課で2010年12月14日に参照・撮影した協定文書より筆者作成

【別表8】マルセイユ市文化的発展協定（1998年）記載事項

章	章の説明	項目	協定内容（概要）
I. 中心街整備	1998年サッカー・ワールドカップ、1999年マルセイユ誕生2600年に向けて建造物遺産修復	建造物遺産の修復	エックス門修復
			サン・ヴィクトール教会修復補強
			サン・ローラン教会再開工事
			サン・テオドール教会修復
			ビュジヌ修復（マルセル・パニョルと映画の記憶の地）
			サン・ジャン城塞整備 ― 水中遺跡捜査
		地域圏のための市立図書館（BMVR）	地中海的な外観と国際水準の大規模設備を備えたレフェランスと威光のための図書館を記憶の場「アルカザール」（ミュージック・ホール）跡地に設置、蔵書25万冊、1600席規模
II. 都市のグラン・プロジェ（GPU）への統合	市、国、地域圏が契約を通して連携する例外的規模の都市改造プロセスGPUに組み込む文化プロジェクト	シテ・デ・ザール・ド・ラ・リュー（大道芸都市）	都市周縁部に新型文化拠点設置：5つの芸術団体（アソシアシオン）：リュー・ピュブリーク（大道芸創造国立センター）、劇団ジェネリーク・ヴァプール、J.シュットン・アクロバット演劇学校、シュドシド制作工房、レザラパールが集結、芸術創造、人材養成、実験、制作を担う複数組織の集積による芸術拠点形成
			物理的にも人的にも重要な文化空間を、開かれた形で都市周辺部に存在させる。周辺住区との接続を重視
		統合文化遺産	都市変容による住区住民のメンタリティ変化、アイデンティティ断絶への対応プロセス：都市のグラン・プロジェ（GPU）とユーロ・メディテラネ・プロジェクトによる産業転換と経済変化に文化遺産保護活用施策を統合
			文化遺産目録・資料作成、オンライン・データベース化
			文化遺産に着想した現代美術創造の奨励、公費発注
			観光産業による文化遺産の活用、出版、周遊ルートづくり
			旧港および周辺部の照明プラン、大規模イベント開催による中心街再生、都市イメージと国際的知名度の向上
			歴史的建造物の保護、修復と現地で参照可能なコレクション形成、文化遺産を活用した教育、生涯教育事業の実施
			実行調整を担う文化遺産専門学芸員1名を任命。1996年に始動した実験事業を1998年からエスタック住区で拡大実施。その後全都市規模で行う
		サン・タントワン図書館（計画）	図書館のない北部15区に3000㎡規模の地域図書館を新設。文化・社会分野の公共サーヴィス水準を合わせて改善する計画。マルチメディア・コレクションを重視する規範的な公共図書館の設置。読書振興と識字教育活動に取り組む社会パートナーのためのリソース・センターを設置。文化施設に馴染みのない利用者のアクセスに配慮
III. ユーロメディテラネの模範プロジェクト	マルセイユを地中海アークの極とする都市構造再構築計画に組み込む文化プロジェクト―都市変容の表現	マルセイユ市公文書の集約・移転	3カ所に分散する市公文書館を集約、ゆたかな歴史をもつ記憶の場所、ベル・ド・メ住区の旧たばこ工場SEITA跡地に移転、総面積9396㎡
		地域圏横断型文化遺産保存修復センター（CICRR）	実験室（国が負担）、工房（複数の地方自治体が負担）、共通サーヴィス（総務、資料室、教育・普及）で構成。1992年1月の省間整備委員会がCICRRマルセイユ設置を決定。市は1994年にサン・シャルル住区の旧たばこ工場8000㎡を取得、建物全体の防水・断熱工事を1995年に完成。実験室部分1800㎡を国が131万7000フランで市から購入、実験室整備を国が負担。これ以外の整備は市が行い、国は費用の50%を負担。センター運営のために、国、自治体、民間パートナーが参加するGIP（公共利益団体）を設置する方向性を検討
		フリッシュ・ラ・ベル・ド・メ	1992年以来、ベル・ド・メ住区SEITAたばこ工場跡地でアソシアシオン・システム・フリッシュ・テアトル（SFT）が行う、芸術創造をベースに企業、新技術、音楽産業、出版、マルチメディアをつなぐ実験的事業に国（文化省）、マルセイユ市、公設法人ユーロメディテラネが協力
			文化省と市による共同出資事業：文化・芸術プロジェクト提案のための調査、整備費用見積もり
			フリッシュ内でのSFTの活動移転に、国は基本計画決定後すみやかに500万フランを助成（市は320万フランをすでに支出）

【別表８】マルセイユ市文化的発展協定（1998年）記載事項つづき

章	章の説明	項目	協定内容（概要）
Ⅳ. 革新的な芸術創造の発展		音楽と舞踊	音楽創造分野のアソシアシオン集積はマルセイユの特徴。その活動の場を整える
		美術	アーティストのアトリエを登録、アーティストの制作活動と相互交流を振興し、プロと観客の関係を発展させるコーディネート機能を担うアソシアシオン活動の振興と立地改善。ガラスと造形美術の国際センター（CIRVA）の活動を市と国が支援、拠点拡張整備工事への助成
Ⅴ. 教育への投資	芸術創造のクオリティを支えるには長期的な教育/人材養成政策策定が重要	演劇分野	舞台芸術、とくに演劇の仕事を志す若者への職業教育
			地域圏内のアーティストへの継続的教育:カンヌ俳優学校（ERAC）事業と、ルルス劇団による「戯曲アトリエ」のマルセイユ市内での1998年開催
			市と国が、マルセイユの演劇教育の需要と供給に関する調査を共同実施
		美術分野	リュミニ高等美術学校ポストディプロム課程の再構築
			専門施設を備え、地域組織と協力するデジタル映像専門機関実現の検討
			ビデオ分野の創造・制作に特化した、学生への教育センターおよびアーティストのためのリソース・センターとしての実験スタジオ設置検討
			文化へのアクセス平等化の要素としての、学校周辺での住区における教育活動
		学校教育	文化省＝国民教育省議定事項外でも市内の文化芸術組織による若い観客への働きかけを強化させる。「学校のリズム調整」事業では、市と国と文化組織が市内の文化芸術情報をよりよく知らせる。市と国は、担当コーディネーターのポスト新設を検討。「青年雇用」（オブリ法）で文化組織側に雇用されるスタッフが活動を支える
Ⅵ. 文化経済とその観察―人間がもっとも貴重な資本―	文化企業家と、その活動を支える専門家チームが望まれる人材の二類型。狭い地域に最大数の文化産業企業を集約し、相互交流促進、支援サーヴィス提供	文化経済	文化産業の要素を踏まえ、市と国は、民間の提案に寄り添い経営上の必要に応じて資源を動かす。文化的発展を都市の新たな価値に結びつける
		図書と読書	公的セクターと民間セクターを結ぶ作業部会を設立、書店向け保障基金を運営
			地中海に特化した書籍見本市開催
			図書館と読書に関する調査・評価機関の提案
		雇用	文化セクターに特化した地域圏雇用センター設置検討、文化関連の新職業に関する若年者雇用計画の奨励
		観察	文化産業以外の芸術創造関連活動の経済状況を分析する専門機関（ARTEC）の設置
		考古学遺産の評価と保護	考古学遺跡の目録作成と潜在的価値の評価資料作成：都市整備プロジェクトにおける考慮
Ⅶ. 実現方法		４年計画、６カ月ごとの共同評価、毎年の見直し、地域圏ディレクターの責任規定、1998年予算表添付、不執行時の国の助成金返還要請規定	

出典：文化省文書課で2010年12月14日に参照・撮影した協定文書より作成

図表一覧

写真一覧　（＊印以外はすべて筆者撮影）

写真3　「祝祭都市」（一九七二年、市内サン＝タンドレ広場）＊© MC2: Grenoble Archives et ressources numériques
写真4　レ・コメディアン・エミグレ・ド・グルノーブル公演（一九七七年文化の家）＊© MC2: Grenoble Archives et ressources numériques
写真5　リール立体地図 Plan-relief de Lille ＊© Palais des Beaux-Arts, Photo Jean-Marie Dautel
写真6　修復されたリール市街の建築物
写真7　巡回展と訪日キャンペーンの広報物
写真8　国立舞台「ル・メルラン」の外観と周辺の大規模団地（一四区）
写真9　サントル・ブルスとマルセイユ歴史博物館（一区、ベルザンス住区）
写真10　シテ・ド・ラ・ミュジーク（一区、ベルザンス住区）
写真11　大道芸創造センター「リユー・ピュブリーク」（一四区）
写真12　フリッシュ・ラ・ベル・ド・メ（三区）
写真13　アルカザール図書館（一区、ベルザンス住区）
写真14　ベル・ド・メ・メディア・ポール（三区）

あとがき

本書は、二〇一六年一〇月に東京大学大学院人文社会系研究科より学位を授与された博士論文「フランス都市文化政策の歴史的展開と政策理念の変遷――市民から都市へ」に、加筆をしてまとめたものである。

本論文では、現代史のなかで民主主義の実質化を求めた人々の、立場を超えた連帯と行動を通して、フランス都市文化政策の展開が切り開かれた経緯を中心に置いた。ただし、このモチーフが浮上したのは執筆も終盤の頃で、日本の中学校で終戦直後の数年間のみ使用されたという教科書を手に取ったことがひとつのきっかけになっている。そこでは民主主義が次のような「精神」として説明されていた。

> 民主主義を単なる政治のやり方だと思うのは、まちがいである。民主主義の根本は、もっと深いところにある。それは、みんなの心の中にある。すべての人間を個人として尊厳な価値を持つものとして取り扱おうとする心、それが民主主義の根本精神である。（中略）
>
> 政治上の制度としての民主主義ももとよりたいせつであるが、それよりももっとたいせつなのは、民主主義の精神をつかむことである。なぜならば民主主義の根本は、精神的な態度にほかならないからである。
>
> （文部省著、渡辺豊・出倉純編集『民主主義―文部省著作教科書―』径書房、一九九五年、一頁および一六頁）

筆者は、フランス自治体文化政策の草創期を扱った修士論文で、développement culturel を「文化開発」と訳し、民主主義の土壌を耕すために文化によって市民の潜在力を引き出す政策理念である、とすでに論じていた。この出発点と価値理念としての民主主義《デモクラシー》があらためて結びついたときに、一九六〇年代の市民社会の議論や、七〇年代の自治体文化政策実践者の交流研究会から発信された理論は、格段に鮮明な意味を帯びたのである。

フランスでは「共和国」であることがしばしば強調されるが、その基本原理は、あらゆる個人が、出自、人種、宗教などの属性にかかわらず、ともにひとしく公共的事項の決定に参加することを強く求めている。市民的主体性を問う文化政策の議論は、この枠組みゆえに同国でひときわ明示的に展開されており、さまざまな社会的文化的背景をもつ個人が共有する公共空間を、あらゆる市民の議論と交流が息づく理念的意味での公共圏としても、また都市や地域で実際に人々が集う現実の空間や施設としても、いかに構築するかが模索されてきた。

だが「文化の民主化」や「文化的民主主義」が西欧共通の文化政策のキーワードであることにも表れているように、文化による公共空間の創出は、すべての人間を個人として尊厳な価値を持つものとして扱おうとする文化政策の普遍的課題にほかならない。本書で詳らかにした議論の蓄積は、フランス固有の特殊性として整理されるべきものではなく、そのため、本論末尾では日仏の一九七〇年代の文化政策論が示す共通性に言及した。

現地調査では、政策実践を長年牽引して来られた複数の実務家にお話を伺ったが、その言葉にはいつも強い意志が感じられた。そして彼らの職業的信条と矜持の背後に、ときに上の世代から受け継がれた戦争の記憶があり、また植民地の歴史が現代に落す影があることは、研究を進めるにつれて垣間見えるようになった。民主主義《デモクラシー》をめぐる危機感は、二一世紀の社会に繰り返し突きつけられ、近年の文化政策の議論にも見え隠れしている。今後の研究でも、文化政策を動機づける「精神的な態度」を問うことになるだろう。

本書の実現は、多くの方々のご指導とご協力の賜物である。残された紙幅にその一部を記しておきたい。

小林真理先生には、人文社会系研究科文化資源学研究専攻に入学して以来、文化政策研究の基礎から論文作成まで、あらゆる点で厳しくかつ親身にご指導をいただいた。また研究上の問題意識の大部分は、政策実践現場との関わりを重視した小林ゼミの活動とゼミ仲間との議論に培われている。国内各地で文化政策策定プロセスに参加させてくださった市民と自治体行政の方々にも篤くお礼を申し上げる。

文化を多元的にみる眼と、実証を重んじる基本的な研究姿勢は、文化資源学研究専攻における多彩な授業と活動を通して形成された。ご指導くださった先生がたと、親しい交流のなかで、いつも多くの気づきと刺激を与えてくれる研究室同窓のみなさまに感謝したい。

本書をまとめる作業は、博士論文を審査してくださった月村辰雄先生、木下直之先生、中村雄祐先生、高崎経済大学教授の友岡邦之先生、そして予備論文審査における古井戸秀夫先生からのご教示を、熟考し反映させる機会となった。心からの感謝と尊敬とともに記す次第である。

研究助手として勤務した早稲田大学演劇博物館グローバルＣＯＥ「演劇・映像の国際的教育研究拠点」のみなさまにもお礼を申し上げたい。とくに、芸術文化環境研究コースの事業を推進された同大学教授、藤井慎太郎先生には、国際比較を交えて芸術創造の側から文化政策を考える機会を多くいただいたことに深く感謝している。

世田谷市民大学で受講した現代フランスを扱う授業からも多くの示唆を得た。中山洋平先生（東京大学教授、政治学）、そして宮島喬先生（お茶の水女子大学名誉教授、社会学）のご講義から、収集資料を読み解くための重要な鍵をいくつもいただいている。

フランスでは、パリ・ナンテール大学教授のエマニュエル・ヴァロン先生（文化政策研究、政治社会学）に、多大なご支援とご指導をいただいた。客員研究員として受け入れてくださり、定期的に議論の機会を設けて惜しみなくご助言をくださったことは、思い返すたびに感謝に堪えない。

グルノーブル文化政策観測所、文化省歴史委員会、リール市文書課ではとくに温かいご配慮を受けた。文化省文書課保管資料へのアクセスを開いてくれた国立公文書館のレファレンス担当者をはじめ、アーカイヴス管理の専門家に各地で接し得たのは貴重な経験である。またインタヴューに応じてくださった実務家の方々のご氏名は本書に記載していないが、文化政策史の現実の担い手の肉声に触れることができた重みは計り知れない。

調査過程でさまざまにお世話になった在日フランス大使館勤務時代の元同僚でパリ在住の野口沢子さん、同じくヴァンサン・デュフール&バテルセ・カレアガ夫妻、そして文化資源学研究室同窓で、研究初期から本書校正に至るまで、たびたび大きな力を貸してくれたエヴリン・オドリさんには、特別な感謝を送りたい。

本書は、平成二九年度東京大学学術成果刊行助成を受けて公刊される。記して深謝申し上げる。のみならず、匿名の査読者が拙稿を丹念に読み込み詳細なコメントをつけてくださったことには感銘を受けた。いただいたご指摘とご助言は、これからの研究においても指針となるものである。

美学出版の黒田結花さんには、本づくりの各要所でつねに適確なご指摘をいただき、刊行までの道筋を懇切に導いていただいた。

さいごに、大学院進学を喜んでくれた父、博士論文完成を祝ってくれた義父をはじめとする両家族、そしていつも応援してくれている夫に、限りない感謝を捧げる。

二〇一八年　初夏

長嶋　由紀子

ナント都市圏内の動き	リール、NPDC 地域圏の動き	マルセイユの動き	年
ナント都市圏と近隣の左派自治体が文化事務組合を結成、CRDC 支援 「サン＝テルブラン文化的発展協定」	TGV のリール通過を求める動き 25 企業がリール国立オーケストラ支援協会を設立		84
「ルゼ文化的発展協定」	モロワ、民衆大学でスピーチ、国境ミュージアム構想	テアトル・ド・ラ・ミノトリ（旧製粉工場を劇場に改造）	85
「サン＝セバスティアン＝シュル＝ロワール文化的発展協定」	ミッテランとサッチャーが海峡トンネル仏英協定署名 立体地図事件 「ミュージアム設置条件協定　文化的発展定」	ドフェール急逝、ロベール・ヴィグルー市長就任（–95） ドミニク・ヴァロン、マルセイユ市文化政策責任者に就任（–89）	86
	「立体地図、パレ・デ・ボザール改修に関する協定」 TGV B 線リール通過決定で「勝利宣言」 モロワ、民衆大学講演「ヴォーバンとリール」	マッサリア劇場（産業跡地で子ども向け舞台） レ・ベルナルディーヌ（礼拝堂を実験演劇の場に）	87
	リール市文化局創設（市文化事務所より改組） リール市美術館改装計画具体始動	「マルセイユ文化的発展協定」	88
ジャン＝マルク・エロー、ナント市長（–2012）	モロワ、リール都市圏共同体議会議長 企業メセナ組織の支援で旧証券取引所修復	ヴィグルー市政第 2 期（–95） クリスティアン・ポワトヴァン文化担当副市長　「マルセイユのモヴィダ」 国立大道芸センター「リュー・ピュブリーク」転入 エティエンヌ・ドルヴ地区再開発	89
「ナント文化的発展協定」	「ユーラリール」混合経済会社設立	SEITA 工場閉鎖 「マルセイユ詩の国際センター」設立 システム・フリッシュ・テアトル（SFT）創設（北部で活動開始）	1990
		ユーロ・メディテラネ計画始動 市文化関与基金（FIC）創設、市文化総局（DGAC）創設	91
		フリッシュ・ラ・ベル・ド・メ整備開始 シテ・ド・ラ・ミュジーク竣工 ワールド・ミュージック・フェスティバル Fiesta des Suds 開始	92
	TGV 開通、ニューヨーク、東京、横浜、名古屋、北九州「リール市美術館展」開催	「ユーロ・メディテラネ構想」承認による都市再生「国益地域」認定	93
	ユーロトンネル開通、「ユーラリール」オープン		94
		ジャン＝クロード・ゴダン市長（–現在） 国土整備・都市・社会的包摂大臣兼職（–97） PACA 地域圏と市の文化行政人事交流 「大道芸都市」アソシアシオン設立 SFT「都市プロジェクトのための文化プロジェクト」発表	95
			96
	市美術館（パレ・デ・ボザール）リニューアル開館		97
	2004 年欧州文化首都に決定	「マルセイユ文化的発展協定」 SEITA 用地の市買収完了	98
		市公文書館フリッシュへの集約・移転 マルセイユ2600 年記念行事「ラ・マッサリア」	99
		市文化政策パンフレット「文化を都市の中心に」	2000
	モロワ市長引退、マルティーヌ・オブリ市長		01
	欧州文化首都「リール2004」	「フリッシュ・メディア・ポール」、「アルカザール図書館」竣工	04
		欧州文化首都「マルセイユ＝プロヴァンス 2013」	13

年	時代背景・関連事項	国の文化政策・地域間交流	グルノーブルの動き
84	L. ファビウス内閣（-86） 欧州議会選挙、国民戦線が勢力伸長	第9次国家計画（-88）国一地域圏契約による文化政策 住区の社会的発展契約＝都市政策のなかの文化政策	
85	ミラノ欧州理事会（単一市場形成承認）		
86	シラク内閣、第一次保革共存（コアビタシオン）政権成立 国営企業民営化など経済自由化を推進	フランソワ・レオタール文化大臣（-88）、文化的発展局解消	デュブドゥ元市長、山岳事故で死去
87	単一欧州議定書発効		
88	ミッテラン大統領再選、M. ロカール内閣（コアビタシオン解消）	ジャック・ラング文化大臣（-93）	文化政策観測所（OPC）設立
89	統一地方選挙で左派勝利		
1990			
91			
92	欧州連合条約（マーストリヒト条約）調印	ラタルジェ報告書『国土の文化的整備』	
93	欧州単一市場発足、E. バラデュール内閣（-95）第二次保革共存	ジャック・トゥーボン文化大臣（-95） 文化省歴史委員会設立	
94			
95	ジャック・シラク大統領（-2007） アラン・ジュペ内閣 「バルセロナ・プロセス」開始	フィリップ・ドゥスト＝ブラジ文化大臣（-97）	
96			
97	リオネル・ジョスパン内閣（-2002）第三次保革共存	カトリーヌ・トロートマン文化大臣（-2000）	
98			
99			
2000		カトリーヌ・タスカ文化大臣（-02）	
01			
04			
13			

ナント都市圏内の動き	リール、NPDC 地域圏の動き	マルセイユの動き	年
			66
	リール都市共同体（CUDL）創設、フランス政府によるドーバー海峡トンネル工事入札開始		67
			68
			69
	モロワ、都市共同体議員	旧施療院修復工事（-86）	1970
	リール市文化問題協議委員会設置	1970年代コンセルヴァトワールとアソシアシオンの革新的活動 「100万人都市の40万人はフランス語を話さない」（演劇視察官報告書）	71
		ロラン・プティ舞踊団招致「マルセイユ・ナショナル・バレエ」設立	72
	経済危機深刻化 ピエール・モロワ市長（-2001）「リールの契約」で「芸術都市」宣言	ガストン・ドフェール、作家のE. シャルル=ルーと結婚	73
	モロワ地域圏議長、ORTF 分社化後もリール・オーケストラ存続		74
	リール・フィルハーモニー・オーケストラ創設、国と地域圏の費用共同負担協定 海峡トンネル工事計画が破棄、経済危機深刻化 第三次産業のリール国際テクノポール建設計画中止 NPDC 地域圏文化事務所設置（全国初）、地域圏予算の13,12%を文化に支出	「文化憲章」署名、歴史博物館設置計画 マルセル・マレシャルを招致、劇団助成	75
	70年代後半から80年代前半に文化施設多数竣工	市主導でアソシアシオン市文化事務所（OMC）設立	76
アラン・シュナール、ナント市長（-83） ジャン=マルク・エロー、サン=テルブラン市長（-89）	モロワ市長再選「新リールの契約」、市の文化政策白書		77
	市文化事務所（OMC）設立		78
			79
			1980
ナント「文化の家」をめぐる政治対立	海峡トンネル計画再開	ラ・クリエ劇場（旧魚市場）オープン ラジオ・グルヌイユ始動	81
「ナントおよびナント都市圏文化の家（MCN）」EAC 認証	「ノール・パ・ド・カレ地域圏文化的発展協定」 リール国立オーケストラ名称認証 ダンケルク現代美術館開館		82
ミシェル・ショティ市政（-89） MCN 助成打ち切り、「文化的発展研究センター（CRDC）」に改組	ヴィルヌーヴ・ダスク近代美術館開館	「マルセイユ住区の文化的発展協定」署名 中心街再開発プログラム	83

年	時代背景・関連事項	国の文化政策・地域間交流	グルノーブルの動き
66	第５次国家計画（-70） J. デュマズディエ『余暇と都市』		グルノーブル都市圏都市計画公社（AUAG）発足
67		文化行動センター（CAC）創設	彫刻シンポジウム
68	「五月革命」 H. ルフェーヴル『都市への権利』	「ヴィルユルバンヌ宣言」	冬季オリンピック、「文化の家」開館、ドーフィネ博物館開館
69	ジョルジュ・ポンピドゥー大統領（-74） シャバン＝デルマス首相「新しい社会」	エドモン・ミシュレ文化大臣（-70）	アヴィニョン・ミーティング「都市の文化政策」開催 「ザ・リヴィング・シアター」「ブレッド・アンド・パペット」招聘
1970	ブルデュー＆パスロン『再生産』	アンドレ・ベタンクール文化大臣（-71）	
71	第６次国家計画（-76） フランス社会党新生、ミッテラン書記長選出、自主管理路線に転換	ジャック・デュアメル文化大臣（-73） 文化関与基金（FIC）創設	夏期野外フェスティバル「祝祭都市」開始
72		デュアメル文化大臣、欧州文化大臣会議講演「［文化とは］自身のあり方の選択」	アルプ国立演劇センター（CDNA）設立
73	第一次石油危機 社会党文化行動全国事務局設置	モーリス・ドリュオン文化大臣（-74）	カトリーヌ・タスカ「文化の家」ディレクター（-77） TPM（マグレブ民衆劇場）設立
74	ジスカール・デスタン大統領（-81）	ミシェル・ギィ文化閣外大臣（-76）	デュブドゥ市長社会党入党、文化関与課（SIC）設立
75		文化憲章 国立芸術普及事務所（ONDA）創設	文化憲章署名 コンセルヴァトワール館外講座開設 地域少数文化会議「闘う文化」開催 ドーフィネ博物館で市民の文化ルーツに関する特別展増加
76	第19回ユネスコ総会「大衆の文化的生活への参加及び寄与を促進する勧告」採択	フランソワーズ・ジルー文化閣外大臣（-77）	文化政策実施評価調査実施（-78） G. ラヴォーダン CDNA 共同ディレクター（-81）
77	統一地方選挙で全国的に左派連合が勝利、都市文化政策への注目	ミシェル・ドルナノ文化大臣（-78） 地域圏文化局 DRAC 配備完成 「文化の家擁護全国行動」	「グルノーブル10年の文化行動」報告書 デュブドゥ市長、社会党・共和派議員全国連盟会長就任 ラヴォーダン「労働者も移民も煩わしい」発言 ルネ・リザルド文化担当副市長（-83）
78		ジャン＝フィリップ・ルカ文化大臣（-81） 文化省調査報告書「1963-1978年に、コミューンの文化支出は18倍増」 地域文化政策研究会「ラトリエ」、A.D.E.L.S.『カイエ』誌発行（-80）	
79			『グルノーブル文化の冒険　1965-1975』出版
1980	『社会主義プロジェ』		
81	フランソワ・ミッテラン大統領（-95） ピエール・モロワ第1-第3次内閣（-84） マンゲット暴動事件、デュブドゥ委員会「住区の社会的発展（DSQ）」	ジャック・ラング文化大臣（81-86、88-95） 文化的発展センター（CDC）創設 テレビ・ラジオ自由化	「文化の家」改革案 G. ラヴォーダン文化の家ディレクター（-86）
82	地方分権化「コミューン、県および地域圏の権利と自由に関する法律」	文化的発展局（-86） 文化的発展協定開始、文化行動機関（EAC）改革案記者発表 ユネスコ文化政策メキシコ会議でのラングスピーチ「経済と文化は同じ闘い」	
83	「コミューン、県、地域圏および国の権限配分に関する法律」 統一地方選挙で左派大敗	ソルボンヌ会議ミッテランスピーチ「文化への投資は経済への投資」	市議選でデュブドゥ敗退、アラン・カリニョン市長（-95）

ナント都市圏内の動き	リール、NPDC 地域圏の動き	マルセイユの動き	年
	17世紀　ヴォーバンによる統治		
	19世紀末からの民衆大学の歴史	19世紀半ば　新港開港、植民地政策の推進とともに都市拡大	
			1936
			1940
			41
			42
			43
	爆撃、英国軍による解放	ガストン・ドフェール臨時市委員会委員長（-45）	44
			45
			46
			47
			48
			49
			1950
			51
		ガストン・ドフェール市長（-86）	53
			54
	オギュスタン・ロラン市長（-73）		55
			56
			57
			58
			59
		旧植民地からの転入者受け入れ、1975年まで大規模団地建設の波	1960
			61
			62
		文化の家計画提案を拒否、住区規模の文化センター建設を選択	63
	旧市街再生市民運動「ルネサンス・ド・リール・アンシアン」（RLA）		64
			65

関連年表

年	時代背景・関連事項	国の文化政策・地域間交流	グルノーブルの動き
	第三共和政期の民衆教育運動の興隆		
	初の「文化の家」パリ9区に革命的作家芸術家協会が設立 (1935)		
1936	人民戦線政府 (-38)		
1940	ドイツ軍侵攻、パリ陥落 ヴィシー政権 (-44) 第三共和政憲法廃止、新憲法制定		ユリアージュ幹部学校設立
41			
42			ユリアージュ幹部学校閉鎖、アルプス山中でのレジスタンスへ
43	対独協力強制労働 (STO) 開始、レジスタンス激化		
44	連合軍ノルマンディ上陸、パリ市民蜂起、パリ解放 共和国臨時政府 (-46)		
45			「人民と文化 (PEC)」創設、文化の家開設 ジャン・ダステ転入、劇団マニフェストを発表 レオン・マルタン市長 (-47, 49-59)
46	第四共和政発足 (-58) 計画庁創設 インドシナ戦争始まる	国立演劇センター (CDN)、52年までに5都市で設立	
47		アヴィニョン・フェスティヴァル創設	ダステ、サンテティエンヌへ転出
48			
49			
1950			
51		ジャン・ヴィラール国立民衆劇場 (TNP) ディレクター (-63)	
53			
54	インドシナ戦争終結 (ジュネーヴ協定) アルジェリア戦争始まる		
55			
56	モロッコ独立、チュニジア独立		
57			
58	第五共和政成立 シャルル・ド・ゴール大統領 (-69)	PEC 春期・夏期大学開設	ACTA (演劇と芸術のための文化アソシアシオン) 設立
59		文化省設立：アンドレ・マルロー文化大臣 (-69)	アルベール・ミシャロン市長 (-65)
1960	統一社会党 (PSU) 結成		
61		ル・アーヴル文化の家開館、以後各地に設立 計画庁「文化施設・芸術保護委員会」設置 文化省研究調査課 (SER) 設置	
62	第4次国家計画 (-65) J. デュマズディエ『余暇文明へ向かって』 アルジェリア戦争終結 (エヴィアン協定)	「旧市街の保全と再開発に関する法律」	
63		国家計画1985年グループ (-64) 文化省内に研究チーム発足	「都市問題と市政研究グループ」設立
64	ブルデュー& パスロン『遺産相続者たち　学生と文化』	ブルジュ会議、ブルジュ文化の家開館 アヴィニョン・ミーティング (-70)	「文化の家設立アソシアシオン」結成
65			ユベール・デュブドゥ市長 (-83) ベルナール・ジルマン文化担当副市長 (-77)

山下茂『フランスの選挙 ――その制度的特色と動態の分析』第1法規、2007年。
レオナール・イヴ［編］植木浩［監訳］八木雅子［訳］『文化と社会 ――現代フランスの文化政策と文化経済』芸団協出版部、2001年。
渡邊啓貴『フランス現代史』（中公新書）中央公論社、1998年。
BONNARD Maryvonne (coordonné par), *Les Notices. Les Collectivités territoriales*, La Documentation française, 2009.
DUCOMTE Jean-Michel, *Les communes en France*, Édition Milan, 2008.
GREFFE Xavier & PFLIEGER Sylvie, *La politique culturelle en France*, La Documentation française, 2009.
GROSJEAN Etienne, *Quarante ans de coopération culturelle au Conseil de l'Europe, 1954–1994*, Editions du Conseil de l'Europe, 1997.
POIRRIER P., RAB S., RENEAU S., VADELORGE L., Comité d'histoire (édité par), *Jalons pour l'histoire des politiques culturelles locales*, La Documentation française, 1995.
POIRRIER Philippe (dir.), *Politiques et pratiques de la culture*, La Documentation française, 2010.
_______ (dir.), *Pour une histoire des politiques culturelles dans le monde, 1945–2011*, Comité d'histoire du ministère de la culture & Centre Georges Chevrier (UMR 5605), La Documentation française, 2011.
国立視聴覚研究所（Institut National de l'Audiovisuel）報道映像アーカイヴ <https://www.ina.fr>（2018/05/09最終アクセス）

中川幾郎『新市民時代の文化行政』公人の友社、1995年。

_______『分権時代の自治体文化政策 ——ハコモノづくりから総合政策評価に向けて』勁草書房、2001年。

似田貝香門、大野英敏、小泉秀樹、林泰義、森反章夫［編］『まちづくりの百科事典』丸善株式会社、2008年。

日本建築学会［編］『まちづくりの方法』（まちづくり教科書第1巻）、丸善株式会社、2004年。

日本文化行政研究会、これからの文化政策を考える会［編］『文化行政 ——はじまり・いま・みらい』水曜社、2001年。

松下圭一、森啓［編著］『文化行政 ——行政の自己革新』学陽書房、1981年。

松本克夫、自治・分権ジャーナリストの会［編著］『分権型社会を創る8　市民の世紀へ』ぎょうせい、2000年。

宮本憲一ほか『岩波講座　現代都市政策XI　都市政策の展望』岩波書店、1973年。

池上惇ほか［編］『文化政策入門 ——文化の風が社会を変える』丸善、2001年。

AUBRY Martine (Coordonné par), *Culture toujours... Et plus que jamais !*, L'aube, 2004.

De SAINT PULGEANT Maryvonne, *Jack Lang, batailles pour la culture Dix ans de politique culturelles*, La documentation française, 2011
Ville de Lille, *Lille, une capitale culturelle en Europe* <http://www.lille.fr/cms/accueil/culture-lille/politique-culturelle%3Bjsessionid=E6726BEBA732B83ABD> (2016/01/20 accessed)

全体

アンダーソン B.［著］白石隆・白石さや［訳］『定本 想像の共同体 ——ナショナリズムの起源と流行』書籍工房早山、2007年。

伊藤裕夫、松井憲太郎、小林真理［編］『公共劇場の10年 ——舞台芸術・演劇の公共性の現在と未来』美学出版、2010年。

上野征洋［編］『文化政策を学ぶ人のために』世界思想社、2002年。

木下直之『世の途中から隠されていること ——近代日本の記憶』晶文社、2002年。

GUILLIEN Jean Vincent［著］Termes juridiques 研究会［訳］中村紘一、新倉修、今関源成［監訳］『フランス法律用語辞典』三省堂、2002年。

グレフ・クサビエ［著］垣内恵美子［監訳］『フランスの文化政策 ——芸術作品の創造と文化的実践』水曜社、2007年。

櫻井陽二［編］『フランス政治のメカニズム』芦書房、1995年。

佐藤一子『文化協同の時代 ——文化的享受の復権』青木書店、1989年。

_______『イタリア学習社会の歴史像 ——社会連帯にねざす生涯学習の協働』東京大学出版会、2010年。

（財）自治体国際化協会「フランスの地方分権15年 / CLAIR report　no. 221」1992年。

_______「フランスの広域行政 ——その制度、実態及び新法による改革 / CLAIR report　no. 221」1992年。

_______「フランスの地方自治　Les collectivité locales en France」2002年。

_______「フランスの新たな地方分権 その1 / CLAIR report　no. 251」2003年。

_______「フランスの新たな地方分権 その2 / CLAIR report　no. 266」2005年。

総合研究開発機構研究会 代表 神野直彦、澤井安勇［編著］『ソーシャルガバナンス ——新しい分権・市民社会の構図』東洋経済新報社、2004年。

谷川稔、渡辺和行［編］『近代フランスの歴史 ——国民国家形成の彼方に』ミネルヴァ書房、2006年。

「日仏アート・フォーラム '93」実行委員会『日仏アート・フォーラム '93「美術館を超えて」アーティスト・イン・レジデンスの現状と今後』1994年。

根木昭『日本の文化政策 ——「文化政策学」の構築に向けて』勁草書房、2001年。

藤井慎太郎「文化の民主化とは何か ——フランスと日本における公共政策としての舞台芸術政策を考える」『PT』2001 JULY、世田谷コミュニティ振興交流財団、2001年。

ボベロ・ジャン［著］三浦信孝、伊達聖伸［訳］『フランスにおける脱宗教性（ライシテ）の歴史』（文庫クセジュ〈巻936〉）白水社、2009年。

マルテル・フレデリック［著］根本長兵衛、林はる芽［監訳］『超大国アメリカの文化力』岩波書店、2009年。

文部省［著］渡辺豊、出倉純［編］『民主主義 ——文部省著作教科書』径書房、1995年。

山口俊夫［編］『フランス法辞典』東京大学出版会、2002年。

Beaux-Arts de Lille, 2006.
PERALDI Michel, *Le Temps des rites : L'action culturelle en ville nouvelle*, CERFISE, 1988.
PERALDI Michel, SAMESON Michel, *Gouverner Marseille. Enquête sur les mondes politiques marseillais*, La Découverte, 2006.
QUEYRANNE Jean-Jack, *Les régions et la décentralisation culturelle. Les conventions de développement culturel régional Rapport au ministre de la culture*, La Documentation française, 1982.
Renaissance du Lille Ancien, *Renaissance du Lille Ancien*, Le bulletin Mars 2004 Spécial 40 ans (1964–2004), 2004.
RIGAUD Jacques, *Pour une réfondation de la politique culturelle. Rapport au ministre de la culture*, La Documentation française, 1996.
TRENARD Louis et HILAIRE Yves-Marie (dir.), *Histoire de Lille. Du XIXe siècle au seuil du XXIe siècle*, Perrin, 1999.
VANHAMME Marie, LOUBON Patrice, *Usines désaffectées : fabrique d'imaginaires. Arts en friches,* Éditions Alternatives, 2001.
VERHEUGE Robert, *Gérer l'utopie l'action culturelle dans la cité*, EDISUD, 1988.
Ville de Marseille, *Marseille*, Revue municipale.
Ville de Marseille, Direction Générale des Affaires Culturelles, *Marseille 2002–2012 la culture au coeur du débat*, 2001.
Ville de Marseille/SITe/Images En Manoeuvres, *Marseille : d'un destin a l'autre, la manufacture des tabacs de la Belle-de-Mai*, catalogue d'exposition, Images En Manoeuvres Editions, 2001.
WALLON Emmanuel (dir.), *L'artiste, le prince. Pouvoirs publics et création*, Coédition du Musée de la civilisation et des Presses universitaires de Grenoble, 1991.
FOULQUIE Philippe, Marseille, laboratoire permanent de politiques culturelles, *Méditerranné* (En ligne), 114/2010, mis en ligne le 30 septembre 2012. <http://mediterranee.revues.org/4303> (2018/05/09 accessed)
GASTAUT Yvan, Histoire de l'immigration en PACA aux XIXe et XXe siécles, *Hommes et migrations* 1278, Histoire des immigrations Panorama régional, mis en ligne le 29 mai 2013 <http://hommesmigrations.revues.org/226> (2018/05/09 accessed)
L'Expresse, le 17/02/1994, A LA UNE : La «movida» de Marseille, Par Bressan Serge et Dupont Pascal <http://www.lexpress.fr/informations/la-movida-de-marseille_597139.html> (2018/05/09 accessed)
La Marseillaise, le 24 décembre 1996, Conseil Municipal. La politique culturelle enfin révélée.
La Marseillaise, le 9 mai 1997, Convention culturelle. La confusion comme method.
Le Figaro, Mercredi 4 juin 1997, Aux Invalides La renaissance du musée des plans-reliefs.
Le Monde, Mercredi 21 janvier 1987, Les plans-reliefs aux Invalides. Ebauche d'un musée.
Le Monde, jeudi 14 mai 1998, Marseille veut s'affirmer comme une capitale culturelle.
Le Monde, Jeudi 1 septembre 1988, La rénovation du Musée des beaux-arts Miracle à Lille.
Le Monde, Mardi 31 janvier 1989, Plans-reliefs au Musée des beaux-arts de Lille Le ratage d'une OPA.
Le Monde, Lundi 9 juin 1997, Rénové, le Musée de Lille rouvre ses portes. Les plans-reliefs sont dans la cave.
Le provençal, le 14 juin 1996, Culture : Ville et Etat 'défrichent'.
Le provençal, le 19 décembre 1996, Convention Etat-Municipalité. Culture : 700 millions d'investissement !
Le provençal, le 20 décembre 1996, 700 millions pour la culture.

終章

伊東光晴、篠原一、松下圭一、宮本憲一［編］『岩波講座　現代都市政策II　市民参加』岩波書店、1973年。

伊東光晴ほか［編］『岩波講座　現代都市政策V　シビル・ミニマム』岩波書店、1973年。

神奈川県地方自治研究センター『自治研かながわ月報』第20号、1979年。

田村明『まちづくりの発想』岩波新書、1987年。

Quesne, 1995.
BERTONCELLO Brigitte et DUBOIS Jérôme, *Marseille Euroméditerranée, accelérateur de métropole*, Editions Parenthèses, 2010.
BIANCHINI Franco and PARKINSON Michael (edited by), *Cultural policy and urban regeneration : the West European experience*, Manchester University Press, 1993.
CHALINE Claude, *Les Politiques de la ville*, PUF, coll."Que Sais-je ? ", 2003.
CLAIR Sylvie, CORBE Melanie, LANGLADE Isabelle, OUGUERGOUZ Suzanne, ROUBAUD Claudine, SMITH Paul, *10 rue Bleue, histoire et reconversion d'une manufacture des tabacs*, Editions Parenthèses, 2003.
DATAR, *Friches industrielles, lieux culturels, Actes du colloque des 18–19 mai 1993 à Strasbourg, La Laiterie*, La Documentation française, 1994.
DATAR, *148 quartiers. Bilan des contrats de développement social des quartiers du IXe plan (1984–1988)*, La Documentation française, 1990.
DONZELOT Jacques, *La ville à trois vitesses*, Editions de la villette, 2009.
DUBEDOUT Hubert, *Ensemble refaire la ville. Rapport au premier ministre du président de la commission nationale pour le développement social des quartiers*, La Documentation française, 1983.
DUCHÊNE Roger, CONTRUCCI Jean, *Marseille 2600 ans d'histoire*, Fayard, 1998.
ESTÈBE Henri, *La Belle de Mai entre les lignes*, La petite édition, 2007.
GIREL Sylvia, *Les scène artistique marseillaise des années 90. Une sociologie des arts visuels contemporains*, L'Harmattan, 2003.
LANGEVIN Philippe et JUAN Jean-Claude (dir.), *Marseille une métropole entre Europe et Méditerranée*, La Documentation française, 2007.
LATARJET Bernard, *L'aménagement culturel du territoire*, La Documentation française, 1992.
LEXTRAIT Fabrice, *Une nouvelle époque de l'action culturelle. Rapport à Michel Duffour, secrétaire d'État au patrimoine et à la décentralisation culturelle*, La Documentation française, 2001.
LIEUX PUBLICS, *Un art urbain au pied du mur (colloque),* 29–30 janvier 1993.
LOTTIN Alain, *Lille d'Isla à Lille-Métropole*, Editions La Voix du Nord, 2003.
MARCHAND Philippe, *Histoire de Lille*, Editions Jean-Paul Gisserot, 2003.
Le Nord au coeur, *Lille-actualités*, 1985.
MAUROY Pierre, Le Nord au coeur, *Lille-actualités*, 1985.
_______, « À gauche », Albin Michel, 1985.
_______, Vauban et Lille, *Lille actualité*, 1987.
_______, Lille a bien mérité de la patrie : conférence de clôture de l'année du bicentenaire, *Lille actualité*, 1990.
_______, *Parole de Lillois*, Lieu commun, 1994.
_______, *Léo Lagrange*, Denoel, 1997.
_______, *entretiens avec Thierry Guerrier*, les Amis de l'Institut François Miterrands : M. de Maule, 2003.
_______, *Mémoires : "Vous mettrez du bleu au ciel"*, Plon, 2003.
MAUROY Pierre (dir.), *Jeunesse, Culture et Loisirs*, la Fédération nationale des clubs de loisirs Léo Lagrange, 1958.
MAUROY Pierre, en collaboration avec GIESBERT Franz-Olivier et RIOUX Lucien, *Héritiers de l'avenir*, le Livre de poche, 1981.
Ministère de la culture et de la communication, *Les dépenses culturelles des communes 1978–1987*, La Documentation française, 1991.
MONTFORT Jean-Michel, De VARINE Hugues, *Ville, culture et développement – L'art de la manière*, Editions Syros, 1995.
Palais de Beaux-Arts de Lille, *Les plans en relief des places fortes du nord dans les collections du Palais des*

GIORDAN Henri, *Démocratie culturelle et droit à la différence. Rapport présenté à Jack Lang, ministre de la Culture*, La documentation française, 1982.
GRANDET Magali et al., *Nantes la Belle éveillée le pari de la culture*, Editions de l'attribut, 2010.
GUIDET Thierry, PLASSART Michel, *Nantes saisie par la culture*, Editions Autrement, 2007.
HERVOUET Philippe, *Ils ont réveillé la culture à Nantes. 26 grands entretiens avec les acteurs de la vie culturelle (1989–1995)*, Éditions des salorge, 1995.
LOOSELEY L. David, *The politics of fun : cultural policy and debate in contemporary France*, Berg Publishers, 1995.
MAUROY Pierre, *C'est ici le chemin*, Flammarion, 1982.
PISANI Edgar, Administration de gestion, administration de mission, *Revue française de science politique*, 6e année, n° 2, 1956.
POIRRIER Philippe, « Démocratie et culture. L'évolution du référentiel des politiques culturelles en France, 1959–2004 », dans BLETON-RUGET Annie et SYLVESTRE Jean-Pierre (dir.), *La démocratie, patrimoine et projet*, Editions universitaires de Dijon, 2006.
PUAUX Paul, *Les établissements culturels. Rapport au ministre de la culture Mars 1982*, La Documentation française, 1982.
RIZZARDO René, *La Décentralisation culturelle. Rapport au ministre de la culture et de la communication*, La Documentation française, 1990.
URFALINO Philippe, FRIEDBERG Erhard, *Le jeu du catalogue : les contraintes de l'action culturelle dans les villes*, La Documentation française, 1984.
Ville de Nantes, *Nantes culture no.0*, "Une ville qui cultive ses passions", mai 1994.
WACHTEL David, *Cultural policy and socialist France*, Greenwood Press, 1987.
WALLON Emmanuel, Critères et dilemmes du service public, *du théâtre*, Dossier « Service public », Actes Sud, no.19, hiver 1998, p. 62–88.
Le Monde, Jeudi 17 décembre 1987, Supplément Ville au future : Nantes au future.
Libération, Le 4 novembre 1998, Nantes : la Maison de la culture licencie son directeur.

第4章

井上スズ「専任制公職の兼職について（Ⅰ）（Ⅱ）（Ⅲ）」『獨協大学フランス文化研究』13–15、1982–1984年。

太下義之「国際的な文化事業による創造的な都市・地域整備に関する研究～「欧州文化首都」から「東アジア文化都市へ～」『季刊 政策・経営研究』vol. 2、三菱 UFJ リサーチ & コンサルティング、2014年。

田中未知子『サーカスに逢いたい ――アートになったフランスサーカス』現代企画室、2009年。

東武美術館「海を渡るリール市美術館コレクション」『東武美術館友の会季刊誌』Vol.2 春、1993年。

鳥海基樹「マルセイユのたばこ工場とワンコイン・レンタサイクルの隠された関係」『TASC monthly』たばこ総合研究センター、2009年。

＿＿＿「マルセイユ ――斜陽都市を欧州文化首都に押し上げる都市デザイン」『季刊 まちづくり』41号、学芸出版社、2014年。

浪岡新太郎「フランス共和制とイスラーム ――多宗派共生を巡るマルセイユ・エスペランスの試み」『思想』2003年5月号（no. 949）、岩波書店、74–96頁、2003年。

ラリー・フロランス「『欧州文化首都2004』で得た市民の自信」国際交流基金『をちこち』No.20, Dec.07/Jan.08、山川出版社、2007年。

ランドリー・チャールズ［著］後藤和子［監訳］『創造的都市 ――都市再生のための道具箱』日本評論社、2003年。

ANDERSON Antoine, VIEILLARD-BARON Hervé, *La politique de la ville - Histoire et organisation*, Editions ASH, 2000.

BARNEZET Sylvie, BERLIOZ Gilbert, DESTOT Michel, Politique de la ville, paroles d'acteurs. *Territoires* n°380, ADELS, 1997.

BELLET Sam, MARCQ Michel, *La vieille bourse de Lille. Regards sur une renaissance*, Éditions du

第３章

大山礼子『フランスの政治制度［改訂版］』東信堂、2013年。

岡村茂『フランス　分権化改革の政治社会学』法律文化社、2010年。

久邇良子『フランスの地方制度改革 ——ミッテラン政権の試み』早稲田大学出版部、2004年。

公務公共サービス労働組合協議会「フランスの地方分権改革」視察報告書2010年8月。

自治・分権ジャーナリストの会『フランスの地方分権改革』日本評論社、2005年。

辻村みよ子『フランス憲法と現代立憲主義の挑戦』有信堂高文社、2010年。

長嶋由紀子「フランス第1次地方分権改革における文化政策の制度設計 ——ナント都市圏の事例分析から」『文化政策研究』Vol.7、2014年3月。

久井英輔「芸術・文化への公的支援と『正統性』の問題 ——1980年代フランスにおける文化省の政策を事例に」『生涯教育・社会教育学研究』第25号、2000年。

フィンケルクロート・アラン［著］西谷修［訳］『思考の敗北あるいは文化のパラドクス』河出書房新社、1988年。

フェマロリ・マルク［著］天野恒雄［訳］『文化国家　近代の宗教』みすず書房、1993年。

フランス社会党［編］大津真作［訳］『社会主義プロジェクト』合同出版、1982年。

宮島喬「『近代化』の逆説をどう超えるか ——中間点に立つミッテラン政権」『世界』1985年2月号（No.471）岩波書店、1985年。

山崎榮一『フランスの憲法改正と地方分権 ——ジロンダンの復権』日本評論社、2006年。

吉田徹『ミッテラン社会党の転換 ——社会主義から欧州統合へ』法政大学出版局、2008年。

ラング・ジャック［著］塩谷敬［訳］『ルーヴル美術館の戦い ——グラン・ルーヴル誕生をめぐる攻防』未來社、2013年。

渡邊啓貴『現代フランス ——「栄光の時代」の終焉、欧州への活路』岩波書店、2015年。

BAGUENARD Jacques, *La décentralisation*, PUF, coll."Que Sais-je ? ", 2004.

BEAULIEU Bernard, DARDY Michèle (dir.), *Histoire administrative du ministère de la culture 1959–2002*, La Documentation française, 2002.

BEAUNEZ Roger, *Politiques culturelles et municipalités. Guide pour l'action. Recueil d'expériences*, Editions ouvirières, 1985.

BODIGUEL Jean-Luc, *L'implantation du ministère de la culture en région*, La Documentation française, 2001.

CAUNE Jean, *La Culture en action. De Vilar à Lang : le sens perdu*, Presses universitaires de Grenoble, 1999.

CAVÉ Roger, QUIMBRE Xavier, *Saint-Herblain : parcours d'une ville en mouvement*, Editions Cheminements, 2006.

Collectif, *Culture publique, Opus 1 — L'imagination au pouvoir*, (mouvement) SKITe – Sens & Tonka, 2004.

Collectif, *Culture publique, Opus 2 — Les visibles manifestes*, (mouvement) SKITe – Sens & Tonka, 2004.

Collectif, *Culture publique,Opus 3 — La modernisation de l'action publique*, (mouvement) SKITe – Sens & Tonka, 2005.

Collectif, *Culture publique, Opus 4 — La culture en partage*, (mouvement) SKITe – Sens & Tonka, 2005.

DAVID Claire (dir.), *ROYAL DE LUXE 1993–2001*, Actes Sud, 2001.

De SAINT PULGENT Maryvonne, *Jack Lang, batailles pour la culture. Dix ans de politiques culturelles*, La Documentation française, 2011.

DELAVAUD Laura, "Espace politique/espace culturel : les intérêts d'une alliance, L'art contemporain à Nantes (enquête)", *Terrains & Travaux*, ENS Cachan, 2007/2 no.13, p.136–148, 2007.

DJIAN Jean-Michel, *Politique culturelle : la fin d'un mythe*, Gallimard, 2005.

ELING Kim, *The politics of cultural policy in France*, Macmillan, 1999.

FRIEDBERG Erhard et URFALINO Philippe, *La décentralisation culturelle au service de la culture nationale*, L'Harmattan, 1999.

佐藤朔［訳］『革命か反抗か ――カミュ＝サルトル論争』新潮社、1969年 / 2006年。
ABIRACHED Robert (dir.), *La décentralisation théâtrale 3. 1968, Le tournant*, Actes Sud, 1994.
_______ (dir.), *La décentralisation théâtrale 4. Le Temps des incertitudes 1969–1981*, Actes Sud, 1995.
CLÉMENT Catherine, *Rêver chacun pour l'autre, sur la politique culturelle*, Fayard, 1982.
COLIN Jean-Pierre, *La beauté du manchot. Culture et différence*, Publisud, 1986.
Collectif, *10 ans d'action artistique avec la revue Cassandre*, Editions de l'Amandier, 2006.
Conseil de l'Europe, *La déclaration d'Arc-et-Senans*, Fondation européenne du futur, 1976.
DARDY-CRETIN Michèle (dir.), *Michel Guy : secrétaire d'État à la culture, 1974–1976 : un innovateur méconnu*, La Documentation française, 2007.
DELORS Jacques, *Mémoires*, Plon, 2004.
DENIZOT Marion,"1968, 1998, 2008 : Le théâtre et ses fractures générationelles. Entre malendendus et héritages méconnus", *Sens public*, p. 1–19, 2009.
DUCLOS Jean-Claude, De l'écomusée au musée de société, Proposition d'article pour la revue AIXA, Revista bianual del Museu etnologic del Montseny La Gabella, Arbuciès - Grenoble / Juin 2001 <Source : www. musee-dauphinois.fr - rubrique Espace ressources>
EMMANUEL Pierre, *Quelques remarques sur la politique de la culture à l'occasion du sixième plan*, Fondation pour le développement culturel, 1971.
FRAPPAT Pierre, *Grenoble, le mythe blessé*, Alain Moreau, 1979.
GAUDIBERT Pierre, *Action Culturelle : Intégration et / ou subversion*, Casterman, 1972.
GENTIL Geneviève (dir.), *L'action culturelle dans la commune*, Vie publique, 1979.
GENTIL Geneviève, GIRARD Augustin, RIOUX Jean-Pierre (dir.), *Les Affaires culturelles au temps de Jacques Duhamel 1971–1973. Actes des journées d'étude 7–8 décembre 1993*, La Documentation français, 1995.
GILMAN Bernard (dir.), *Dix ans d'action culturelle à Grenoble 1965–1975. Eléments pour un bilan*, Ville de Grenoble, 1977.
JEANSON Francis, *L'action culturelle dans la cité*, Seuil, 1973.
_______ , *Citoyennetés. Du local au mondial,* Le bord de l'eau, 2008.
_______ , *Cultures & « non-public »*, Le bord de l'eau, 2009.
L'atelier culturel, *Les cahiers de l'atelier 1 Politique culturelle*, A.D.E.L.S., 1979.
L'atelier culturel, *Les cahiers de l'atelier 2 un plan culturel pour les communes*, A.D.E.L.S., 1979.
L'atelier culturel, *Les cahiers de l'atelier 3 Cultures et pratiques ouvrières*, A.D.E.L.S., 1979.
L'atelier culturel, *Les cahiers de l'atelier 5 Vieilles institutions ~Nouvelles politiques*, A.D.E.L.S., 1979.
Ligue française de l'enseignement et de l'éducation permanente, *Les Chartes culturelles : Dossiers pédagogiques et documentaires*, 1977.
LOYER Emmanuelle, "1968, l'an I du tout culturel ? ", dans Jean-Pierre Rioux et Jean-Francois Sirinelli (dir.), *L'ombre portée de mai 68, Vingtième Siècle. Revue d'histoire* 2008/2 (n° 98), p. 101–111, Presses de Sciences Po, 2008.
Maison de la culture de Grenoble, *Rouge et noir*, 1968–1981.
Maison de la culture de Grenoble, *Ecriture 75*, 1975.
MOLLARD Claude, *L'Ingénierie Culturelle*, PUF, coll."Que Sais-je ? ", 1994.
ORY Pascal, *L'entre-deux-Mai, Histoire cutlurelle de la France Mai 1968 – Mai 1981*, Seuil, 1983.
POIRRIER Philippe (Textes rassemblés et présentés par), *Les Politiques culturelles en France*, La Documentation française, 2002.
RENARD Jacques, *L'élan culturel : La France en mouvement,* PUF, 1987.
Textes et Documents pour la Classe, *L'immigration en France*, n° 936, CNDP, 15 mai 2007.

井関正久『ドイツを変えた68年運動』白水社、2005年。

岩瀬孝、佐藤実枝、伊藤洋『フランス演劇史概説［新装版］』早稲田大学出版部、1999年。

岩橋恵子『フランスのアニマトゥール（社会教育職員）の職業化過程とアソシアシオンの役割』文科省科学研究費補助金・基盤研究（C）、2004年。

海老坂武『サルトル ──「人間」の思想の可能性』岩波書店、2005年。

金山喜昭『博物館学入門 ──地域博物館学の提唱』慶友社、2003年。

クレマン・ジェローム［著］佐藤康［訳］『娘と話す文化ってなに？』現代企画室、2008年。

クロジエ・ミシェル［著］影山喜一［訳］『閉ざされた社会 ──現代フランス病の考察』日本経済新聞社、1981年。

ゴダール［著］蓮実重彦、柴田駿［監訳］『ゴダール全集3 ゴダール全シナリオ集』竹内書店、1970年。

阪上孝『フランス社会主義 ──管理か自立か』新評論、1981年。

佐藤彰一、中野隆生［編］『フランス史研究入門』山川出版社、2011年。

サルトル J-P.［著］鈴木道彦ほか［訳］『植民地の問題』人文書院、2000年。

ジオルダン・アンリ［編］原聖［訳］『虐げられた言語の復権 フランスにおける少数言語の教育運動』批評社、1987年。

ジャンソン・フランシス［著］海老坂武［訳］『もう一人のサルトル』晶文社、1971年。

新藤浩伸「1970年代以降のイギリス文化政策の改革をめぐる諸論 ──成人教育との関連を中心に」『都留文科大学紀要』第80集、2014年10月。

末本誠「現代フランス社会教育の展開 ──Animation socioculturelle 概念の形成」『東京大学教育学部紀要』23巻、1984年3月。

長嶋由紀子「フランス都市文化政策論 ──制度史からみる政策理念の変遷（1971–1994）」『演劇映像学2008 第1集』早稲田大学演劇博物館グローバルＣＯＥプログラム「演劇映像の国際的教育研究拠点」、2009年3月。

中田晋自「フランス地方分権改革の源流（上）（下）1970年代の都市コミューンにおける分権化要求運動」『立命館法学』6号（268）、1999年。

______「1970 年代のフランスにおける『地域民主主義』の思想形成 ──自主管理・参加民主主義とその『地域』における実践をめぐって」『愛知県立大学外国語学部紀要』第 45 号（地域研究・国際学編）、2013年3月。

西川長夫『パリ5月革命私論 転換点としての68年』平凡社、2011年。

長谷川栄［著］『これからの美術館』鹿島出版会、1982年。

バディウ・アランほか『1968年の世界史』藤原書店、2009年。

ビエ・クリスティアン、トリオー・クリストフ、ヴァロン・エマニュエル［共著］佐伯隆幸［監訳］『演劇学の教科書』国書刊行会、2009年。

ブルデュー・ピエール［著］立花英裕［訳］『国家貴族（Ｉ）（II） ──エリート教育と支配階級の再生産』藤原書店、2012年。

ブルデュー& パスロン［著］宮島喬［訳］『再生産 ──教育・社会・文化』藤原書店、1991年。

宮島喬「『新しい階層』とフランス左翼 ──政治革新への底流」『世界』1978年2月号（no.387）、岩波書店、1978年。

______「現代国家と『相違への権利』──フランスにおける文化的少数者と移民の問題」『世界』1984年3月号（no. 460）、岩波書店、1984年。

______「『相違への権利』から『統合』へ、そしてその後 フランス左翼10年の残したもの」『世界』1994年7月号（no. 597）、岩波書店、1994年。

______『多文化であることとは ──新しい市民社会の条件』岩波書店、2014年。

______『現代ヨーロッパと移民問題の原点 ──1970、80年代、開かれたシティズンシップの生成と試練』明石書店、2016年。

宮島喬［編］『講座社会学 7 文化』東京大学出版会、2000年。

宮島喬、梶田孝道［編］『現代ヨーロッパの地域と国家 ──変容する〈中心–周辺〉問題への視角』有信堂、1988年。

宮島喬、梶田孝道、伊藤るり『先進社会のジレンマ ──現代フランス社会の実像をもとめて』有斐閣選書、1985年。

ルフェーヴル・アンリ［著］森本和夫［訳］『都市への権利』ちくま学芸文庫、2011年。

ロザンバロン・ピエール［著］新田俊三、田中光雄［訳］『自主管理の時代』新地書房、1982年。

鷲田清一［編］『哲学の歴史 第12巻 実存・構造・他者【20世紀 III】』中央公論新社、2008年。

渡辺 和行、南充彦、森本哲郎『現代フランス政治史』ナカニシヤ出版、1997年。

Documentation française, 2005.
DUBOIS Vincent, *La Politique culturelle. Genèse d'une catégorie d'intervention publique*, Belin, 1999.
DUBREUIL Dominique, *Grenoble, ville-test*, Seuil, 1968.
DUCROS Pierre, FRAPPAT Pierre, LALANDE François (coordonné par), *Les Années Dubedout à Grenoble. Action municipale innovation politique et décentralisation*, La Pensée sauvage, 1998.
DUMAZEDIER Joffre, *Vers une civilisation du loisir ?*, Seuil, 1962.
_______ (avec SAMUEL Nicole), *Étude des processus de décision dans le développement culturel d'une collectivité locale*, CNRS, Équipe de sociologie du loisir et des modèles culturels, 1973.
DURAND Jacques-Olivier, *Tous spectacteurs. La belle aventure des Amis du théâtre populaire*, Editions de l'aube, 1992.
GENTIL Geneviève, POIRRIER Philippe (Textes réunis et présentés par), *La politique culturelle en débat. Anthologie, 1955–2005*, Comité d'histoire du Ministère de la Culture/La Documentation française, 2006.
MASSÉ Pierre, *Le Plan ou l'anti-hasard*, Hermann, 1991.
MATHIEU Isabelle, *L'action culturelle et ses métiers*, PUF, 2011.
Ministère de la culture et de la communication, *Atlas des activités culturelles*, La Documentation française, 1998.
Musée de Grenoble, *Musée de Grenoble : Collections*, Editions Artlys, 2004.
ORY Pascal, *La belle illusion. Culture et politique sous le signe du Front populaire 1935–1938*, Plon, 1994.
PARENT Jean-François, , SCHWARTZBROD Jean-Louis, Deux hommes une ville Paul Mistral Hubert Dubedout, *Grenoble*, La Pensée sauvage, 1995.
_______ , *30 ans d'intercommunalité. Histoire de la coopération intercommunale dans l'agglomération grenobloise*, La Pensée sauvage, 2002.
Peuple et Culture, Hommage à Joffre Dumazedier : Itinéraire d'un humaniste, *La lettre de Peuple et Culture* No.27, Tiré à part, Peuple et culture, 2002.
Peuple et Culture, *Manifeste 1945*.
POIRRIER Philippe (présenté par), *La naissance des politiques culturelles et les rencontres d'Avignon. Sous la présidence de Jean Vilar (1964–1970)*, Comité d'histoire du Ministère de la Culture/La Documentation française, 1997.
_______ , *Bibliographie de l'histoire des politiques culturelles : France, XIXe–XXe siècle*, La Documentation française, 1999.
POUJOL Geneviève, *L'éducation populaire : histoires et pouvoirs*, Economie et humanisme : Les Editions ouvrières, 1981.
POUJOL Geneviève et ROMER Madeleine, *Dictionnaire biographique des militants, XIXè–XXè siècles : de l'éducation populaire à l'action culturelle*, L'Harmattan, 1996.
SAEZ Guy, *Changement politique et politique culturelle. Le cas de Grenoble*, CERAT, 1985.
_______ , *Dynamisme associatif et mutations de la sociabilité, Grenoble 1944–1986*, Institut d'Etudes politiques/CERAT, 1988.
_______ , *L'Etat, la ville, la culture : Thèse pour le Doctorat d'Etat en Science Politique soutenue publiquement le 20 décembre 1993*, Université Pierre Mendes France, Institut d'Etudes Politiques, 1993.
SAEZ Guy, GENTIL Geneviève & KNEUBULHER Michel (dir.), *Le Fil de l'esprit. Augustin Girard, un parcours entre recherche et action*, La Documentation française, 2011.
SAEZ Guy, SAEZ Jean-Pierre, *Peuple et culture et le renouveau de l'éducation populaire à la libération*, CERAT, 1989.
URFALINO Philippe, *L'Invention de la politique culturelle*, La Documentation française, 1998.

第 2 章

飯島宗享、吉澤傳三郎［編］『実存主義講座 III　自由』理想社、1972年。

中田晋自『フランス地域民主主義の政治論 ——分権・参加・アソシアシオン』御茶の水書房、2005年。
パクストン・ロバート・O［著］渡辺和行、剣持久木［訳］『ヴィシー時代のフランス ——対独協力と国民革命 1940–1944』柏書房、2004年。
長谷川栄『進化するエコ・ミューゼ ——自然との調和人との調和：超領域の環境づくり』芸術書院、2004年。
初宿正典、辻村みよ子［編］『新解説世界憲法集第4版』三省堂、2017年。
濱田耿治「フランスの公共劇場」『PT』2号、世田谷パブリックシアター、1997年9月。
藤井慎太郎「アヴィニヨン・フェスティバル　その半世紀の歴史と変容」『PT』3号、世田谷パブリックシアター、1997年12月。
プジョル・ジュヌヴィエーヴ、ミニヨン・ジャン＝マリー［著］岩橋恵子［監訳］『アニマトゥール ——フランスの社会教育・生涯学習の担い手たち』明石書店、2007年。
フランス政府1985年グループ［著］日本経済調査協議会［訳］『1985年 ——変わる人間・変わる社会』竹内書店、1965年。
ブルデュー・ピエール、ダルベル・アラン、シュナッペー・ドミニク［著］山下雅之［訳］『美術愛好 ——ヨーロッパの美術館と観衆』木鐸社、1994年。
三嶋唯義『人格主義の思想』（精選復刻紀伊国屋新書）、紀伊国屋書店、1994年。
ムーニエ・エマニュエル［著］木村太郎ほか［訳］『人格主義』（文庫クセジュ〈巻86〉）白水社、1953年。
ムーニエ・エマニュエル［著］竹下春日［訳］『実存主義案内』理想社、1964年。
ラドリン J.［著］清水芳子［訳］『評伝ジャック・コポー ——20世紀フランス演劇の父』未来社、1994年。
ルソー・アルベール、ボネ・ロジェ［共著］『グルノーブルの経験：自治体活動：その可能性と限界』横浜市企画調整室都市科学研究室、1972年。
渡辺淳『20世紀のフランス知識人』（集英社新書）集英社、2004年。
渡辺和行『ナチ占領下のフランス ——沈黙・抵抗・協力』講談社、1994年。
______『フランス人民戦線 ——反ファシズム・反恐慌・文化革命』人文書院、2013年。
「グルノーブル・オリンピックの彫刻競演に招かれた日本人」『芸術新潮』217号、新潮社、1968年1月。
ABIRACHED Robert (dir.), *La décentralisation théâtrale 1. Le Premier âge 1945–1958*, Actes Sud, 1992.
______ (dir.), *La décentralisation théâtrale 2. Les Années Malraux 1959–1968*, Actes Sud, 1993.
AHEARNE Jeremy, *French Cultural Policy Debates A Reader*, Routledge, 2002.
AUPETITALLOT Yves, GUIBAL Jean, BAL Danielle, BOCCON-PERROUD Ivan, LAURENT Audrey, MOGER Danielle, OLIVER Isabelle, SAVINE Marie, VARETTO-WILD France, *Un Musée sans murs : La commande publique dans l'agglomération grenobloise depuis les années 50,* Magasin grenoble, 1999.
BENSAID Georges, *La culture, planifiée ? Les équipements culturels dans le Ve Plan*, Seuil, 1969.
BERAUD Didier, GIRARD Jeanne, *Une Aventure culturelle à Grenoble. 1965–1975*, Fondation pour le développement culturel/Ville de Grenoble, 1979.
BOCCON-PERROUD Ivan, SAVINE Marie, *Un Musée sans murs : Le premier Symposium français de sculpture Grenoble, été 1967*, Musée Dauphinois, Magasin / Centre national d'art contemporain, 1998.
BONZY Denis, DURBET Michèle, PODICO Béatrice, *Grenoble, portrait de ville avec lendemains*, Didier Richard, 1988.
BOUAMAMA Saïd, CORMONT Jessy & FOTIA Yvon (dir.), *L'Education populaire à l'épreuve de la jeunesse*, Le Geai Bleu, 2008.
BRADBY David, *Modern French Drama 1940–1990*, Cambridge University Press, 1991.
CHOSSON Jean-François (dir.), *Peuple et culture 1945–1995 : 50 ans d'innovations au service de l'éducation populaire*, Peuple et culture, 1995.
COPEAU Jacques, DULLIN Charles, BARSACQ André, BARRAULT Jean-Louis, BLANCHON Georges et DASTÉ Jean, *Manifeste de la Compagnie des Comédiens de Grenoble.* – novembre 1945.
DASTE Jean, *Le Théâtre et le Risque*, Cheyne éditeur, 1992/2008.
DENIZOT Marion, *Jeanne Laurent une fondatrice du service public pour la culture 1946–1952*, La

POIRRIER Philippe, *Histoire des politiques culturelles de la France contemporaine*, Bibliest, 1996.

POIRRIER Philippe, DUBOIS Vincent (dir.), *Les collectivités locales et la culture : les formes de l'institutionnalisation, XIXe–XXe siècles*, La Documentation française, 2002.

POIRRIER Philippe, RIOUX Jean-Pierre (dir.), *Affaires culturelles et territoires*, La Documentation française, 2001.

POIRRIER Philippe, RIZZARDO René (dir.), *Une ambition partagée ? La coopération entre le ministère de la Culture et les collectivités territoriales (1959–2009)*, La Documentation française, 2009.

SAEZ Guy (dir.), *Institutions et vie culturelle*, La Documentation française, 2005/2007.

TALIANO-DES GARETS Françoise, *Les métropoles régionales et la culture : 1945–2000*, La Documentation française, 2007.

WANGERMEE Robert, *La politique culturelle de la France*, La Documentation française, 1988.

WEBER Raymond, « Quelle gouvernance pour la culture et le secteur culturel ? », working document for the Euro-American Campus on Cultural Cooperation, Las Palmas de Gran Canaria, 30 Novembre – 3 December 2010.

第1章

新井重三［編著］『実践エコミュージアム入門』――21世紀のまちおこし』牧野出版、1995年。

アラゴン［著］田中淳一［訳］『アラゴン詩集』ほるぷ出版、1983年。

井上すず「フランスにおける『クラブ現象』――1960年代非共産党左翼結集の問題を中心として」犬童一男ほか編『戦後デモクラシーの安定』岩波書店、1989年。

梅棹忠夫「文化開発の理念について」NIRA75.3第1号 NIRA、1975年。

＿＿＿『梅棹忠夫著作集　第21巻　都市と文化開発』中央公論社、1993年。

グルー・カトリーヌ［著］藤原えりみ［訳］『都市空間の芸術 ――パブリックアートの現在』鹿島出版会、1997年。

小林真理、小出郷の記録編集委員会［編著］『小出郷文化会館物語 ――地方だからこそ文化のまちづくり』水曜社、2002年。

小林善彦（編）『人権は「普遍」なのか ――世界人権宣言の50年とこれから』（岩波ブックレット No.480）岩波書店、1999年。

柴田葵「世界近代彫刻シンポジウムの成立 ――東京オリンピックを背景とした野外彫刻運動の推進」『文化資源学』7号、2009年3月。

柴田徳衛ほか［編］『岩波講座・現代都市政策〈別巻〉世界の都市政策』岩波書店、1973年。

高多彬臣『エマニュエル・ムーニエ、生涯と思想 ――人格主義的・共同体的社会に向かって』青弓社、2005年。

ツズール M.、テファニー M.［編］渡辺淳［訳］『ヴィラール演劇の事典』テアトロ、1976年。

ティヨン・ジェルメーヌ［著］トドロフ・ツヴェタン［編］小野潮［訳］『ジェルメーヌ・ティヨン――レジスタンス・強制収容所・アルジェリア戦争を生きて』法政大学出版局、2012年。

デュマズディエ J.［著］牛島千尋［訳］『レジャー社会学』社会思想社、1981年。

デュマズディエ J.［著］中島巌［訳］『余暇文明へ向かって』東京創元社、1972年。

冨安瑛躬「フランスの文化の家について」『レファレンス』266号、国立国会図書館調査立法考査局、1973年3月。

＿＿＿「フランスの地域社会における社会教育」『レファレンス』267号、国立国会図書館調査立法考査局、1973年4月。

＿＿＿「フランスの『文化の家』」『文化庁月報』昭和52年2月号、1977年。

長嶋由紀子「フランス都市文化政策論 ――アヴィニョン・ミーティング（1964–70）の時代 」『演劇映像学2007 第1集』早稲田大学演劇博物館グローバルＣＯＥプログラム「演劇映像の国際的教育研究拠点」、2008年3月。

＿＿＿「『文化開発』の理念とフランス自治体文化政策の創成期 ――グルノーブル市文化政策（1965–83）の問題意識と影響力」『文化資源学』第6号、2008年3月。

＿＿＿「フランス文化政策分権化の進行と『協力』の制度化 ――地域文化施設運営の問題を中心に」『演劇映像学2009第2集』早稲田大学演劇博物館グローバルＣＯＥプログラム「演劇映像の国際的教育研究拠点」、2010年3月。

参考文献・資料

＊複数章で引用または参照した文献は、初出章に整理した。

序章

大村敦志『フランスの社交と法』有斐閣、2002年。

菅野幸子「甦るナント ―― 都市再生への挑戦」『調査報告書　文化による都市の再生 ―― 欧州の事例から』国際交流基金企画部、2004年。

コバヤシ・コリン『市民のアソシエーション ―― フランスNPO法100年』太田出版、2003年。

小林真理「フランスにおける文化政策と法に関する研究（1）―― 文化政策における現代的課題」『早稲田大学人間科学研究』第8巻第1号、1995年。

＿＿＿＿『文化権の確立に向けて ―― 文化振興法の国際比較と日本の現実』勁草書房、2004年。

＿＿＿＿［編］『行政改革と文化創造のイニシアティヴ ―― 新しい共創の模索』美学出版、2013年。

小林真理、片山泰輔［監修・編］伊藤裕夫、中川幾郎、山崎稔恵［編］『アーツ・マネジメント概論　3訂版』水曜社、2009年。

（財）自治体国際化協会「CLAIR REPORT No.360 フランスの文化政策」2011年3月。

友岡邦之「時代に適応する『国民文化』―― 1980年代フランスにおける文化政策の大規模化をめぐって」『ソシオロゴス』No.21、東京大学大学院社会学研究科ソシオロゴス編集委員会、1997年。

＿＿＿＿「再考の時期にきたフランスの文化政策」『地域創造』Autumn 2000 Vol.9、2000年。

長谷川桃子「日仏諸都市の文化政策の方向性〈研究ノート〉」『公共政策研究』Vol.13、日本公共政策学会、2013年。

久井英輔「1970年代フランスにおける文化政策理念の動向 ―― 概観とその政治的・社会的位置」『生涯学習・社会教育学研究』第24号、1999年。

藤井慎太郎「芸術、文化、民主主義 ―― 文化的平等とフランスの舞台芸術政策」、『演劇研究センター紀要』VIII号、早稲田大学21世紀COEプログラム〈演劇の総合的研究と演劇学の確立〉、2007年。

＿＿＿＿「文化政策と地方分権 ―― フランスそしてリール市を例に」『演劇映像学2007 第1集』早稲田大学演劇博物館グローバルCOEプログラム「演劇映像の国際的教育研究拠点」、2008年。

宮島喬［編］『岩波小辞典　社会学』岩波書店、2003年

メセナセミナーシリーズNo.7『としま文化フォーラム特別講演会　文化でよみがえるフランスの地方都市　ナント市』社団法人企業メセナ協議会、2004年。

メセナセミナーシリーズNo.8『文化フォーラム　文化の地方分権がフランスを変える・・・ナントの実践』社団法人企業メセナ協議会、2005年。

吉本光宏［監修］国際交流基金［編］『アート戦略都市 ―― EU・日本のクリエイティブシティ』鹿島出版会、2006年。

『文化の将来 ―― 日仏文化サミット』朝日新聞社、1984年。

BLAIZE Jean-Christophe & POTEAU Gérard, *Le développement culturel local*, Éditions de La Lettre du cadre territorial (coll. « Dossier d'experts »), Voiron, 2003.

De WARESQUIEL Emmanuel (dir.), *Dictionnaire des politiques culturelles en France depuis 1959 : une exception française*, Larousse : CNRS Editions, 2001.

DUBOIS Vincent, POIRRIER Philippe (dir.), *Politiques locales et enjeux culturels, XIXe–XXe siècles*, Comité d'histoire du ministère de la Culture, Fondation Maison des sciences de l'homme, La Documentation française, 1998.

GIRARD Augustin, GENTIL Geneviève, *Développement culturel : expériences et politiques*, UNESCO, 1982.

＿＿＿＿, *Cultural development : experiences and policies*, UNESCO, 1983.

MOULINIER Pierre, *Les politiques publiques de la culture en France*, PUF, coll. "Que Sais-je ? ", 1999.

POIRRIER Philippe, Les politiques culturelles municipales des années soixante à nos jours. Essai de périodisation BBF 1994 – Paris, t. 39, n° 5, *Bulletin des Bibliothèques de France*, 1994.

む

も

ゆ

ら

り

る

れ

ろ

索　引

【著者紹介】

長嶋 由紀子（ながしま ゆきこ）

東京大学大学院人文社会系研究科研究員。博士（文学）。専門は文化政策学、文化資源学。お茶の水女子大学卒業後、モンペリエ第三大学留学（仏）。在日フランス大使館勤務、早稲田大学研究助手、パリ・ナンテール大学客員研究員等を経て、2016年東京大学大学院人文社会系研究科博士課程修了。日本の自治体の文化政策形成過程に数多く関わる。現在、共立女子大学、昭和女子大学、および早稲田大学の非常勤講師を兼任。共著書に『文化政策の現在［全3巻］』（東京大学出版会、2018年）、『行政改革と文化創造のイニシアティヴ』（美学出版、2013年）ほか。

フランス都市文化政策の展開

市民と地域の文化による発展

2018年7月20日　初版第1刷発行

著　者――長嶋 由紀子

発行所――美学出版

〒164−0012 東京都中野区中央2−4−2　第2豊明ビル201

Tel 03（5937）5466 Fax 03（5937）5469

装　丁――右澤康之

印刷・製本―創栄図書印刷株式会社

ISBN978−4−902078−52−7　C3030

＊乱丁本・落丁本はお取替いたします。＊定価はカバーに表示してあります。